Dr. Angela Verse-Herrmann
Dr. Dieter Herrmann
Joachim Edler

Der große Berufswahltest

So entscheide ich mich richtig

Beruf & Karriere

STARK

Die Autoren

Dr. Angela Verse-Herrmann war mehrere Jahre Mitarbeiterin in der Zentralen Studienberatung der Universität Trier. Sie arbeitet als Autorin und Seminarleiterin im Bereich Studien- und Berufsplanung und als private Studienberaterin (*www.bw-dienste.de*). Zahlreiche Veröffentlichungen mit Dieter Herrmann, zuletzt: *1000 Wege nach dem Abitur. So entscheide ich mich richtig; Erfolgreich bewerben an Hochschulen. So bekommen Sie Ihren Wunschstudienplatz; Der große Studienwahltest. So entscheide ich mich für das richtige Studienfach; Studieren, aber was? Die richtige Studienwahl für optimale Berufsperspektiven.*

Dr. Dieter Herrmann war mehrere Jahre Studienberater für deutsche und ausländische Studierende an der Universität Bonn. Er ist Geschäftsführer einer Wissenschaftsorganisation.

Joachim Edler †, Diplom-Psychologe mit Schwerpunkt Arbeits- und Betriebspsychologie, war als freiberuflicher Dozent und Trainer im Bereich der beruflichen Entwicklung und als selbstständiger Handelsmakler tätig und hat an der Konzipierung der Tests mitgewirkt.

Coverbild: © Getty Images / Garry Gay

ISBN 978-3-8490-3048-3

www.berufundkarriere.de
1. Auflage 2013

Inhalt

Einleitung

Liebe Leserin, lieber Leser,

die Entscheidung für eine Ausbildung und für einen Beruf ist eine der wichtigsten im Leben. Von der richtigen oder der falschen Weichenstellung werden Karriere, Einkommen, sozialer Status und berufliche Zufriedenheit stärker beeinflusst als von jeder anderen Entscheidung.

Wie wichtig es ist, bei der Berufswahl genau zu überlegen, ob der angestrebte Beruf sowohl im Hinblick auf den Arbeitsmarkt als auch persönliche Voraussetzungen betreffend eine langfristige Perspektive bietet, zeigen folgende Zahlen:

Vor der Berufsentscheidung stehen zurzeit jedes Jahr fast 900 000 Jugendliche. Weitere 200 000 Personen müssen sich nach einem neuen Beruf umsehen, weil der bisherige durch technische Neuerungen auf dem Arbeitsmarkt nicht mehr gefragt ist oder aus gesundheitlichen Gründen nicht mehr ausgeübt werden kann.

In mindestens einem Drittel aller Fälle ist die erste Entscheidung anscheinend falsch, denn jede dritte Ausbildung und jedes dritte Studium werden nicht abgeschlossen. Die Zahl derer, die mit dem erlernten Beruf unzufrieden sind, kennt niemand, aber jede/-r kennt sicherlich Menschen im privaten Umfeld, die einer anderen Beschäftigung nachgehen möchten oder dies besser tun sollten.

Deshalb ist es verständlich, dass sich viele Jugendliche mit der Wahl ihres späteren Berufes schwertun. Einerseits ist das Angebot an beruflichen Ausbildungen und Studienmöglichkeiten immens. Auf der anderen Seite, woher soll man wissen, für welche Ausbildung oder welchen Beruf man begabt ist und welche Anforderungen der jeweilige Beruf später stellt? Deshalb ist es auf keinen Fall ratsam, ohne sich genau zu informieren, irgendeine, auf den ersten Blick interessant erscheinende, Ausbildung oder einen scheinbar gut bezahlten Beruf zu ergreifen. Denn die richtige Berufswahl geht anders.

Dieses Buch möchte deshalb jungen Menschen helfen, einen Beruf zu finden, der sowohl ihren Interessen als auch ihren persönlichen Fähigkeiten und Fertigkeiten entspricht. Der Berufswahltest geht dabei neue Wege. Er besteht aus einem **Berufsorientierungstest**, der anhand von 150 Fragen zu beruflichen Interessen eine Zuordnung zu einer Berufsgruppe ermöglicht. Bestimmte Berufe interessant zu finden, ist das eine, hierfür auch geeignet zu sein, etwas anderes. Deshalb wurde dem Berufsorientierungstest ein **Test der Schlüsselqualifikationen** an die Seite gestellt, der wiederum aus einem Selbsteinschätzungstest und einem Fremdeinschätzungstest ermittelt, welche Schlüsselqualifikationen dominant und welche eher weniger entwickelt sind. Durch eine Zusammenführung der drei Ergebnisse lassen sich die Berufe identifizieren, die infrage kommen.

Für **Abiturienten** ist ein **Zusatztest** vorangestellt. Sie stehen häufig erst einmal vor der generellen Entscheidung zwischen Berufsausbildung oder Studium bzw. Studium an der Universität oder an der Fachhochschule. Auch dieser Test verhilft schnell zur richtigen Orientierung.

Gleichzeitig möchte das Buch nicht dabei haltmachen, dass man in etwa weiß, welche Berufe infrage kommen. Es will den Lesern auch differenzierte Informationen über die wichtigsten Berufe bereitstellen: zur vorausgesetzten Schulbildung, den persönlichen Voraussetzungen, Informationen zur Ausbildung und zu den beruflichen Tätigkeiten, zur Ausbildungsvergütung, zu Ausbildungsdauer und -abschluss, zu den künftigen Perspektiven und den Aufstiegsmöglichkeiten.

Diesen Überblick gibt das Buch zu den etwa 150 am häufigsten ausgeübten Berufen in Deutschland. Die Informationen wurden für die vorliegende Neuausgabe 2018 umfassend aktualisiert. Natürlich kann nicht jeder Beruf in der Breite vorgestellt werden. Deshalb haben wir jede Berufsbeschreibung durch einen Hinweis auf weitere Informationsquellen ergänzt.

Vor der Entscheidung für einen Beruf sollten Sie sich auf alle Fälle auch mit Personen unterhalten, die diesen Beruf ausüben. So erhalten Sie sicher noch einige wichtige Insiderinformationen.

Viel Spaß beim Berufswahltest und bei der Lektüre des Buches.

Ihre Autoren — Nackenheim, im November 2017

Ausbildungswege nach der Schule

Die Entscheidung für eine bestimmte Ausbildung ist eine der wichtigsten im Leben eines Menschen. Sie entscheidet in hohem Maße mit über die zukünftige Entwicklung der Persönlichkeit. Der Freundeskreis ändert sich, es werden neue intellektuelle Fähigkeiten erworben, und häufig findet sich im neuen Umfeld der Partner fürs Leben.

Viele Jugendliche sind sich dessen bewusst und wollen daher die Wahl eines bestimmten Berufes wohlüberlegt treffen. Gerade weil jeder Beruf nicht nur unterschiedliche Tätigkeiten verlangt, sondern auch jeweils spezifische Begabungen voraussetzt, sollte man sich zuerst darüber klar werden, welche Ausbildungen den eigenen Interessen und Fähigkeiten am besten entsprechen.

Entscheidungsfreude und Kompromissbereitschaft sind zum richtigen Zeitpunkt sicherlich geboten, zuvor allerdings sollte man sich ausführlich informieren. Im Folgenden werden die wichtigsten Ausbildungswege skizziert.

Betriebliche Ausbildung (Lehre)

Fast alle Hauptschüler/-innen, die meisten, die die Schule mit einem mittleren Bildungsabschluss verlassen, sowie etwa ein Drittel der Abiturienten eines Jahrgangs entscheiden sich für einen der rund 350 anerkannten Ausbildungsberufe. Begehrt sind bei Hauptschülern vor allem technische und handwerkliche Berufsausbildungen, bei Realschülern technische (einschließlich Informatik) und kaufmännische Ausbildungen sowie Gesundheitsberufe, bei Schülern mit Abitur oder Fachhochschulreife kaufmännische Ausbildungen in Banken, Versicherungen, Tourismusunternehmen und Ausbildungen im Bereich der Informations- und Kommunikationstechnik, soziale Berufe und einige handwerkliche Berufe.

Egal, für welche Berufsausbildung man sich entscheidet, sie läuft nach einem bestimmten Schema ab. Die Ausbildung erfolgt im sogenannten dualen System, das heißt, praktische Ausbildung im Betrieb wechselt mit theoretischem Unterricht in der Berufsschule (ein bis zwei Tage pro Woche oder in entsprechenden Blöcken). Das Verhältnis von Praxis zu Theorie beträgt etwa drei Viertel zu einem Viertel.

Die meisten Ausbildungen sind auf drei bis dreieinhalb Jahre angelegt. Für Abiturienten besteht die Möglichkeit einer Verkürzung auf zwei bis zweieinhalb Jahre. Die Ausbildung schließt man mit einer Prüfung vor der Industrie- und Handelskammer oder vor der Handwerkskammer ab. Welche Prüfungsleistungen erbracht werden müssen, ist genau geregelt und wird vom Staat kontrolliert. Während der Ausbildung wird generell eine Ausbildungsvergütung gezahlt, die – je nach Ausbildungsberuf und -jahr – zwischen etwa 300 und 1 000 Euro monatlich liegt. Die praktische Ausbildung steht bei der betrieblichen Ausbildung eindeutig im Vordergrund. Interessant ist dieser Ausbildungsweg also für all diejenigen, die einen möglichst raschen Berufseinstieg und damit schnelle finanzielle Unabhängigkeit sowie einen großen Praxisanteil in der Ausbildung bevorzugen.

Informationen zu den einzelnen Ausbildungsberufen erhält man in den Berufsinformationszentren der Bundesagentur für Arbeit, die es in jeder größeren Stadt als eigene Abteilung der Agentur für Arbeit gibt. Dort kann man eine Vielzahl von Informationsschriften einsehen. Jährlich wird auch eine (kostenlose) Buchpublikation der Bundesagentur für Arbeit aktualisiert herausgebracht: *Beruf aktuell*, die über eine Vielzahl von Ausbildungsberufen informiert und die auch als Onlineausgabe auf der Homepage der Bundesagentur unter *www.arbeitsagentur.de* eingesehen werden kann.

Auf den Websites der Bundesagentur für Arbeit befindet sich auch eine sehr informative Datenbank mit ausführlichen Beschreibungen von Ausbildungsberufen: *www.berufenet.arbeitsagentur.de*

Bei der Suche nach offenen Lehrstellen kann man verschiedene Wege einschlagen. Im Internet bietet es sich an, zuerst auf der Website der Bundesagentur für Arbeit in der »Jobbörse« zu recherchieren. Die Betriebe nennen ihre Erwartungen an mögliche Bewerber (Schulabschluss, Fremdsprachenkenntnisse, Führerschein, evtl. Leistungskurse) und machen Angaben zu den Unterlagen, die einer Bewerbung beigefügt werden sollten. Eine Kontaktanschrift ist angegeben. Manche Betriebe sind auch anonymisiert aufgeführt und vermerken als Kontaktanschrift die lokale Arbeitsagentur, an die man sich bei Interesse wenden kann. Allerdings enthält diese Datenbank nur die Betriebe, die mit der Bundesagentur für Arbeit kooperieren.

Die meisten Betriebe haben auf ihren Websites eine Rubrik »Jobs und Karriere« eingerichtet und informieren hier über offene Ausbildungsstellen und Anforderungen an die Bewerber / -innen.

Auch die Handwerkskammern sowie Industrie- und Handelskammern bieten Datenbanken zu Ausbildungsberufen. Interessenten sollten auf den Websites der jeweiligen regionalen Kammern nach Ausbildungsstellen suchen. Die gemeinsame Ausbildungsplatzbörse aller Industrie- und Handelskammern ist zu finden unter: https://*www.ihk-lehrstellenboerse.de.*

Weitere Möglichkeiten sind Ausbildungsplatzbörsen für bestimmte Branchen, etwa https://*www.touristik-azubi.de* oder https://*www.autoberufe.de.*

Aber nicht alles läuft über das Internet. Viele Ausbildungsstellen werden weiter von der lokalen Arbeitsagentur vermittelt, und es finden sich auch weiter Annoncen in den regionalen Tageszeitungen.

Außerdem ist es sinnvoll, Betriebe, für die man sich interessiert, direkt anzuschreiben oder anzurufen und zu fragen, ob sie für das nächste Jahr Ausbildungsplätze anbieten. Besonders wichtig: frühzeitige Informationsbeschaffung – mit der Haltung »ich mache erst mal meinen Schulabschluss und sehe dann weiter« tut man sich keinen Gefallen. Vor allem bei großen Unternehmen muss man sich sehr frühzeitig – bis zu eineinhalb Jahre vor Ausbildungsbeginn (der ist entweder zum 1. August oder zum 1. September) – bewerben.

➤ INFO

Eine Vielzahl von Unternehmen bietet Auszubildenden während der Lehre die Möglichkeit, sich besondere IT- oder Fremdsprachenkenntnisse anzueignen, einen Auslandsaufenthalt bei einer auswärtigen Niederlassung zu absolvieren oder zusätzliches betriebswirtschaftliches Wissen zu erwerben. Einen guten Überblick über diese Unternehmen und die angebotenen Zusatzqualifikationen gibt die Datenbank unter www.ausbildungplus.de (Pfad »Datenbanken«, dann »Zusatzqualifikationen«).

Ausbildung an einer Berufsakademie (BA) und der Dualen Hochschule Baden-Württemberg

Die Ausbildung an einer Berufsakademie ist ebenfalls dem dualen Ausbildungssystem zuzurechnen. Bei diesem Ausbildungsmodell wird eine betriebliche Ausbildung mit einem Fachstudium an einer Berufsakademie verbunden. Berufsakademien gibt es derzeit in Berlin, Hamburg, Hessen, Niedersachsen, im Saarland, in Sachsen, Schleswig-Holstein und Thüringen. Die Ausbildungsregelungen und die angebotenen Fächer variieren von Standort zu Standort. Die Fächer umfassen den technischen Bereich (z. B. Elektrotechnik, Informations- und Kommunikationstechnik, Maschinenbau, Mechatronik, Medizintechnik, Versorgungs- und Umwelttechnik), den Bereich Wirtschaft (z. B. Bankwirtschaft, Handel, Immobilienwirtschaft, Messe- und Kongressmanagement, Tourismuswirtschaft, Spedition / Logistik, Versicherung), Wirtschaftsinformatik, Wirtschaftsingenieurwesen und an einigen Berufsakademien sozialpflegerische Ausbildungen und Gesundheitsberufe. Während der gesamten dreijährigen Ausbildung stehen die Auszubildenden in einem vertraglichen Ausbildungsverhältnis zu einem Betrieb oder einer Gesundheits- oder Sozialeinrichtung. Die Ausbildung erfordert in der Regel Abitur (evtl. Fachhochschulreife) und gute Noten. Sie führt zu einem Bachelor-Abschluss, der auch nach Fachrichtung – als Bachelor of Engineering oder als Bachelor of Arts – vergeben wird. Wie der Abschluss verdeutlicht, handelt es sich hier um eine Berufsausbildung mit Studienanteilen; der theoretische Anteil der Ausbildung liegt bei etwa 50 Prozent.

Das Land Baden-Württemberg hat 2009 seinen acht Berufsakademien den Hochschulstatus zuerkannt und sie in der »Dualen Hochschule Baden-Württemberg« zusammengefasst (*www.dhbw.de*). 2016 wurde zudem im Bundesland Thüringen die »Duale Hochschule Gera-Eisenach« gegründet, die aus den Berufsakademien Gera und Eisenach hervorging (*www.dhge.de*). Beide Dualen Hochschulen bieten auch berufsbegleitende Masterstudiengänge an.

Betriebliche und theoretische Ausbildung können in der Berufsakademieausbildung nacheinander oder parallel angeordnet sein. Nacheinander heißt, dass erst die praktische Berufsausbildung erfolgt, anschließend die theoretische Ausbildung an der Berufsakademie. Das zweite, häufiger vorkommende Modell verbindet im Wechsel Blöcke von Arbeit im Betrieb und Studium an der Berufsakademie.

Hinter den Berufsakademien stehen große Unternehmen, die sich auf diese Weise ihren betrieblichen Führungsnachwuchs heranbilden. Der Betrieb oder die Gesundheits- oder Sozialeinrichtung zahlt für die gesamten drei Jahre eine Ausbildungsvergütung (zwischen 600 und 1 200 Euro), also auch während der Studienphasen an der

Berufsakademie, die wie eine kleine Hochschule ausgestattet ist (mit vielen Unterrichtsräumen, Bibliothek, Mensa, Wohnheim usw.).

Wichtig: In Bundesländern ohne das Ausbildungsangebot Berufsakademie gibt es dennoch eine Vielzahl von Unternehmen, die eine Berufsakademieausbildung anbieten. Die Unternehmen bilden die ausgewählten Bewerber vor Ort im Betrieb aus und schicken sie zur theoretischen Ausbildung auf eine Berufsakademie in einem anderen Bundesland.

Informationen zu Ausbildungen an einer Berufsakademie erhält man auf den Websites von Großunternehmen, die eine solche Ausbildung anbieten. Für eine gründliche Recherche zu diesen Ausbildungen bietet sich die Datenbank »finder« unter *www.studienwahl.de* an (in der Suchmaske unter »Hochschultyp oder Berufsakademie« wählen »Duale Hochschule + Berufsakademien«).

Hat man eine interessante Studienrichtung für sich herausgefunden, sieht man sich auf der Website der Berufsakademie die Firmenliste an. Bewerbungen sind nicht an die Berufsakademie, sondern an die Betriebe zu richten, die die angenommenen Bewerber/-innen an die Berufsakademie entsenden.

Gymnasiasten, die direkt nach dem Abitur die Ausbildung an einer Berufsakademie anstreben, sollten eineinhalb Jahre vor beabsichtigtem Ausbildungsbeginn (in der Regel 1. August oder 1. September) passende Studienrichtungen ausfindig machen und ihre Bewerbungen losschicken.

Ausbildung im öffentlichen Dienst

Für alle Schulabschlüsse gibt es Ausbildungsmöglichkeiten im Staatsdienst. Mit dem Hauptschulabschluss steht der einfache Dienst, mit der mittleren Reife der sogenannte mittlere Dienst und mit Fachhochschulreife der mittlere oder der gehobene Dienst, offen. Die Ausbildung dauert beim einfachen Dienst zwei bis drei Jahre, beim mittleren Dienst sowie beim gehobenen Dienst drei Jahre und umfasst eine praktische Berufsausbildung in der Behörde und Theorieunterricht. Bei der gehobenen Laufbahn wird anstelle des regelmäßigen Theorieunterrichts ein eineinhalbjähriges fachbezogenes Studium an einer Fachhochschule für öffentliche Verwaltung (FHöV, auch Verwaltungsfachhochschule) des Bundes oder eines Bundeslandes absolviert. Wie bei der Ausbildung an einer Berufsakademie erhalten die Auszubildenden während der gesamten Zeit eine Ausbildungsvergütung (etwa 800–900 Euro). Am Ende der Ausbildung erhält man nach bestandener Laufbahnprüfung ein staatliches Zeugnis oder (gehobener Dienst) ein Diplom mit dem Titel Diplom-Verwaltungswirt / -in. Vielfach wird auch ein Bachelor of Arts oder ein Bachelor of Public Administration erworben.

Die meisten Ausbildungen im Staatsdienst sind Verwaltungsausbildungen, die dafür qualifizieren, später als Sachbearbeiter / -in in der Behörde zu arbeiten. Man spricht deshalb auch vom nichttechnischen Dienst. Darüber hinaus gibt es – allerdings recht selten – auch einige technische Ausbildungen.

Es gibt Hunderte von Behörden, die ausbilden: städtische Behörden, Kreisbehörden, Landesbehörden und Bundesbehörden. Die Ausbildungsplätze werden auf den Websites der jeweiligen Behörde oder in der regionalen Presse ausgeschrieben.

Interessenten sollten die Informationen zu den Ausbildungen auf der Homepage der jeweiligen Behörde einsehen und das Kapitel »Öffentliche Verwaltung« in *Studien- und Berufswahl* (siehe hierzu auch S. 223) lesen. Hilfreich beim Recherchieren von Ausschreibungen ist das Portal *www.bund.de* (Pfad »Stellenangebote«, dann »Ausbildung & Studium«).

Berufsfachschule

Für einige Berufe gibt es keine betriebliche Ausbildung und auch kein Studienfach – für solche Berufe wird an Berufsfachschulen ausgebildet. Hierzu gehören vor allem Assistentenberufe im Gesundheitsbereich (vom medizinisch-technischen Laboratoriumsassistenten über den medizinisch-technischen Radiologieassistenten zum Physiotherapeuten und Zytologieassistenten), Bürotätigkeiten mit Fremdsprachenkompetenz (etwa Fremdsprachenassistent / -in oder Europasekretär / -in) und diverse Schönheitsberufe (etwa Kosmetiker / -in).

Dabei gibt es zahlreiche Unterschiede zwischen den Berufsfachschulen, aber auch einige Gemeinsamkeiten. Für alle Berufsfachschulen gilt, dass in diesen Ausbildungsstätten nichts produziert oder verkauft, sondern nur ausgebildet wird. Hier wird nicht nach dem dualen System ausgebildet. Entweder werden Praxis und Theorie in einer Ausbildung zusammengefasst, oder an die theoretische Ausbildung schließt sich ein praktischer Kurs von einigen Wochen oder Monaten außerhalb der Berufsfachschule an.

Es gibt staatliche, staatlich anerkannte private Berufsfachschulen und solche, die auf eine bestimmte Abschlussprüfung hin ausbilden. Die Ausbildung an staatlichen und staatlich anerkannten Berufsfachschulen ist so aufgebaut, dass sie nach einem bestimmten Lehrplan nach zwei bis vier Jahren mit einer Prüfung abgeschlossen werden kann, die entweder die Berufsfachschule selbst im Auftrag der Behörde durchführt oder die vor einer staatlichen Behörde stattfindet.

Die anderen Berufsfachschulen hingegen vermitteln das Wissen, das für das Examen benötigt wird. Sie geben aber keine Garantie dafür, dass die Prüfung bestanden wird. Andererseits bieten sie zuweilen die Möglichkeit, sich den Stoff in kürzerer Zeit anzueignen, oder sie veranstalten für Berufstätige Wochenend- oder Fernkurse.

Eine Besonderheit sind die Berufsfachschulen für die klassischen Gesundheitsfachberufe wie Gesundheits- und Krankenpfleger / -in, Hebamme oder auch Orthoptist / -in: Ihre Berufsfachschulen sind an ein Krankenhaus oder eine Klinik angegliedert, und alle Auszubildenden erhalten eine Ausbildungsvergütung.

Ein wichtiger Unterschied besteht bei den Kosten für die Ausbildung. Staatliche Berufsfachschulen verlangen normalerweise keine Ausbildungsgebühren, allenfalls müssen Arbeitskleidung oder Lernmittel selbst beschafft werden.

Die privaten Berufsfachschulen dagegen erheben ein Schulgeld für die Ausbildung. Wie hoch die Gebühren sind, hängt davon ab, ob die jeweilige Berufsfachschule staatliche Zuschüsse bekommt. Ohne Zuschüsse können pro Monat bis 500 Euro anfallen. Die Kosten für eine dreijährige Ausbildung einschließlich Prüfungsgebühren und Unterrichtsmaterialien können insgesamt 5000 bis 20000 Euro betragen. Wegen dieser Kosten sind die staatlichen Berufsfachschulen für viele attraktiver und erhalten auch meistens mehr Bewerbungen, als Ausbildungsplätze zur Verfügung stehen (Wartelisten!). Die Ausbildung an einer privaten Berufsfachschule muss nicht zwangsläufig schlechter sein als die an einer staatlichen. Sie kostet nur mehr Geld.

Wer sich für eine private Berufsfachschule entscheidet, sollte die Angebote sehr gründlich vergleichen und Informationen über die Qualität der Ausbildung einholen. Auch unter den Berufsfachschulen befinden sich manche graue und einige schwarze Schafe, die mehr am Geld der Schüler als an deren solider Ausbildung interessiert sind.

Fachhochschulstudium

Die Fachhochschulen wurden erst Anfang der Siebzigerjahre des letzten Jahrhunderts mit dem Ziel eingerichtet, Personen ohne Abitur und mit praktischer Berufserfahrung ein kurzes berufsbezogenes Studium zu ermöglichen. Inzwischen ist das Fachhochschulstudium auch bei Abiturienten sehr beliebt. Derzeit sind etwa 930000 Studierende (von insgesamt etwa 2,8 Mio.) an Fachhochschulen eingeschrieben. Viele Fachhochschulen tragen das Wort »Fachhochschule« nicht mehr im Namen und nennen sich jetzt »Hochschule«, »Technische Hochschule« oder »Hochschule für angewandte Wissenschaften«.

Das Fächerangebot umfasst die folgenden Bereiche: Ingenieurwesen, Wirtschaft, Architektur und Innenarchitektur, Dolmetschen / Übersetzen, Sozialwesen, Land- und Forstwirtschaft, Gestaltung und Design, Pflegestudiengänge und einige Gesundheitsstudiengänge, wie Physiotherapie, Ergotherapie, Hebammenkunde und Logopädie.

Voraussetzung für ein Studium an einer Fachhochschule ist die fachgebundene Hochschulreife, die Fachhochschulreife oder die allgemeine Hochschulreife. Die meisten Studienfächer erfordern ein einschlägiges Praktikum von einigen Wochen bis zu einem Jahr, meistens vor dem Studium. Das Studium ist relativ straff organisiert, es herrscht in der Regel Anwesenheitspflicht. Den Abschluss des Studiums bildet ein Bachelor- und – auf den Bachelor aufbauend – ein Master-Abschluss. Je nach fachlicher Ausrichtung wird bei den Bachelor- und Master-Studiengängen mit dem Bachelor / Master of Arts (B.A. / M.A.), dem Bachelor / Master of Science (B.Sc. / M.Sc.) und dem Bachelor / Master of Engineering (B.Eng. / M.Eng.) abgeschlossen. Derzeit laufen die letzten der alten Diplomstudiengänge mit dem Abschluss Diplom (FH) aus. Die Möglichkeit zur Promotion besteht an Fachhochschulen nicht.

Die Ausbildung orientiert sich stark an den praktischen Anforderungen im späteren Beruf. Dies ist sicher auch ein Grund dafür, dass Fachhochschulabsolventen den beruflichen Einstieg nach dem Studium im Durchschnitt schneller schaffen als Universitätsabsolventen, die von der sogenannten Sucharbeitslosigkeit nach dem Studium länger betroffen sind.

Problematisch für viele ist die Finanzierung des Studiums. Die meisten Studierenden halten sich mit Mischfinanzierungen über Wasser: ein Teil von den Eltern, das Übrige muss durch Jobben hinzuverdient werden. Oder sie erhalten BAföG und verdienen den Rest mit einem Minijob hinzu. Vollstipendien von Begabtenförderungswerken oder Stiftungen gibt es nur wenige.

Bewerbungen für einen FH-Studienplatz erfolgen bei den meisten Studiengängen direkt bei der Hochschule. Ausnahme sind örtlich zulassungsbeschränkte Studiengänge einiger Fachhochschulen, für die man sich beim Dialogorientierten Serviceverfahren von hochschulstart.de (*www.hochschulstart.de/dosv*) zusätzlich registrieren lassen muss. Faustregel: Bewerbung etwa vier bis fünf Monate vor dem beabsichtigten Studium, das entweder am 1. September oder (für einige Fächer) auch zum 1. März beginnt. Wer ein gestalterisches Fach studieren möchte, sollte mindestens eineinhalb Jahre vorher mit der Fachhochschule Kontakt aufnehmen und rechtzeitig mit der Anfertigung einer Mappe künstlerischer Arbeiten beginnen.

Informationen zum Studienangebot einer Fachhochschule sind auf der Hochschul-Homepage und bei der Zentralen Studienberatung der jeweiligen Hochschule erhältlich. Die Internetadressen der Fachhochschulen findet man auch in folgenden Büchern: *1000 Wege nach dem Abitur* und *Studieren, aber was?* (beide STARK Verlag).

Auf der Website einer Fachhochschule können Informationen über Studienfächer, Zulassungsbestimmungen, den Ablauf des Studiums, weiterführende Studienangebote usw. eingesehen werden.

Wer einen bestimmten Studiengang sucht, kann ihn über zwei Datenbanken finden: Unter *www.studienwahl.de* (Datenbank »finder«, in der Suchmaske unter »Hochschultyp oder Berufsakademie« dann »Fachhochschulen« wählen) oder unter *www.hochschulkompass.de* (Pfad »Studiengänge«, dann »Hochschultyp«, dann »Fachhochschulen / HAW« wählen).

Duales Studium

Im Bereich der Wirtschaftswissenschaften, der Ingenieurwissenschaften, der Informatik und der Gesundheitswissenschaften werden auch Studiengänge angeboten, die eine Berufsausbildung in einem anerkannten Ausbildungsberuf mit einem Studium an einer Fachhochschule (selten an einer Universität) verbinden, sodass beide zeitlich parallel absolviert werden können. Man nennt diese Studiengänge ausbildungsintegrierte oder kooperative Studiengänge. Zu den dualen Studiengängen gehören auch solche, die lange Blöcke praktischer Tätigkeit in einem Unternehmen mit einem Studium verbinden (hier wird aber kein Lehrberuf abgeschlossen). Vor Beginn der Ausbildung wird entweder ein Ausbildungs- oder ein Praktikantenvertrag mit einem Betrieb abgeschlossen. Neben ggf. Lehr- oder Facharbeiterabschluss erwerben die Teilnehmer einen Bachelor Abschluss.

Teilnehmer an dualen Studiengängen haben gegenüber denjenigen, die eine betriebliche Ausbildung und anschließend ein Studium absolvieren, den Vorteil, die Gesamtdauer ihrer Ausbildung wesentlich zu verkürzen. Beispiel: Wird eine Lehre als Bankkaufmann / -frau nach 2,5 Jahren abgeschlossen und ein 3,5-jähriges Fachhochschulstudium Betriebswirtschaft angeschlossen, so ergibt das insgesamt 6 Jahre Ausbildungszeit. Ein dualer Studiengang, der eine Ausbildung als Bankkaufmann / -frau und ein Betriebswirtschaftsstudium zeitlich parallel ermöglicht, dauert dagegen insgesamt 4 bis 4,5 Jahre.

Die Vergütung während eines dualen Studiengangs ist nicht einheitlich; sie orientiert sich am jeweiligen Ausbildungsberuf und am gewählten Betrieb. Nach einem Modell zahlen die Betriebe während der Zeit, in der die Lehre absolviert wird, die festgelegte Ausbildungsvergütung für das jeweilige Ausbildungsjahr und anschließend bis zum Bachelor eine Praktikantenvergütung. Wird keine Berufsausbildung abgeschlossen, aber eine praktische Tätigkeit absolviert, die der einer Berufsausbildung entspricht, so wird eine Praktikantenvergütung über die gesamte Ausbildungsdauer gezahlt. Einstiegsgehälter werden nach Abschluss des Studiums individuell verhandelt und hängen ab vom gewählten Studiengang, der Branche und der aktuellen Situation auf dem Arbeitsmarkt.

Nach dualen Studiengängen kann sehr gut in der Datenbank »finder« auf *www.studienwahl.de* recherchiert werden (Pfad »Studienform«, dann wählen »Dual: Ausbildungsintegriert (Studium + Lehre)« oder »Dual: Praxisintegrierendes Studium«).

Studium an einer wissenschaftlichen Hochschule

Das Studium an einer wissenschaftlichen Hochschule ist durch einen Schwerpunkt auf der theoretischen Ausbildung gekennzeichnet. Zu den wissenschaftlichen Hochschulen gehören: Universitäten, Technische Universitäten, Kunst- und Musikhochschulen, Pädagogische Hochschulen, Sporthochschulen, Kirchliche und Theologische Hochschulen.

Praxisorientierte Lehrveranstaltungen haben in den meisten Fächern nur einen geringen Anteil. Auch sind weniger externe Praktika vorgeschrieben als an Fachhochschulen. Ein großer Vorteil liegt aber in der Breite des Fächerangebotes und damit auch der Möglichkeit, sich umfassend zu bilden. Ein breites Spektrum an möglichen (und teilweise auch vorgeschriebenen) Neben- oder Beifächern wird an fast allen Hochschulen angeboten.

Ein Studium an einer wissenschaftlichen Hochschule schließt man entweder mit einem Staatsexamen oder einem Bachelor- und (darauf aufbauend) mit einem Master-Abschluss ab. Bei den Bachelor- und Master-Studiengängen wird – je nach fachlicher Ausrichtung – der Bachelor / Master of Arts (B.A. / M.A.), der Bachelor / Master of Science (B.Sc. / M.Sc.), der Bachelor/Master of Engineering (B.Eng. / M.Eng.) und für Lehramtsstudiengänge auch der Bachelor / Master of Education (B.Ed. / M.Ed.) erworben. Die traditionellen Abschlüsse Magister Artium und Diplom laufen aus und werden in Zukunft nicht mehr vergeben. Nach dem Staatsexamen oder dem Master besteht die Möglichkeit zur Promotion, also zum Erwerb eines Doktortitels.

Der Berufseinstieg ist nach einem universitären Hochschulstudium oft nicht so einfach wie mit einem Fachhochschulabschluss. Ist er jedoch erst einmal geschafft, sind die langfristigen Aufstiegsmöglichkeiten besser.

Das bereits angesprochene Problem der Finanzierung gilt natürlich auch für ein Studium an einer wissenschaftlichen Hochschule. Allerdings muss hier in der Regel ein noch längerer Zeitraum finanziert werden, bis das »erste richtige Geld« aus dieser Investition zurückfließt.

Für die Bewerbung gilt Ähnliches wie bei der Fachhochschule. Etwa fünf Monate vor dem Studienbeginn sollte die Bewerbung bei der Hochschule oder bei *hochschulstart.de* erfolgen. Über *hochschulstart.de* werden die bundesweit stark überlaufenen Studiengänge Humanmedizin, Zahnmedizin, Tiermedizin und Pharmazie vergeben. Auch ist für mehrere hundert örtlich zulassungsbeschränkte Studiengänge an Universitäten eine Registrierung beim Dialogorientierten Serviceverfahren von *hochschulstart.de* erforderlich (*www.hochschulstart.de/dosv*). Die Bewerbung um den Studienplatz wird online eingeleitet. Die meisten Fächer erfordern kein vorheriges Praktikum (Ausnahme: Ingenieurfächer, Architektur).

Weitere Informationen gibt es auf den Websites der Universitäten. Wer einen bestimmten Studiengang sucht, kann ihn finden unter *www.studienwahl.de* (Datenbank »finder«, in der Suchmaske unter Hochschulart »Universitäten« wählen) oder unter *www.hochschulkompass.de* (Pfad »Hochschulen«, dann »Hochschultyp«, dann »Universität« wählen).

Die Internetadressen aller Hochschulen stehen auch in *1000 Wege nach dem Abitur* und *Studieren, aber was?* (STARK Verlag).

Die wichtigsten Ausbildungswege auf einen Blick

Ausbildung	Betriebliche Ausbildung	Berufsakademien / Duale Hochschule Baden-Württemberg	Öffentlicher Dienst
Lernort	Betrieb und Berufsschule	Betriebe oder Gesundheits- oder Sozialeinrichtungen in Zusammenarbeit mit Berufsakademie (BA) oder Dualer Hochschule Baden Württemberg (DHBW)	Behörde in Zusammenarbeit mit Fachhochschule für öffentliche Verwaltung (FHöV)
Dauer	2 – 3 1/2 Jahre	3 Jahre	3 Jahre
Status während der Ausbildung	Auszubildende / -r	Auszubildende / -r Student / -in	Beamtenanwärter / -in
Abschluss	Geselle / Gesellin (Handwerk); Gehilfe / Gehilfin (Industrie und Handel)	Bachelor; Diplom (BA)	Diplom-Verwaltungswirt / -in; Bachelor of Arts oder Bachelor of Public Administration
Fächer	Industrie, Handel, Handwerk, öffentlicher Dienst; rd. 350 anerkannte Ausbildungsberufe	Wirtschaft, Technik, Sozialwesen, Gesundheitswesen	öffentlicher Dienst, Verwaltung
Theorie-Praxis-Verhältnis	praxisorientierte Ausbildung im Betrieb; Theorie wird an 1 bis 2 Wochentagen an der Berufsschule vermittelt (oder in Blockform) Verhältnis: etwa 25 : 75	praktische Ausbildung im Betrieb und theoretische an der Berufsakademie oder der DHBW, entweder nacheinander oder in Blöcken; kombinierte Praxis- / Studienausbildung Verhältnis: 50 : 50	praktische Ausbildung in den jeweiligen Behörden; theoretisches Studium an einer Fachhochschule für öffentliche Verwaltung Verhältnis: 50 : 50
Schulabschluss	rechtlich kein besonderer Schulabschluss vorgeschrieben; faktisch ist für die beliebtesten Berufe mind. mittlere Reife erforderlich	meist allgemeine Hochschulreife, selten Fachhochschulreife	gehobener Dienst: Fachhochschulreife oder allgemeine Hochschulreife
Finanzielles	Ausbildungsvergütung (je nach Beruf und Ausbildungsjahr zwischen 300 und 1 000 Euro)	Ausbildungsvergütung (600 – 1 200 Euro, auch während des Studiums an der BA bzw. der DHBW)	Anwärterbezüge (ca. 800 – 900 Euro; auch während des Studiums an der FHöV)

Berufsfachschule	**Fachhochschulen** (nennen sich jetzt überwiegend »Hochschulen«)	**Duales Studium**	**Wissenschaftliche Hochschulen**
Berufsfachschule	Fachhochschule	Betrieb, Berufsschule, Fachhochschule (Universität selten)	Universitäten, Technische Universitäten, Pädagogische Hochschulen, Kunst-, Musikhochschulen u. a.
unterschiedlich, je nach Ausbildung ca. 2–4 Jahre	Bachelor: 3 bis 4 Jahre Master: plus 1 oder 1 1/2 Jahre	ca. 3–4 1/2 Jahre	Bachelor: i. d. R. 3 Jahre, Master: plus weitere 2 Jahre
Fachschüler/in o. Ä.	Student/-in	Auszubildende/-r und Student/-in	Student/-in
diverse Abschlüsse möglich	Bachelor Master auslaufend: Diplom (FH)	Abschluss des Lehrberufs und Bachelor	Bachelor; Master; Staatsexamen; Promotion; auslaufend: Diplom und Magister Artium
Gesundheitsberufe, verschiedene Assistentenberufe, Schönheitsberufe, Büroberufe mit Fremdsprachenkompetenz	Ingenieurwesen, Wirtschaft, Sozialwesen, Pflege, Land- und Forstwirtschaft, Design, Übersetzen/Dolmetschen	Ingenieurwesen, Wirtschaft, Informatik, einzelne Gesundheitsstudiengänge	Natur-, Ingenieur-, Geistes-, Sozial-, Rechts-, Wirtschaftswissenschaften, Medizin, Sport, Kunst, Musik
unterschiedlich, aber die Praxis überwiegt meistens	mehr praxisorientierte Lerninhalte sowie vorgeschriebene externe Praktika als an Universitäten Verhältnis: je nach Fach ca. 70:30 oder 60:40	Verhältnis: 50:50	vor allem theoretisch-wissenschaftliche Ausbildung; wenig praxisorientiert, nur in wenigen Fächern sind Praktika vorgeschrieben Verhältnis: 90:10 (für die meisten Fächer)
meistens mittlere Reife, bei einigen auch Hauptschulabschluss ausreichend	Fachhochschulreife, allgemeine Hochschulreife, fachgebundene Hochschulreife, Praktikum vor Studienbeginn meistens vorgeschrieben	mind. Fachhochschulreife, besser allgemeine Hochschulreife	allgemeine Hochschulreife, fachgebundene Hochschulreife, bei einigen Ingenieurstudiengängen kleines Praktikum vor Studienbeginn oder in den ersten Semesterferien vorgeschrieben
bei privaten Schulen fallen Ausbildungskosten und Gebühren an; evtl. BAföG-Anspruch	evtl. BAföG (max. 735 Euro/Monat); Studiengebühren bei privaten Fachhochschulen	Ausbildungsvergütung im jeweiligen Lehrberuf während der 2-jährigen Lehre, dann Vergütung bis zum Abschluss des Studiums in unterschiedlicher Höhe, Studiengebühren bei privaten Hochschulen werden i. d. R. von den Betrieben übernommen	evtl. BAföG (max. 735 Euro/Monat); Studiengebühren bei privaten wissenschaftlichen Hochschulen

Die Berufswahltests

Erläuterungen zu den Tests

Der große Berufswahltest besteht aus verschiedenen Teilen. Der erste Test ist als **Zusatztest** für diejenigen Abiturienten vorangestellt, die vor der Wahl stehen, entweder zuerst eine Berufsausbildung aufzunehmen oder direkt zu studieren, oder die sich noch nicht schlüssig sind, ob sie an einer Universität oder an einer Fachhochschule studieren sollen. Alle anderen können ihn überspringen. Die anderen Tests sind unabhängig von der Schulausbildung.

Bei der Konzeption des **Berufsorientierungstests** sind wir davon ausgegangen, dass es bestimmte Vorlieben und Interessen für berufliche Tätigkeiten gibt. Diese werden anhand von 150 Fragen ermittelt. Anschließend kann eine Zuordnung zu einer Berufsgruppe erfolgen, aber noch nicht zu einem konkreten Beruf.

Neben dem Interesse für bestimmte berufliche Tätigkeiten spielt die Eignung einer Person für einen Beruf eine wichtige Rolle. Jeder Mensch hat unterschiedliche Begabungen, Neigungen und Fähigkeiten, die zu den Anforderungen eines Berufs passen müssen. Einige Beispiele: Wer Verkäufer werden möchte, muss überzeugend argumentieren können und Wert auf sein Äußeres legen. Beim Kfz-Mechaniker kommt es hingegen auf körperliche Belastbarkeit, technisches Interesse, handwerkliches Geschick und genaues Arbeiten an. Interesse am Auto alleine genügt nicht. Wer Ingenieur/-in werden will, muss darüber hinaus über eine mathematische Begabung verfügen. Wer einen sozialen Beruf anstrebt, muss nicht nur soziales Engagement zeigen, sondern auch viel Ausdauer haben und psychisch belastbar sein. Der **Test der Schlüsselqualifikationen** stellt anhand von 100 Fragen fest, wie sich jemand selbst im Hinblick auf solche Merkmale einschätzt. Die Erfahrung zeigt aber, dass die eigene Einschätzung nicht immer zutreffend sein muss. Umgekehrt stimmt auch eine Fremdeinschätzung nicht immer, besonders wenn sie von einer Person getroffen wird, die den Einzuschätzenden schon sehr lange kennt. Aus diesem Grund gibt es zwei Tests für die Schlüsselqualifikationen – einen Selbsteinschätzungstest und einen Fremdeinschätzungstest. Wer den zweiten Test bearbeitet, ist nicht festgelegt. Ob Eltern,

Freunde oder Lehrer, entscheidend ist, dass derjenige oder diejenige die Person, die Orientierung bei der Berufswahl sucht, gut kennt und in der Lage ist, möglichst objektiv zu urteilen. Dieser Test bietet zusätzlich die Möglichkeit, in Erfahrung zu bringen, ob man sich selbst gut kennt. Seien Sie nicht überrascht, wenn Ihre Einschätzung und die Fremdeinschätzung bei vielen Fragen voneinander abweichen. Die Abweichungen sollten aber nicht mehr als zwei oder drei Punkte bei jeder Frage betragen. Unterscheiden die beiden Ergebnisse sich sehr stark voneinander, liegen sie also regelmäßig um drei oder vier Punkte auseinander, ist es sinnvoll, eine weitere Person um eine Fremdeinschätzung zu bitten.

Bilden Sie in diesem Fall einen Mittelwert zwischen Fremdeinschätzung A und B bei jeder Frage. Anschließend nehmen Sie den Mittelwert zwischen der Selbsteinschätzung und der Fremdeinschätzung und ermitteln Ihre Schlüsselqualifikationen. Die Verbindung des Berufsorientierungstests und des Tests der Schlüsselqualifikationen ermöglicht Ihnen jetzt eine Zuordnung zu infrage kommenden Berufen, für die Sie die notwendigen Voraussetzungen mitbringen.

Sie sollten sich dabei nicht nur auf einen Beruf konzentrieren, sondern sich auch andere Berufe innerhalb der Gruppe ansehen. Beschränken Sie sich ebensowenig auf lediglich eine Gruppe von Berufen. Schauen Sie sich zusätzlich bei den Berufen um, die zu der Gruppe gehören, die bei Ihren Interessen den zweiten Platz belegen, vielleicht sogar Berufe aus der dritten Gruppe. Machen Sie aber immer einen Abgleich mit den ermittelten Schlüsselqualifikationen.

Die Tests selbst sollten zügig, aber gründlich, gemacht werden. Abiturienten sollten sich für den Zusatztest mit 20 Fragen mindestens 10 Minuten und maximal 25 Minuten Zeit lassen. Der Berufsorientierungstest dürfte etwa 50 bis 60 Minuten Zeit in Anspruch nehmen. Rechnen Sie für den Test zur Ermittlung der Schlüsselqualifikationen jeweils etwa 30 bis 40 Minuten ein.

Und nun viel Spaß bei der Beantwortung der Fragen!

Zusatztest für Abiturienten

Von den Abiturienten nehmen in der Regel rund 60 Prozent direkt nach dem Abitur ein Hochschulstudium auf. Davon entscheiden sich etwa 72 Prozent für ein Universitätsstudium (oder ein vergleichbares wissenschaftliches Studium) und etwa 28 Prozent für ein Studium an einer Fachhochschule (oder einer Verwaltungshochschule). Die übrigen 40 Prozent beginnen eine betriebliche Ausbildung oder eine kombinierte Ausbildung an einer Berufsakademie oder an der Dualen Hochschule Baden-Württemberg. Von denjenigen, die sich erst einmal gegen ein Studium entscheiden, nehmen aber etwa die Hälfte später ein Studium auf. Wegen der vielfältigen Möglichkeiten des Studiums und der beruflichen Ausbildung ist es deshalb sinnvoll, sich zu überlegen, ob man

- direkt mit dem Studium beginnt oder
- zuerst eine Berufsausbildung macht oder
- sich für ein Studium an einer wissenschaftlichen Hochschule oder
- an einer Fachhochschule entscheidet.

Diese Überlegungen sind deshalb wichtig, weil bei einer falschen Entscheidung ein Misserfolg die Folge sein kann und eine Berufsausbildung nach dem Studium schwer möglich ist. Arbeitgeber stellen ungern Leute für eine Berufsausbildung ein, die bereits mehrere Jahre studiert haben und einige Jahre älter sind als die übrigen Auszubildenden.

Um Ihnen diese Entscheidungen zu erleichtern, wurde der folgende Test konzipiert, der aus insgesamt 20 Fragen besteht und bei dem Sie sich jeweils zwischen drei Antworten entscheiden müssen. Bitte kreuzen Sie deshalb immer nur eine Antwort an.

Für die Bearbeitung sollten Sie etwa 10 bis 25 Minuten benötigen. Wichtig ist, dass Sie sich immer für eine der drei Möglichkeiten entscheiden. Falls Sie unsicher sind, ob Sie A, B oder C ankreuzen sollen, nehmen Sie bitte die Antwort, die Ihrer Entscheidung am nächsten kommt.

1. Frage

Ich fühle mich eher zur Theorie als zur Praxis hingezogen.	A ☐
Praktisches Arbeiten ziehe ich der Theorie jederzeit vor.	B ☐
Meine künftige Ausbildung sollte halb theoretisch und halb praktisch sein.	C ☐

2. Frage

Wenn ich keinen äußeren Druck habe, tue ich wenig oder nichts. A ☐
Wenn es sein muss, kann ich mich leicht zum Lernen aufraffen. B ☐
Ich kann jederzeit auch ohne äußeren Druck selbstdiszipliniert arbeiten. C ☐

3. Frage

Es macht mir Spaß, Dinge ohne Anleitung zu erarbeiten. A ☐
Es fällt mir leichter, Dinge zu erarbeiten, wenn ich eine Anleitung habe. B ☐
Mir ist es lieber, wenn mir jemand sagt, wie es geht. C ☐

4. Frage

Ich möchte nach der Schule schnell finanziell unabhängig werden. A ☐
Ich möchte spätestens 3 bis 4 Jahre nach dem Abitur Geld verdienen. B ☐
Mir ist eine mehrjährige Ausbildung wichtiger als frühes Geldverdienen. C ☐

5. Frage

Eine Ausbildung ohne einen Master oder einen Doktortitel ist mir zu wenig. A ☐
Für mich zählt vor allem, dass ich später einen Job bekomme. B ☐
Nicht auf einen Hochschulabschluss kommt es mir an, sondern auf eine gute Ausbildung. C ☐

6. Frage

Ich möchte das lernen, was man für den Beruf braucht, und ein wenig drumherum. A ☐
Meine künftige Ausbildung sollte vor allem breit angelegt sein. B ☐
Nur das, was ich für den Beruf brauche, möchte ich lernen. C ☐

7. Frage

Wenn ich eine Aufgabe lösen muss, verlasse ich mich lieber auf mich selbst. A ☐
Ich frage jemanden, wie er oder sie herangehen würde. B ☐
Ich lasse mir die Aufgabe lieber von jemandem lösen, der sich auskennt. C ☐

8. Frage

Karriere ist nicht unwichtig, aber auch nicht das Wichtigste. A ☐
Ich möchte gerne eine »Spitzenkarriere« machen. B ☐
Zufriedenheit im Beruf ist mir wichtiger als Karriere. C ☐

9. Frage

Mich faszinieren Aufgaben, die theoretisches Denken erfordern. A ☐
Grau ist alle Theorie. B ☐
Mich interessiert eher die Anwendung der Theorie. C ☐

10. Frage

Fernsehsendungen über Wissenschaft und Forschung finde ich sehr spannend. A ☐
Langweilen mich eher. B ☐
Mag spannend sein, aber mich interessiert mehr, was man damit machen kann. C ☐

11. Frage

Ein kleines Referat selbstständig zu schreiben macht mir Spaß. A ☐
Lieber schreibe ich Klausuren, in denen das gelernte Wissen abgefragt wird. B ☐
Wenn überhaupt, sind mir mündliche Prüfungen am liebsten. C ☐

12. Frage

Wenn ich etwas nicht verstanden habe, lasse ich es mir nochmals erklären. A ☐
Ich setze mich selber daran, bis ich es verstanden habe. B ☐
Man muss nicht jedes Detail verstehen. C ☐

13. Frage

Ich schätze mich eher als jemanden ein, der an vielen Dingen Interesse hat. A ☐
Ich konzentriere mich auf einige Dinge, die ich gut kann. B ☐
Teils-teils. C ☐

14. Frage

Leute, die viel nachdenken, sind häufig weltfremd. A ☐
Um etwas zu verstehen, muss man viel nachdenken. B ☐
Wichtiger als viel nachzudenken ist, dass man die Sache praktisch beherrscht. C ☐

15. Frage

Ich möchte so viel wie möglich lernen und wissen. A ☐
Man kann seine grauen Zellen auch überstrapazieren. B ☐
Es kommt nicht auf die Menge an, sondern darauf, was für den Beruf wichtig ist. C ☐

16. Frage

Ich lerne am besten unter guter Anleitung. A

Ich lerne am besten mit anderen zusammen. B

Ich lerne am besten alleine. C

17. Frage

Während der Ausbildung will ich geregelte Arbeitszeiten und das Wochenende frei haben. A

Wochentags sind mir die Arbeitszeiten egal, aber Freitagnachmittag geht's ins Wochenende. B

Ich habe auch kein Problem mit ungeregelten Zeiten. C

18. Frage

Meine Ausbildung soll dazu dienen, einen Beruf zu erlernen. A

Meine Ausbildung sollte mir die Möglichkeit bieten, mich vielseitig zu bilden. B

Meine Ausbildung sollte schon etwas mehr als reine Berufsausbildung sein. C

19. Frage

Dinge, die mir keinen Spaß machen, bin ich nicht bereit zu lernen. A

Es gibt nichts Uninteressantes, man muss nur lernen wollen. B

Ich bin bereit, Dinge zu lernen, die keinen Spaß machen, wenn es nicht anders geht. C

20. Frage

Ich lese gern und viel. A

Ich bin ziemlich lesefaul. B

Ich lese nur das, was mich direkt interessiert. C

Berechnung
Bitte notieren Sie die Punkte entsprechend den Kästchen, die Sie angekreuzt haben, und zählen Sie diese anschließend zusammen.

Frage	A	B	C	Punkte
1.	2	5	3	
2.	6	4	2	
3.	2	3	6	
4.	6	3	1	
5.	2	3	4	
6.	3	2	5	
7.	2	3	5	
8.	3	5	4	
9.	1	6	3	
10.	1	5	3	

Frage	A	B	C	Punkte
11.	2	3	5	
12.	3	2	4	
13.	2	4	3	
14.	5	1	3	
15.	1	6	3	
16.	5	4	2	
17.	5	3	2	
18.	5	1	3	
19.	5	2	3	
20.	2	5	3	

Gesamtpunktzahl:

Auswertung: Zusatztest für Abiturienten

Über 90 Punkte

Sie sind vor allem an einer sehr schnellen Ausbildung und an einem baldigen Berufseinstieg interessiert. Die Vorstellung von einem langen Studium, finanzieller Abhängigkeit und unsicheren Arbeitsmarktperspektiven erschreckt Sie. Ihre Antworten lassen darauf schließen, dass Sie ohne großen Aufwand Ihr Abitur geschafft haben oder schaffen werden oder dass Sie (vorerst) genug haben von Schule und Lernen. Sie halten nicht viel von Theorie und mühsamem Pauken im Studium, von vielem Lesen und von Dingen, die aus Ihrer Sicht für den Beruf nicht wichtig sind. Lassen Sie auf alle Fälle erst einmal die Finger von einem Studium und konzentrieren Sie sich auf eine berufliche Ausbildung. Eine Lehre bietet Ihnen die Möglichkeit, in zwei bis zweieinhalb Jahren einen berufsqualifizierenden Abschluss zu erlangen und in den Beruf einzusteigen. Sollten Sie später noch einmal Lust auf ein Studium bekommen, steht

Ihnen dieser Weg jederzeit offen. Bei der Wahl der richtigen Ausbildung sollten Sie besonderen Wert darauf legen, dass der Beruf mit Ihren Vorstellungen und Schlüsselqualifikationen übereinstimmt, sonst werden Sie schnell frustriert und brechen die Ausbildung möglicherweise ab. Machen Sie deshalb die folgenden Tests sehr gründlich.

79–89 Punkte

Sie sind an einer sehr schnellen Ausbildung und an einem schnellen Berufseinstieg interessiert. Die Vorstellung von einem langen Studium, finanzieller Abhängigkeit und unsicheren Arbeitsmarktperspektiven schreckt Sie ab.

Ihre Antworten lassen darauf schließen, dass Sie (vorerst) genug haben von Schule und Lernen. Sie halten wenig von Theorie und mühsamem Pauken im Studium, von vielem Lesen und von Dingen, die aus Ihrer Sicht für den Beruf nicht so wichtig sind. Lassen Sie auf alle Fälle erst einmal die Finger von einem Studium und konzentrieren Sie sich auf eine berufliche Ausbildung. Eine Lehre bietet Ihnen die Möglichkeit, in zwei bis zweieinhalb Jahren einen berufsqualifizierenden Abschluss zu erlangen und in den Beruf einzusteigen. Sollten Sie irgendwann noch einmal Lust auf ein Studium bekommen, steht Ihnen dieser Weg jederzeit offen. Bei der Wahl der Ausbildung sollten Sie Wert darauf legen, dass der Beruf mit Ihren Vorstellungen und Schlüsselqualifikationen übereinstimmt.

67–78 Punkte

Ihr Interesse ist stark auf eine zügige Ausbildung und auf einen Beruf ausgerichtet, der Ihren Vorstellungen entspricht. Aus diesem Grund tendieren Ihre Überlegungen in Richtung einer Berufsausbildung oder sollten in diese Richtung gehen. Für Sie könnten auch die Ausbildungen des öffentlichen Dienstes, evtl. auch das Angebot der Berufsakademien und der Dualen Hochschule Baden-Württemberg von Interesse sein. Im Kapitel »Ausbildungswege nach der Schule« (S. 7) finden Sie hierzu ausführliche Informationen.

Ob ein Universitätsstudium wirklich für Sie infrage kommt, sollten Sie sich gründlich überlegen. Ihre Antworten vor allem zu den zentralen Fragen Berufsorientierung, Wissenschaft, Theorie usw. weisen stark darauf hin, dass Sie eher an einer Berufsausbildung interessiert sind. Wenn Sie ein Studium anstreben, sollten Sie vor allem Fachhochschulstudiengänge in Betracht ziehen. Diese bieten den Vorteil, dass sie stärker anwendungs- und berufsorientiert sind, somit mehr Praxisanteile enthalten und daher den Berufseinstieg erleichtern. Fachhochschulen entsprechen mit ihrem Klassensystem und mit der regelmäßigen Leistungskontrolle auch eher Ihrem Arbeitsstil.

54–66 Punkte

Ihre Entscheidung wird nicht einfach, weil Sie sowohl an einem Studium als auch an einer Berufsausbildung interessiert sind. Falls Sie sich die Entscheidung erleichtern möchten, wählen Sie den dritten Weg, erst eine Berufsausbildung und dann ein Studium. So entscheiden sich mittlerweile mehr als ein Drittel aller Abiturienten. Dieses System bietet viele Vorteile: Man ist reifer, wenn man mit dem Studium beginnt, findet leichter einen Ferienjob, studiert normalerweise zielstrebiger und ist auch für Arbeitgeber wegen der Doppelqualifikation attraktiver. Doch Vorsicht: Die Berufsausbildung sollte in einem inhaltlichen Verhältnis zum Studium stehen. Außerdem sollte man Interesse an der Ausbildung haben. Eine Lehre zu machen mit dem einzigen Ziel, eine Berufsausbildung in der Tasche zu haben, ist nicht sinnvoll. Auch über das sogenannte duale Studium, das parallel eine Lehre und ein Fachhochschulstudium in drei bis viereinhalb Jahren ermöglicht, sollten Sie sich informieren. Sie können evtl. auch ein Fachhochschulstudium erwägen, falls Sie ein Fach studieren möchten, das auch an der Fachhochschule vertreten ist; dabei sollten Sie die Vor- und Nachteile beider Hochschultypen mit in die Überlegungen einbeziehen und sich vor allem die Frage stellen, ob Ihnen mehr Theorie oder mehr Praxisorientierung im Studium wichtig ist. Sie sollten sich auch einmal eine Universität und eine Fachhochschule und die Unterschiede vor Ort ansehen.

40–53 Punkte

Sie scheinen ein geeigneter Kandidat/eine geeignete Kandidatin für ein Universitätsstudium zu sein. Weder die Theorie im Studium noch die meist längere Studiendauer, die finanzielle Abhängigkeit, die unsicheren Arbeitsmarktperspektiven noch überfüllte Hörsäle und lange Reihen von zu lesenden Büchern schrecken Sie ab. Ganz im Gegenteil. Wenn Ihre Einschätzung stimmt, verfügen Sie auch über all die anderen Voraussetzungen, die man für ein Universitätsstudium braucht, wie Fleiß, selbstständiges Arbeiten, die Bereitschaft, auch mal abends oder am Wochenende zu arbeiten, die Fähigkeit zu logischem Denken, Interesse an Wissenschaft und vieles mehr.

Trotzdem sollten Sie über die Möglichkeiten einer vorherigen Berufsausbildung nachdenken. Sie bietet einige Vorteile: Man ist reifer, wenn man mit dem Studium beginnt, findet leichter einen Ferienjob, studiert normalerweise zielstrebiger und ist auch für Arbeitgeber wegen der Doppelqualifikation attraktiver. Die Lehre sollte in einem inhaltlichen Verhältnis zum Studium stehen, das heißt, beide sollten sich sinnvoll ergänzen. Außerdem sollte man Interesse an der Ausbildung haben. Eine Berufsausbildung nur zu machen, um eine Ausbildung in der Tasche zu haben, ist nicht sinnvoll. Was die Entscheidung zwischen Universitätsstudium und Fachhochschulstudium anbelangt, so dürfte das Universitätsstudium eher Ihren persönlichen Vorstellungen entsprechen.

Weniger als 40 Punkte

Sie sind der ideale Kandidat / die ideale Kandidatin für ein Universitätsstudium. Jeder Professor wünscht sich Studenten mit Ihren Vorstellungen. Weder die Theorie im Studium noch die meist längere Studiendauer, die finanzielle Abhängigkeit, unsichere Arbeitsmarktperspektiven noch überfüllte Hörsäle und lange Reihen von zu lesenden Büchern können Sie abschrecken. Wenn Ihre Einschätzung stimmt, verfügen Sie auch über all die anderen Voraussetzungen, die man für ein Universitätsstudium braucht, wie Fleiß, selbstständiges Arbeiten, die Bereitschaft, auch mal abends oder am Wochenende zu arbeiten, die Fähigkeit zu logisch-abstraktem Denken, Interesse an Wissenschaft und vieles mehr. Sie sollten an einer Universität studieren, und dies bald und ohne Umwege. Trotzdem sollten Sie die Praxis nicht ganz vernachlässigen und vielleicht die Zeit bis zum Studienbeginn für ein Praktikum nutzen und auch im Studium einige praktische Erfahrungen sammeln.

Berufsorientierungstest für alle Schulabgänger

Der folgende Test soll ermitteln, welche beruflichen Bereiche Sie mehr als andere interessieren. Für die Bewertung steht Ihnen eine zehnstufige Skala zur Verfügung. Wenn Sie eine der beschriebenen Tätigkeiten sehr interessant finden, dann kreuzen Sie bitte eine hohe Zahl an. Wenn etwas für Sie eher uninteressant ist, sollten Sie eine der niedrigen Zahlen wählen. Zur Verdeutlichung ein Beispiel:

Ich hätte Spaß daran ...

	überhaupt nicht sehr viel
• Computerspiele zu entwickeln	① ② ③ ④ ⑤ ⑥ ⑦ ⑧ (angekreuzt) ⑨ ⑩

In diesem Beispiel hat der oder die Befragte die Zahl 8 gewählt. Man kann also sagen, dass die Tätigkeit »Computerspiele entwickeln« als sehr interessant eingeschätzt wird. Allerdings scheint der Befragte sich noch interessantere Tätigkeiten vorstellen zu können, die er dann mit 9 oder gar 10 bewerten wird. Bitte bewerten Sie alle Aussagen; dies ist für die spätere Auswertung sehr wichtig. Denken Sie bitte bei der Bewertung noch nicht an konkrete Berufe, die Sie hinter den Tätigkeiten vermuten, sondern überlegen Sie einfach, wie viel Spaß Ihnen die beschriebenen Tätigkeiten machen würden.

		überhaupt nicht — sehr viel
1.	Druckmaschinen zu bedienen und zu überwachen	① ② ③ ④ ⑤ ⑥ ⑦ ⑧ ⑨ ⑩
2.	Kunden bei finanziellen Fragen zu beraten	① ② ③ ④ ⑤ ⑥ ⑦ ⑧ ⑨ ⑩
3.	Maschinen zusammenzubauen	① ② ③ ④ ⑤ ⑥ ⑦ ⑧ ⑨ ⑩
4.	Präzisionswerkzeuge aus Eisen an einer Drehbank herzustellen	① ② ③ ④ ⑤ ⑥ ⑦ ⑧ ⑨ ⑩
5.	ein neues Haus zu entwerfen und alle Bauarbeiten zu koordinieren	① ② ③ ④ ⑤ ⑥ ⑦ ⑧ ⑨ ⑩
6.	die elektrische Versorgung eines Bürokomplexes zu planen	① ② ③ ④ ⑤ ⑥ ⑦ ⑧ ⑨ ⑩
7.	zwischen Nachbarn bei Rechtsstreitigkeiten zu vermitteln	① ② ③ ④ ⑤ ⑥ ⑦ ⑧ ⑨ ⑩
8.	für die Ordnung und Ruhe mehrerer Häuser eines Siedlungsgebietes verantwortlich zu sein	① ② ③ ④ ⑤ ⑥ ⑦ ⑧ ⑨ ⑩
9.	Heizungs- und Lüftungsanlagen zu entwerfen und den Einbau zu überwachen	① ② ③ ④ ⑤ ⑥ ⑦ ⑧ ⑨ ⑩
10.	Kunden über günstige Verkehrsverbindungen zu beraten und Vorzüge bestimmter Reiseziele darzustellen	① ② ③ ④ ⑤ ⑥ ⑦ ⑧ ⑨ ⑩
11.	eine geschmackvolle Verpackung für ein neues Produkt zu entwerfen	① ② ③ ④ ⑤ ⑥ ⑦ ⑧ ⑨ ⑩
12.	Kunden regelmäßig zu besuchen und ihnen neue Produkte anzubieten	① ② ③ ④ ⑤ ⑥ ⑦ ⑧ ⑨ ⑩
13.	die Ausgaben einzelner Abteilungen in einem Unternehmen zu überprüfen und Verbesserungsvorschläge zu unterbreiten	① ② ③ ④ ⑤ ⑥ ⑦ ⑧ ⑨ ⑩
14.	an der Entwicklung von Industrierobotern mitzuarbeiten	① ② ③ ④ ⑤ ⑥ ⑦ ⑧ ⑨ ⑩
15.	die Kosten für die Produktion von Waren eines Industriebetriebes zu berechnen	① ② ③ ④ ⑤ ⑥ ⑦ ⑧ ⑨ ⑩
16.	einen Betrieb selbstständig zu leiten und mit Kunden Verträge abzuschließen	① ② ③ ④ ⑤ ⑥ ⑦ ⑧ ⑨ ⑩

		überhaupt nicht ... sehr viel
17.	Betriebe in allen Steuer- und Finanzfragen zu beraten und ihre Steuererklärungen zu erstellen	① ② ③ ④ ⑤ ⑥ ⑦ ⑧ ⑨ ⑩
18.	neue Lagerstätten für Erdgasvorkommen zu ermitteln	① ② ③ ④ ⑤ ⑥ ⑦ ⑧ ⑨ ⑩
19.	durch Mischen verschiedener Substanzen eine medizinisch wirksame Salbe herzustellen	① ② ③ ④ ⑤ ⑥ ⑦ ⑧ ⑨ ⑩
20.	Vorschulkinder zum Malen und Basteln anzuregen und ihre Entwicklung zu fördern	① ② ③ ④ ⑤ ⑥ ⑦ ⑧ ⑨ ⑩
21.	älteren, gebrechlichen Menschen bei der Verrichtung alltäglicher Dinge zu helfen	① ② ③ ④ ⑤ ⑥ ⑦ ⑧ ⑨ ⑩
22.	nach einer Vorlage künstliche Zähne anzufertigen	① ② ③ ④ ⑤ ⑥ ⑦ ⑧ ⑨ ⑩
23.	verschiedene Blumen für eine Raumdekoration zusammenzustellen	① ② ③ ④ ⑤ ⑥ ⑦ ⑧ ⑨ ⑩
24.	an einer Hochschule zu unterrichten und Studierende bei Forschungsarbeiten zu unterstützen	① ② ③ ④ ⑤ ⑥ ⑦ ⑧ ⑨ ⑩
25.	die Inneneinrichtung eines Hauses ästhetisch zu gestalten	① ② ③ ④ ⑤ ⑥ ⑦ ⑧ ⑨ ⑩
26.	in einem Strafverfahren die Anklageschrift zu verfassen	① ② ③ ④ ⑤ ⑥ ⑦ ⑧ ⑨ ⑩
27.	Zierpflanzen eines Parks zu züchten und zu pflegen	① ② ③ ④ ⑤ ⑥ ⑦ ⑧ ⑨ ⑩
28.	Kunden bei der Auswahl der Speisen und Getränke für ein Fest zu beraten	① ② ③ ④ ⑤ ⑥ ⑦ ⑧ ⑨ ⑩
29.	in einem Archiv zu entscheiden, welche Dokumente aufgehoben werden und wie sie geordnet werden sollen	① ② ③ ④ ⑤ ⑥ ⑦ ⑧ ⑨ ⑩
30.	die Ansprüche eines Kunden auf Auszahlung einer Versicherungssumme nachzuprüfen	① ② ③ ④ ⑤ ⑥ ⑦ ⑧ ⑨ ⑩

		überhaupt nicht – sehr viel
31.	Klienten beim Verkauf eines Betriebes zu beraten und dieses Rechtsgeschäft zu beurkunden	①②③④⑤⑥⑦⑧⑨⑩
32.	die physikalischen Eigenschaften eines neuen Baustoffes zu untersuchen und zu verbessern	①②③④⑤⑥⑦⑧⑨⑩
33.	Strafgefangene zu beaufsichtigen und sie zur Aus- und Weiterbildung anzuleiten	①②③④⑤⑥⑦⑧⑨⑩
34.	Kinder oder Jugendliche zu unterrichten und zu betreuen	①②③④⑤⑥⑦⑧⑨⑩
35.	leckere Fleisch- und Wurstwaren herzustellen und in der Fleischtheke eines Geschäfts zu präsentieren	①②③④⑤⑥⑦⑧⑨⑩
36.	Tiere auf mögliche Krankheiten zu untersuchen und zu behandeln	①②③④⑤⑥⑦⑧⑨⑩
37.	Maschinen zu berechnen und zu entwerfen	①②③④⑤⑥⑦⑧⑨⑩
38.	für die Sicherheit einer prominenten Person zu sorgen	①②③④⑤⑥⑦⑧⑨⑩
39.	Werkstücke aus Metall durch Schmieden, Schweißen, Nieten anzufertigen	①②③④⑤⑥⑦⑧⑨⑩
40.	bei einem Großbetrieb Ware einzukaufen und an Einzelhändler weiterzuverkaufen	①②③④⑤⑥⑦⑧⑨⑩
41.	große elektronische Datenmengen zu erfassen und zu ordnen	①②③④⑤⑥⑦⑧⑨⑩
42.	die Wasserleitungen in einem Neubau zu installieren	①②③④⑤⑥⑦⑧⑨⑩
43.	für den Verkaufsbereich eines Unternehmens voll verantwortlich zu sein	①②③④⑤⑥⑦⑧⑨⑩
44.	Schmuckstücke zu entwerfen und anzufertigen	①②③④⑤⑥⑦⑧⑨⑩
45.	die Molekularstruktur organischer Stoffe zu erforschen	①②③④⑤⑥⑦⑧⑨⑩
46.	eine elektronische Steuerungsanlage zu überwachen	①②③④⑤⑥⑦⑧⑨⑩

		überhaupt nicht — sehr viel
47.	kranke Menschen bei Tätigkeiten zu unterstützen, die sie alleine nicht ausführen können	① ② ③ ④ ⑤ ⑥ ⑦ ⑧ ⑨ ⑩
48.	Kreditakten zu verwalten und zu bearbeiten	① ② ③ ④ ⑤ ⑥ ⑦ ⑧ ⑨ ⑩
49.	Seminare zu leiten, in denen erwachsene Teilnehmer lernen, besser miteinander zu kommunizieren	① ② ③ ④ ⑤ ⑥ ⑦ ⑧ ⑨ ⑩
50.	Betriebe darin zu beraten, wie sie ihren Umsatz verbessern und ihre Marktanteile erhöhen können	① ② ③ ④ ⑤ ⑥ ⑦ ⑧ ⑨ ⑩
51.	den Zustand eines Waldes zu begutachten und Neupflanzungen anzuordnen	① ② ③ ④ ⑤ ⑥ ⑦ ⑧ ⑨ ⑩
52.	in einem Chemiebetrieb Impfstoffe gegen Tierkrankheiten zu entwickeln	① ② ③ ④ ⑤ ⑥ ⑦ ⑧ ⑨ ⑩
53.	Kunden im Bereich der Schönheitspflege zu behandeln	① ② ③ ④ ⑤ ⑥ ⑦ ⑧ ⑨ ⑩
54.	für eine Bibliothek neue Bücher und Zeitschriften zu bestellen und über ihre Einordnung in den Bestand zu entscheiden	① ② ③ ④ ⑤ ⑥ ⑦ ⑧ ⑨ ⑩
55.	Menschen etwas Besonderes beizubringen (z. B. eine Sprache, eine Sportart o. Ä.)	① ② ③ ④ ⑤ ⑥ ⑦ ⑧ ⑨ ⑩
56.	Werkzeuge auf ihre Festigkeit zu überprüfen und zu reparieren	① ② ③ ④ ⑤ ⑥ ⑦ ⑧ ⑨ ⑩
57.	die Auswirkungen klimatischer Veränderungen auf die Bodenbeschaffenheit zu untersuchen	① ② ③ ④ ⑤ ⑥ ⑦ ⑧ ⑨ ⑩
58.	auffällige Werbeprospekte zu entwerfen	① ② ③ ④ ⑤ ⑥ ⑦ ⑧ ⑨ ⑩
59.	Reden während einer Konferenz in eine fremde Sprache zu übersetzen	① ② ③ ④ ⑤ ⑥ ⑦ ⑧ ⑨ ⑩
60.	Maschinen oder Anlagen so einzustellen und zu steuern, dass hochwertige und fehlerfreie Produkte entstehen	① ② ③ ④ ⑤ ⑥ ⑦ ⑧ ⑨ ⑩

		überhaupt nicht … sehr viel
61.	Mandanten bei einer Gerichtsverhandlung zu vertreten	① ② ③ ④ ⑤ ⑥ ⑦ ⑧ ⑨ ⑩
62.	mit Grundstücken, Häusern, Wohnungen und Industrieanlagen zu handeln	① ② ③ ④ ⑤ ⑥ ⑦ ⑧ ⑨ ⑩
63.	Sitzungen, Tagungen und Reisen für die Unternehmensleitung vorzubereiten	① ② ③ ④ ⑤ ⑥ ⑦ ⑧ ⑨ ⑩
64.	die finanziellen Budgets einzelner Abteilungen eines Betriebes zu überprüfen	① ② ③ ④ ⑤ ⑥ ⑦ ⑧ ⑨ ⑩
65.	mathematische Modelle für technische Probleme zu entwickeln	① ② ③ ④ ⑤ ⑥ ⑦ ⑧ ⑨ ⑩
66.	Patienten vor, während und nach einer medizinischen Behandlung zu betreuen	① ② ③ ④ ⑤ ⑥ ⑦ ⑧ ⑨ ⑩
67.	eine Gesprächstherapie mit psychisch kranken Menschen zu führen	① ② ③ ④ ⑤ ⑥ ⑦ ⑧ ⑨ ⑩
68.	die Bepflanzung von Ackerland mit verschiedenen Nutzpflanzen zu planen	① ② ③ ④ ⑤ ⑥ ⑦ ⑧ ⑨ ⑩
69.	einen Artikel für eine Tageszeitung zu schreiben	① ② ③ ④ ⑤ ⑥ ⑦ ⑧ ⑨ ⑩
70.	eine Gerichtsverhandlung zu leiten und das Urteil zu sprechen	① ② ③ ④ ⑤ ⑥ ⑦ ⑧ ⑨ ⑩
71.	Menschen bei einer neuen Haarfrisur zu beraten und diese Frisur zu schneiden	① ② ③ ④ ⑤ ⑥ ⑦ ⑧ ⑨ ⑩
72.	Wohnungen auszubauen oder zu sanieren	① ② ③ ④ ⑤ ⑥ ⑦ ⑧ ⑨ ⑩
73.	verdächtige Personen zu beschatten	① ② ③ ④ ⑤ ⑥ ⑦ ⑧ ⑨ ⑩
74.	die Besonderheit eines Ereignisses in einem Foto festzuhalten	① ② ③ ④ ⑤ ⑥ ⑦ ⑧ ⑨ ⑩
75.	Schüler mit Lernschwierigkeiten zu fördern	① ② ③ ④ ⑤ ⑥ ⑦ ⑧ ⑨ ⑩
76.	Menschen beim Kauf von Büchern zu beraten	① ② ③ ④ ⑤ ⑥ ⑦ ⑧ ⑨ ⑩
77.	Kosten und Nutzen einer Werbekampagne zu errechnen	① ② ③ ④ ⑤ ⑥ ⑦ ⑧ ⑨ ⑩
78.	für einen Industriebetrieb die notwendigen Rohstoffe möglichst günstig einzukaufen	① ② ③ ④ ⑤ ⑥ ⑦ ⑧ ⑨ ⑩

		überhaupt nicht sehr viel
79.	die Bilanz (Jahresabschlussbericht) eines Unternehmens zu überprüfen und darüber ein Gutachten zu erstellen	①②③④⑤⑥⑦⑧⑨⑩
80.	ein neues Wohngebiet einschließlich Freizeiteinrichtungen zu planen	①②③④⑤⑥⑦⑧⑨⑩
81.	die Hygienevorschriften bei der Herstellung eines bestimmten Nahrungsmittels zu entwickeln	①②③④⑤⑥⑦⑧⑨⑩
82.	Maschinen so zu steuern, dass sie geschmolzene Metalle in Formen gießen	①②③④⑤⑥⑦⑧⑨⑩
83.	werdende Mütter auf die Geburt vorzubereiten	①②③④⑤⑥⑦⑧⑨⑩
84.	Jugendliche in Fragen der Berufswahl zu beraten	①②③④⑤⑥⑦⑧⑨⑩
85.	Nutzpflanzen anzubauen und zu ernten	①②③④⑤⑥⑦⑧⑨⑩
86.	ein Gutachten über die kulturelle und historische Bedeutung eines Bauwerkes zu erstellen	①②③④⑤⑥⑦⑧⑨⑩
87.	dafür zur sorgen, dass in einem Betrieb weder zu wenig noch zu viele Rohstoffe lagern	①②③④⑤⑥⑦⑧⑨⑩
88.	Soldaten auszubilden und auf Spezialeinsätze vorzubereiten	①②③④⑤⑥⑦⑧⑨⑩
89.	für die reibungslose Zusammenarbeit von Verwaltung und Produktion in einem Betrieb zu sorgen	①②③④⑤⑥⑦⑧⑨⑩
90.	Menschen mit speziellen Massagegeräten zu behandeln	①②③④⑤⑥⑦⑧⑨⑩
91.	Vasen zu entwerfen und zu verzieren	①②③④⑤⑥⑦⑧⑨⑩
92.	in einem Hotel Reservierungspläne zu erstellen, Gäste zu empfangen und Abrechnungen zu erstellen	①②③④⑤⑥⑦⑧⑨⑩

		überhaupt nicht sehr viel
93.	die Aufteilung eines städtischen Bereiches in verschiedene Sektoren (Wohngebiet, Gewerbegebiet, Erholungsflächen) zu planen	① ② ③ ④ ⑤ ⑥ ⑦ ⑧ ⑨ ⑩
94.	Steuerbescheide von Klienten auf eventuelle Unstimmigkeiten zu überprüfen	① ② ③ ④ ⑤ ⑥ ⑦ ⑧ ⑨ ⑩
95.	Gewebeproben auf mögliche Krankheitserreger zu untersuchen	① ② ③ ④ ⑤ ⑥ ⑦ ⑧ ⑨ ⑩
96.	aus Holz ein Möbelstück zu fertigen	① ② ③ ④ ⑤ ⑥ ⑦ ⑧ ⑨ ⑩
97.	schwer erziehbare Kinder und verwahrloste Jugendliche zu betreuen	① ② ③ ④ ⑤ ⑥ ⑦ ⑧ ⑨ ⑩
98.	Maßnahmen zur Reinhaltung des Wassers zu entwickeln	① ② ③ ④ ⑤ ⑥ ⑦ ⑧ ⑨ ⑩
99.	Manuskripte dahingehend durchzusehen, ob sie sich für die Veröffentlichung in einem Buch eignen	① ② ③ ④ ⑤ ⑥ ⑦ ⑧ ⑨ ⑩
100.	am Computer Konstruktionszeichnungen von Maschinen anzufertigen	① ② ③ ④ ⑤ ⑥ ⑦ ⑧ ⑨ ⑩
101.	Schäden an Kraftfahrzeugen zu finden und zu reparieren	① ② ③ ④ ⑤ ⑥ ⑦ ⑧ ⑨ ⑩
102.	einen städtischen Raum zu vermessen und auf Karten zu erfassen	① ② ③ ④ ⑤ ⑥ ⑦ ⑧ ⑨ ⑩
103.	Kunden in der Schönheitspflege zu beraten	① ② ③ ④ ⑤ ⑥ ⑦ ⑧ ⑨ ⑩
104.	den Erfolg einer Werbekampagne durch statistische Berechnungen zu ermitteln	① ② ③ ④ ⑤ ⑥ ⑦ ⑧ ⑨ ⑩
105.	für ein Unternehmen Bewerber zu testen und auf ihre Eignung hin zu überprüfen	① ② ③ ④ ⑤ ⑥ ⑦ ⑧ ⑨ ⑩
106.	die Wirksamkeit verschiedener Schädlingsbekämpfungsmittel zu testen	① ② ③ ④ ⑤ ⑥ ⑦ ⑧ ⑨ ⑩
107.	erkrankte Menschen zu beraten und zu behandeln	① ② ③ ④ ⑤ ⑥ ⑦ ⑧ ⑨ ⑩
108.	Lehrlingen das theoretische Wissen für ihren Beruf zu vermitteln	① ② ③ ④ ⑤ ⑥ ⑦ ⑧ ⑨ ⑩

		überhaupt nicht sehr viel
109.	kranke Tiere zu pflegen und zu betreuen	① ② ③ ④ ⑤ ⑥ ⑦ ⑧ ⑨ ⑩
110.	neue Bücher zu sichten und für eine Buchhandlung eine angemessene Anzahl von Exemplaren zu bestellen	① ② ③ ④ ⑤ ⑥ ⑦ ⑧ ⑨ ⑩
111.	den Rohbau eines Hauses zu verputzen	① ② ③ ④ ⑤ ⑥ ⑦ ⑧ ⑨ ⑩
112.	Kunden zu bedienen und über bestimmte Eigenschaften eines Produktes (z. B. die Haltbarkeit eines Kleidungsstückes) zu informieren	① ② ③ ④ ⑤ ⑥ ⑦ ⑧ ⑨ ⑩
113.	nach flüchtigen Personen zu fahnden	① ② ③ ④ ⑤ ⑥ ⑦ ⑧ ⑨ ⑩
114.	die Wirtschaftlichkeit eines Krankenhauses zu prüfen und zu verbessern	① ② ③ ④ ⑤ ⑥ ⑦ ⑧ ⑨ ⑩
115.	Gebäckwaren appetitlich zu verzieren	① ② ③ ④ ⑤ ⑥ ⑦ ⑧ ⑨ ⑩
116.	eine Bodenprobe physikalisch-chemisch zu untersuchen	① ② ③ ④ ⑤ ⑥ ⑦ ⑧ ⑨ ⑩
117.	kranken Menschen gezielte Bewegungsübungen zur Stärkung ihrer Muskulatur beizubringen	① ② ③ ④ ⑤ ⑥ ⑦ ⑧ ⑨ ⑩
118.	Menschen mit Problemen zuzuhören und sie emotional zu unterstützen	① ② ③ ④ ⑤ ⑥ ⑦ ⑧ ⑨ ⑩
119.	die Einhaltung der Umweltschutz-bestimmungen in einem Betrieb zu überwachen	① ② ③ ④ ⑤ ⑥ ⑦ ⑧ ⑨ ⑩
120.	Rechtsverträge vorzubereiten	① ② ③ ④ ⑤ ⑥ ⑦ ⑧ ⑨ ⑩
121.	sanitäre Einrichtungen einzubauen oder zu reparieren	① ② ③ ④ ⑤ ⑥ ⑦ ⑧ ⑨ ⑩
122.	die Kulisse für ein Theaterstück zu gestalten	① ② ③ ④ ⑤ ⑥ ⑦ ⑧ ⑨ ⑩
123.	die Computer-Programmierung für ein neues Fließband zu entwickeln	① ② ③ ④ ⑤ ⑥ ⑦ ⑧ ⑨ ⑩
124.	Kunden beim Abschluss einer Versicherung zu beraten	① ② ③ ④ ⑤ ⑥ ⑦ ⑧ ⑨ ⑩

		überhaupt nicht … sehr viel
125.	die Personalakten aller Mitarbeiter eines Unternehmens zu führen und deren Gehaltsabrechnungen zu erstellen	① ② ③ ④ ⑤ ⑥ ⑦ ⑧ ⑨ ⑩
126.	neue Kunststoffe und Kunstfasern zu entwickeln	① ② ③ ④ ⑤ ⑥ ⑦ ⑧ ⑨ ⑩
127.	Zahnbehandlungen durchzuführen	① ② ③ ④ ⑤ ⑥ ⑦ ⑧ ⑨ ⑩
128.	ein zur Umwelt passendes Aussehen einer Bachlandschaft zu planen	① ② ③ ④ ⑤ ⑥ ⑦ ⑧ ⑨ ⑩
129.	fremdsprachige Texte zu übersetzen	① ② ③ ④ ⑤ ⑥ ⑦ ⑧ ⑨ ⑩
130.	die Landesgrenze zu sichern und verdächtige Personen zu überprüfen	① ② ③ ④ ⑤ ⑥ ⑦ ⑧ ⑨ ⑩
131.	einzelne Rohre zu einem Rohrsystem zusammenzuschweißen	① ② ③ ④ ⑤ ⑥ ⑦ ⑧ ⑨ ⑩
132.	in einem Industrieunternehmen technische und kaufmännische Fragen aufeinander abzustimmen	① ② ③ ④ ⑤ ⑥ ⑦ ⑧ ⑨ ⑩
133.	Einnahmen und Ausgaben eines Betriebes festzuhalten	① ② ③ ④ ⑤ ⑥ ⑦ ⑧ ⑨ ⑩
134.	die Neuartigkeit eines Produktes ausführlich zu beschreiben und hierfür ein Patent anzumelden	① ② ③ ④ ⑤ ⑥ ⑦ ⑧ ⑨ ⑩
135.	Sprechübungen mit Kindern zu machen, die an Sprachstörungen leiden	① ② ③ ④ ⑤ ⑥ ⑦ ⑧ ⑨ ⑩
136.	für eine Hochzeitsgesellschaft ein Menu zuzubereiten	① ② ③ ④ ⑤ ⑥ ⑦ ⑧ ⑨ ⑩
137.	Brillen herzustellen und sie Kunden anzupassen	① ② ③ ④ ⑤ ⑥ ⑦ ⑧ ⑨ ⑩
138.	neue Maschinen und technische Großanlagen zu entwickeln	① ② ③ ④ ⑤ ⑥ ⑦ ⑧ ⑨ ⑩
139.	für Kunden Reisen zu buchen und die Reiseunterlagen fertigzustellen	① ② ③ ④ ⑤ ⑥ ⑦ ⑧ ⑨ ⑩
140.	in einem Chemielabor die Betriebsabläufe zu überwachen und Fehler zu korrigieren	① ② ③ ④ ⑤ ⑥ ⑦ ⑧ ⑨ ⑩

		überhaupt nicht — sehr viel
141.	psychisch kranke Menschen zu behandeln	①②③④⑤⑥⑦⑧⑨⑩
142.	ein aktuelles Thema gründlich zu recherchieren und einen umfassenden Artikel zu verfassen	①②③④⑤⑥⑦⑧⑨⑩
143.	Unternehmen in steuerrechtlichen Fragen zu beraten	①②③④⑤⑥⑦⑧⑨⑩
144.	nach den Resten einer römischen Siedlung zu forschen	①②③④⑤⑥⑦⑧⑨⑩
145.	das Wetter verschiedener Großstädte miteinander zu vergleichen	①②③④⑤⑥⑦⑧⑨⑩
146.	eine geschichtliche Ausstellung zu organisieren und den Ausstellungskatalog zu erstellen	①②③④⑤⑥⑦⑧⑨⑩
147.	Eltern bei Erziehungsproblemen zu beraten	①②③④⑤⑥⑦⑧⑨⑩
148.	Lohnsteuerberechnungen durchzuführen	①②③④⑤⑥⑦⑧⑨⑩
149.	die Ursache von Vulkanausbrüchen zu erforschen	①②③④⑤⑥⑦⑧⑨⑩
150.	Kostüme für Theaterstücke zu schneidern	①②③④⑤⑥⑦⑧⑨⑩

Auswertung: Berufsorientierungstest

Übertragen Sie bitte einfach die Werte, die Sie den einzelnen Tätigkeiten zugeordnet haben, in die folgenden Tabellen für die einzelnen Berufsbereiche.

Danach bilden Sie bitte für jeden Berufsbereich die Summe und tragen diese unterhalb der Tabelle ein. Sie muss dann noch durch die jeweilige Anzahl der im Test vorkommenden Tätigkeiten dividiert werden. Auch dafür ist wieder unterhalb der Tabelle Platz.

1. Handwerklich-technische Berufe – körperlich weniger beanspruchend

Tätigkeit Nr.	Wert
1	______
9	______
22	______
37	______
89	______
100	______
137	______
Summe der Werte =	______
Teilen durch 7 (auf eine Stelle gerundet) =	______

2. Handwerklich-technische Berufe – körperlich beanspruchend

Tätigkeit Nr.	Wert
3	______
4	______
39	______
42	______
56	______
72	______
82	______
96	______
101	______
111	______
121	______
131	______
Summe der Werte =	______
Teilen durch 12 (auf eine Stelle gerundet) =	______

3. Gestaltung, Kunst, Mode, Design

Tätigkeit Nr.	Wert
5	______
11	______
25	______
44	______
58	______
74	______
80	______
91	______
122	______
150	______
Summe der Werte =	______
Teilen durch 10 (auf eine Stelle gerundet) =	______

4. Ingenieurwissenschaftlich-technologische Berufe

Tätigkeit Nr.	Wert
6	______
14	______
46	______
60	______
102	______
123	______
132	______
138	______
Summe der Werte =	______
Teilen durch 8 (auf eine Stelle gerundet) =	______

5. Beratung, Bedienung, Verkauf

Tätigkeit Nr.	Wert
2	______
10	______
12	______
28	______
40	______
62	______
76	______
78	______
92	______
103	______
112	______
124	______
Summe der Werte =	______
Teilen durch 12 (auf eine Stelle gerundet) =	______

6. Verwaltung und Organisation

Tätigkeit Nr.	Wert
13	______
15	______
30	______
41	______
48	______
63	______
64	______
77	______
87	______
93	______
104	______
114	______
125	______
133	______
139	______
148	______
Summe der Werte =	______
Teilen durch 16 (auf eine Stelle gerundet) =	______

7. Unternehmensleitung, -beratung und -prüfung

Tätigkeit Nr.	Wert
13	______
16	______
43	______
50	______
79	______
94	______
134	______
143	______
Summe der Werte =	______
Teilen durch 8 (auf eine Stelle gerundet) =	______

8. Naturwissenschaften

Tätigkeit Nr.	Wert
18	______
19	______
32	______
45	______
52	______
65	______
81	______
95	______
106	______
116	______
126	______
140	______
149	______
Summe der Werte =	______
Teilen durch 13 (auf eine Stelle gerundet) =	______

9. Medizin, Gesundheit, Pflege	
Tätigkeit Nr.	**Wert**
21	________
47	________
53	________
66	________
83	________
90	________
107	________
117	________
127	________
Summe der Werte =	________
Teilen durch 9 (auf eine Stelle gerundet) =	________

10. Soziale Berufe, Lehre und Erziehung	
Tätigkeit Nr.	**Wert**
20	________
24	________
34	________
49	________
55	________
67	________
75	________
84	________
97	________
105	________
108	________
118	________
135	________
141	________
147	________
Summe der Werte =	________
Teilen durch 15 (auf eine Stelle gerundet) =	________

11. Land- und Forstwirtschaft, Natur, Umwelt

Tätigkeit Nr.	Wert
23	________
27	________
36	________
51	________
57	________
68	________
85	________
98	________
109	________
119	________
128	________
145	________
Summe der Werte =	________
Teilen durch 12 (auf eine Stelle gerundet) =	________

12. Sprachen, Literatur, Medien, Dokumentation

Tätigkeit Nr.	Wert
29	________
54	________
59	________
69	________
86	________
99	________
110	________
129	________
142	________
144	________
146	________
Summe der Werte =	________
Teilen durch 11 (auf eine Stelle gerundet) =	________

13. Rechtsberufe	
Tätigkeit Nr.	**Wert**
7	________
17	________
26	________
31	________
61	________
70	________
120	________
Summe der Werte =	________
Teilen durch 7 (auf eine Stelle gerundet) =	________

14. Sicherheitsberufe	
Tätigkeit Nr.	**Wert**
8	________
33	________
38	________
73	________
88	________
113	________
130	________
Summe der Werte =	________
Teilen durch 7 (auf eine Stelle gerundet) =	________

Sonstige Berufe (siehe 15.)

Hierzu kommen noch vier Tätigkeiten, die den Berufsfeldern nicht gut zugeordnet werden konnten. Da sie allerdings Berufe repräsentieren, die relativ häufig sind, wollen wir sie nicht unterschlagen. Bitte tragen Sie auch hier die jeweiligen Werte ein. Es braucht nicht dividiert zu werden.

15. Sonstige Berufe	
Tätigkeit Nr.	**Wert**
35 (Fleischer / -in) =	________
71 (Friseur / -in) =	________
115 (Bäcker / -in; Konditor / -in) =	________
136 (Koch / Köchin) =	________

Test zur Ermittlung von Schlüsselqualifikationen – Selbsteinschätzung

Jeder Beruf verlangt zum einen das sichere Beherrschen der jeweiligen fachlichen Materie. Dieses Wissen wird in der Regel während der Ausbildung oder des Studiums erworben. Zum anderen stellen verschiedene Berufe auch unterschiedliche Ansprüche an die Persönlichkeit der arbeitenden Person. Diese Anforderungen werden häufig als Schlüsselqualifikationen bezeichnet. Der folgende Test soll der Ermittlung Ihrer persönlichen Schlüsselqualifikationen dienen.

Wir verwenden hierzu zunächst eine sogenannte Selbsteinschätzung. Das bedeutet, dass Sie selbst angeben, in welchem Maße die verschiedenen vorgegebenen Aussagen auf Sie zutreffen. Hierzu ein Beispiel:

		stimmt überhaupt nicht … stimmt voll und ganz
•	Ich gehe gerne ins Theater	① ② ③ ⊠④ ⑤ ⑥ ⑦ ⑧ ⑨ ⑩

Die befragte Person hat die Zahl 4 gewählt. Offensichtlich geht sie nicht besonders gerne ins Theater, aber sie kann sich wohl noch unangenehmere Dinge vorstellen. Jemand, der ein Fan des Theaters ist und kein Theaterstück auslässt, hätte sicher die 10 gewählt. Für dieses Beispiel könnten die Zahlen insgesamt etwa folgendermaßen beschrieben werden:

① = gehe grundsätzlich nie ins Theater; alles andere ist interessanter
② = nur wenn es unbedingt sein muss; tausend Dinge sind interessanter
③ = höchstens einmal im Jahr; das meiste ist interessanter
④ = recht selten; es gibt noch einige interessantere Dinge
⑤ = hin und wieder; eines unter vielen interessanten Dingen
⑥ = des Öfteren; interessante Sache
⑦ = regelmäßig; sehr interessant
⑧ = sehr gerne und oft; eines der interessantesten Dinge
⑨ = lasse kaum ein Theaterstück aus; kaum etwas ist so interessant wie Theater
⑩ = bin ein absoluter Theaterfreak; möchte Tag und Nacht nur Theater sehen

Beantworten Sie bitte wiederum alle Fragen, auch wenn Ihnen einige komisch oder nicht wichtig erscheinen. Seien Sie dabei vor allem sich selbst gegenüber ehrlich. Beschreiben Sie sich nicht so, wie Sie sich gerne hätten, sondern versuchen Sie, eine realistische Einschätzung abzugeben.

		stimmt überhaupt nicht … stimmt voll und ganz
1.	Andere würden mich als sehr zuverlässig beschreiben.	①②③④⑤⑥⑦⑧⑨⑩
2.	Ich habe oft kreative Ideen.	①②③④⑤⑥⑦⑧⑨⑩
3.	Auch bei schwierigen mathematischen Aufgaben finde ich die richtige Lösung.	①②③④⑤⑥⑦⑧⑨⑩
4.	Ich mag Leute nicht, die schlampig arbeiten.	①②③④⑤⑥⑦⑧⑨⑩
5.	Wenn ich etwas erkläre, verstehen dies die anderen meist sehr schnell.	①②③④⑤⑥⑦⑧⑨⑩
6.	Es macht mir Spaß, mich körperlich zu verausgaben.	①②③④⑤⑥⑦⑧⑨⑩
7.	Auch Steuerhinterziehung ist eine Straftat, die geahndet werden sollte.	①②③④⑤⑥⑦⑧⑨⑩
8.	Wenn mein Fahrrad / Mofa kaputt ist, repariere ich es selbst.	①②③④⑤⑥⑦⑧⑨⑩
9.	Es fällt mir leicht, einen ganzen Tag lang körperlich zu arbeiten.	①②③④⑤⑥⑦⑧⑨⑩
10.	Ordnung muss sein, auch wenn dies manchen Menschen nicht passt.	①②③④⑤⑥⑦⑧⑨⑩
11.	Auf Partys stehe ich auch gerne mal im Mittelpunkt.	①②③④⑤⑥⑦⑧⑨⑩
12.	Es macht mir Spaß, etwas schriftlich zu formulieren.	①②③④⑤⑥⑦⑧⑨⑩
13.	Aufgaben, in denen logisches Denken gefordert ist, kann ich meist schnell lösen.	①②③④⑤⑥⑦⑧⑨⑩
14.	Bei einer Entscheidung endlos hin und her zu überlegen ist nicht meine Sache.	①②③④⑤⑥⑦⑧⑨⑩

		stimmt überhaupt nicht … stimmt voll und ganz
15.	Der Erfolg eines Teams ist entscheidender als der des Einzelnen.	① ② ③ ④ ⑤ ⑥ ⑦ ⑧ ⑨ ⑩
16.	Die wichtigste Auszeichnung für gute Arbeit ist eine ordentliche Bezahlung.	① ② ③ ④ ⑤ ⑥ ⑦ ⑧ ⑨ ⑩
17.	Eine Arbeit, bei der ich meine eigenen Ideen und meine Kreativität nicht voll einbringen kann, würde mir auf Dauer keinen Spaß machen.	① ② ③ ④ ⑤ ⑥ ⑦ ⑧ ⑨ ⑩
18.	Ich kann gut mit Geld umgehen.	① ② ③ ④ ⑤ ⑥ ⑦ ⑧ ⑨ ⑩
19.	Eine Fahrradfahrt durch die Natur würde ich jederzeit einer Autorallye vorziehen.	① ② ③ ④ ⑤ ⑥ ⑦ ⑧ ⑨ ⑩
20.	Es fällt mir leicht, auf andere Leute zuzugehen.	① ② ③ ④ ⑤ ⑥ ⑦ ⑧ ⑨ ⑩
21.	Es macht mir Spaß, anderen einen komplizierten Sachverhalt ausführlich zu erklären.	① ② ③ ④ ⑤ ⑥ ⑦ ⑧ ⑨ ⑩
22.	Wenn etwas defekt ist, baue ich es gerne auseinander, um zu sehen, wie es innen aussieht.	① ② ③ ④ ⑤ ⑥ ⑦ ⑧ ⑨ ⑩
23.	Wenn ich bei einem anderen Menschen etwas erreichen will, kann ich sehr hartnäckig sein.	① ② ③ ④ ⑤ ⑥ ⑦ ⑧ ⑨ ⑩
24.	Es würde mir Spaß machen, einen Kunden meines Unternehmens von den Vorteilen unserer Produkte zu überzeugen.	① ② ③ ④ ⑤ ⑥ ⑦ ⑧ ⑨ ⑩
25.	Ich arbeite immer sehr ordentlich, auch wenn es dann etwas länger dauert.	① ② ③ ④ ⑤ ⑥ ⑦ ⑧ ⑨ ⑩
26.	Es macht mir Spaß, mich gut zu kleiden.	① ② ③ ④ ⑤ ⑥ ⑦ ⑧ ⑨ ⑩
27.	Ich bastele gerne.	① ② ③ ④ ⑤ ⑥ ⑦ ⑧ ⑨ ⑩
28.	Wer anderen Menschen unrecht tut, muss vom Staat auch zur Rechenschaft gezogen werden.	① ② ③ ④ ⑤ ⑥ ⑦ ⑧ ⑨ ⑩

		stimmt überhaupt nicht … stimmt voll und ganz
29.	Ich baue gerne Sachen zusammen.	① ② ③ ④ ⑤ ⑥ ⑦ ⑧ ⑨ ⑩
30.	Die naturwissenschaftlichen Fächer Physik, Chemie und Biologie gehören zu meinen Stärken.	① ② ③ ④ ⑤ ⑥ ⑦ ⑧ ⑨ ⑩
31.	Wenn ich mir etwas Größeres anschaffen wollte, hätte ich Spaß daran, mit dem Verkäufer einen besonders günstigen Preis auszuhandeln.	① ② ③ ④ ⑤ ⑥ ⑦ ⑧ ⑨ ⑩
32.	Ich bevorzuge einen ordentlichen, strukturierten Arbeitsstil.	① ② ③ ④ ⑤ ⑥ ⑦ ⑧ ⑨ ⑩
33.	Ich kann mich gut in andere Menschen hineinversetzen.	① ② ③ ④ ⑤ ⑥ ⑦ ⑧ ⑨ ⑩
34.	Die heutigen Menschen sind viel zu sehr von der Technik geprägt und verstehen kaum noch etwas von der Natur.	① ② ③ ④ ⑤ ⑥ ⑦ ⑧ ⑨ ⑩
35.	Ich bin lieber mit anderen Leuten zusammen als alleine.	① ② ③ ④ ⑤ ⑥ ⑦ ⑧ ⑨ ⑩
36.	Ich bin naturverbundener als die meisten Menschen.	① ② ③ ④ ⑤ ⑥ ⑦ ⑧ ⑨ ⑩
37.	Wenn ich mich für etwas entscheiden muss, geht das meistens sehr schnell.	① ② ③ ④ ⑤ ⑥ ⑦ ⑧ ⑨ ⑩
38.	Ich habe einen ausgeprägten Sinn für ästhetische Formen und Farben.	① ② ③ ④ ⑤ ⑥ ⑦ ⑧ ⑨ ⑩
39.	Ich habe Spaß an naturwissenschaftlichen Fragestellungen.	① ② ③ ④ ⑤ ⑥ ⑦ ⑧ ⑨ ⑩
40.	Es fällt mir leicht, mit unbekannten Menschen Kontakt aufzunehmen.	① ② ③ ④ ⑤ ⑥ ⑦ ⑧ ⑨ ⑩
41.	Ich kann andere Leute gut von meiner Meinung überzeugen.	① ② ③ ④ ⑤ ⑥ ⑦ ⑧ ⑨ ⑩
42.	Die Sprache ist ein faszinierendes Ausdrucksmittel.	① ② ③ ④ ⑤ ⑥ ⑦ ⑧ ⑨ ⑩

		stimmt überhaupt nicht … stimmt voll und ganz
43.	Das Bedürfnis, Menschen in schwierigen Situationen zu helfen, ist bei mir ausgeprägter als bei anderen Leuten.	① ② ③ ④ ⑤ ⑥ ⑦ ⑧ ⑨ ⑩
44.	Es macht mir Spaß, bei der Arbeit meine Kreativität einzubringen.	① ② ③ ④ ⑤ ⑥ ⑦ ⑧ ⑨ ⑩
45.	Ich kann gut mit Werkzeugen umgehen.	① ② ③ ④ ⑤ ⑥ ⑦ ⑧ ⑨ ⑩
46.	Wenn zwei Leute sich streiten, übernehme ich gerne die Rolle des Vermittlers.	① ② ③ ④ ⑤ ⑥ ⑦ ⑧ ⑨ ⑩
47.	Ich kann ziemlich gut zeichnen.	① ② ③ ④ ⑤ ⑥ ⑦ ⑧ ⑨ ⑩
48.	Ich kümmere mich gerne um mein gepflegtes Äußeres.	① ② ③ ④ ⑤ ⑥ ⑦ ⑧ ⑨ ⑩
49.	Ich lese gerne.	① ② ③ ④ ⑤ ⑥ ⑦ ⑧ ⑨ ⑩
50.	Ich mag Aufgaben, bei denen ich Schritt für Schritt überlegen muss und am Ende die richtige Lösung finde.	① ② ③ ④ ⑤ ⑥ ⑦ ⑧ ⑨ ⑩
51.	Es fällt mir leicht, mich sprachlich gewandt auszudrücken.	① ② ③ ④ ⑤ ⑥ ⑦ ⑧ ⑨ ⑩
52.	Es macht mir Spaß, mir verschiedene Wege zu überlegen und mich für einen zu entscheiden.	① ② ③ ④ ⑤ ⑥ ⑦ ⑧ ⑨ ⑩
53.	Ich mag Filme, in denen der Verbrecher überführt und zur Rechenschaft gezogen wird.	① ② ③ ④ ⑤ ⑥ ⑦ ⑧ ⑨ ⑩
54.	Mathematik gehört zu den Fächern, die ich mag.	① ② ③ ④ ⑤ ⑥ ⑦ ⑧ ⑨ ⑩
55.	Ich mag Leute nicht, die ständig etwas verlegen oder verschlampen.	① ② ③ ④ ⑤ ⑥ ⑦ ⑧ ⑨ ⑩
56.	Ich möchte auf jeden Fall einmal viel Geld verdienen.	① ② ③ ④ ⑤ ⑥ ⑦ ⑧ ⑨ ⑩
57.	Ich sehe gerne Dokumentarfilme über die Tier- und Pflanzenwelt.	① ② ③ ④ ⑤ ⑥ ⑦ ⑧ ⑨ ⑩
58.	Ich setze mich gerne für Menschen ein, die in Schwierigkeiten sind.	① ② ③ ④ ⑤ ⑥ ⑦ ⑧ ⑨ ⑩

		stimmt überhaupt nicht … stimmt voll und ganz
59.	Es macht mir Spaß, Mathematikaufgaben zu lösen.	①②③④⑤⑥⑦⑧⑨⑩
60.	Ich verrichte eine längere Arbeit lieber im Stehen als im Sitzen.	①②③④⑤⑥⑦⑧⑨⑩
61.	Ich verstehe nur schwer, warum viele Leute so zögerlich sind, wenn sie sich für oder gegen etwas entscheiden müssen.	①②③④⑤⑥⑦⑧⑨⑩
62.	Ich weiß sehr genau, wie Kleidungsstücke farblich zusammenpassen.	①②③④⑤⑥⑦⑧⑨⑩
63.	Ich würde lieber auf dem Land als in der Stadt leben.	①②③④⑤⑥⑦⑧⑨⑩
64.	In Diskussionsrunden übernehme ich gerne eine führende Rolle.	①②③④⑤⑥⑦⑧⑨⑩
65.	Kleine Reparaturen an technischen Geräten nehme ich gerne selbst vor.	①②③④⑤⑥⑦⑧⑨⑩
66.	Ich arbeite lieber mit anderen zusammen als für mich allein.	①②③④⑤⑥⑦⑧⑨⑩
67.	Körperlich bin ich stark belastbar.	①②③④⑤⑥⑦⑧⑨⑩
68.	Ich schätze mich als ziemlich gesprächig ein.	①②③④⑤⑥⑦⑧⑨⑩
69.	Kreativität ist eine der wichtigsten Eigenschaften eines Menschen.	①②③④⑤⑥⑦⑧⑨⑩
70.	Ich kann meine eigenen Wünsche denen einer Gruppe unterordnen.	①②③④⑤⑥⑦⑧⑨⑩
71.	Mannschaftssportarten sind mir lieber als Einzelsportarten.	①②③④⑤⑥⑦⑧⑨⑩
72.	Ich habe Verständnis für die Probleme anderer.	①②③④⑤⑥⑦⑧⑨⑩
73.	Mathematische Probleme kann ich meist leicht lösen.	①②③④⑤⑥⑦⑧⑨⑩
74.	Mein Zimmer (meine Wohnung) ist fast immer aufgeräumt.	①②③④⑤⑥⑦⑧⑨⑩

		stimmt überhaupt nicht … stimmt voll und ganz
75.	Naturwissenschaftliche Experimente finde ich faszinierend.	① ② ③ ④ ⑤ ⑥ ⑦ ⑧ ⑨ ⑩
76.	Ohne Gesetze würde die Menschheit in einem Chaos leben.	① ② ③ ④ ⑤ ⑥ ⑦ ⑧ ⑨ ⑩
77.	Ich bin ordnungsliebender als die meisten anderen meines Alters.	① ② ③ ④ ⑤ ⑥ ⑦ ⑧ ⑨ ⑩
78.	Raffinierte technische Geräte faszinieren mich.	① ② ③ ④ ⑤ ⑥ ⑦ ⑧ ⑨ ⑩
79.	Schwere Lasten zu heben macht mir nichts aus.	① ② ③ ④ ⑤ ⑥ ⑦ ⑧ ⑨ ⑩
80.	Ich kann äußerst verschwiegen sein.	① ② ③ ④ ⑤ ⑥ ⑦ ⑧ ⑨ ⑩
81.	Schwierige mathematische Aufgaben sind für mich eine Herausforderung, die ich gerne annehme.	① ② ③ ④ ⑤ ⑥ ⑦ ⑧ ⑨ ⑩
82.	Ich finde, dass viele Leute sich zu wenig um ihr Aussehen kümmern.	① ② ③ ④ ⑤ ⑥ ⑦ ⑧ ⑨ ⑩
83.	Sehr viele Menschen geraten unverschuldet in Not.	① ② ③ ④ ⑤ ⑥ ⑦ ⑧ ⑨ ⑩
84.	Ich bin künstlerisch talentiert.	① ② ③ ④ ⑤ ⑥ ⑦ ⑧ ⑨ ⑩
85.	Es ist genauso wichtig, sich um andere zu kümmern wie um sich selbst.	① ② ③ ④ ⑤ ⑥ ⑦ ⑧ ⑨ ⑩
86.	Ich wünsche mir einen Arbeitsplatz, an dem ich modisch und elegant gekleidet sein kann.	① ② ③ ④ ⑤ ⑥ ⑦ ⑧ ⑨ ⑩
87.	Vor der Klasse etwas vorzutragen fällt mir ziemlich leicht.	① ② ③ ④ ⑤ ⑥ ⑦ ⑧ ⑨ ⑩
88.	Wenn es anderen schlecht geht, höre ich mir ihre Probleme geduldig an.	① ② ③ ④ ⑤ ⑥ ⑦ ⑧ ⑨ ⑩
89.	Das Geld liegt auf der Straße, man muss nur cleverer sein als die anderen.	① ② ③ ④ ⑤ ⑥ ⑦ ⑧ ⑨ ⑩
90.	Ich kann andere Leute leicht für eine Sache gewinnen.	① ② ③ ④ ⑤ ⑥ ⑦ ⑧ ⑨ ⑩

		stimmt überhaupt nicht … stimmt voll und ganz
91.	Es macht mir Spaß, mich um Jüngere zu kümmern.	①②③④⑤⑥⑦⑧⑨⑩
92.	Wenn jemand etwas nicht verstanden hat, erkläre ich es ihm gerne noch ein zweites oder drittes Mal.	①②③④⑤⑥⑦⑧⑨⑩
93.	Wenn Konflikte auftreten, versuche ich sie schnell zu lösen.	①②③④⑤⑥⑦⑧⑨⑩
94.	Eine schöne Naturlandschaft ist mir lieber als die aufregendste Großstadt.	①②③④⑤⑥⑦⑧⑨⑩
95.	Wenn mir jemand etwas im Vertrauen sagt, kann er sich darauf verlassen, dass es kein anderer erfährt.	①②③④⑤⑥⑦⑧⑨⑩
96.	Wer Kleidung verkauft, sollte selbst gut angezogen sein.	①②③④⑤⑥⑦⑧⑨⑩
97.	Zu idealistisch sollte man seinen Beruf nicht sehen; es kommt vor allem darauf an, Geld zu verdienen.	①②③④⑤⑥⑦⑧⑨⑩
98.	Statistiken finde ich sehr interessant.	①②③④⑤⑥⑦⑧⑨⑩
99.	Ich traue mir zu, auch in schwierigen Situationen ein Team anzuführen.	①②③④⑤⑥⑦⑧⑨⑩
100.	Eine Ausstellung über den Fortschritt der Technik würde ich sehr gerne besuchen.	①②③④⑤⑥⑦⑧⑨⑩

Test zur Ermittlung von Schlüsselqualifikationen – Fremdeinschätzung

(Diesen Test geben Sie bitte einer Person Ihres Vertrauens, die Sie sehr gut kennt. Das kann ein guter Freund / eine gute Freundin oder ein naher Verwandter / eine nahe Verwandte sein. Er / sie kann Ihnen damit helfen, Ihre eigenen Urteile abzusichern.)

Jeder Beruf verlangt zum einen das sichere Beherrschen der jeweiligen fachlichen Materie. Dieses Wissen wird in der Regel während der Ausbildung oder des Studiums erworben. Zum anderen stellen verschiedene Berufe auch unterschiedliche Ansprüche an die Persönlichkeit der arbeitenden Person. Diese Anforderungen werden häufig als Schlüsselqualifikationen bezeichnet. Der folgende Test soll bei der Ermittlung der Schlüsselqualifikationen Ihres / Ihrer Verwandten oder Freundes / Freundin mithelfen.

Sie werden um eine sogenannte Fremdeinschätzung gebeten. Bitte versuchen Sie einzuschätzen, in welchem Maße die verschiedenen vorgegebenen Aussagen auf Ihre / -n Freund / -in oder Verwandte / -n zutreffen. Hierzu ein Beispiel:

		stimmt überhaupt nicht … stimmt voll und ganz
•	Ich gehe gerne ins Theater	① ② ③ ☒ ⑤ ⑥ ⑦ ⑧ ⑨ ⑩

Die befragte Person hat die Zahl 4 gewählt. Offensichtlich glaubt sie, dass die eingeschätzte Person nicht besonders gerne ins Theater geht, aber sie kann sich für sie wohl noch unangenehmere Dinge vorstellen. Für dieses Beispiel könnten die Zahlen insgesamt etwa folgendermaßen beschrieben werden:

① = sie / er geht grundsätzlich nie ins Theater; alles andere ist für sie / ihn interessanter
② = nur wenn es unbedingt sein muss; tausend Dinge sind für sie / ihn interessanter
③ = höchstens einmal im Jahr; das meiste ist für sie / ihn interessanter
④ = recht selten; es gibt noch einige interessantere Dinge für sie / ihn
⑤ = hin und wieder; eines unter vielen interessanten Dingen für sie / ihn
⑥ = des Öfteren; interessante Sache für sie / ihn
⑦ = regelmäßig; sehr interessant für sie / ihn
⑧ = sehr gerne und oft; eines der interessantesten Dinge für sie / ihn
⑨ = sie / er lässt kaum ein Theaterstück aus; kaum etwas ist für sie / ihn so interessant
⑩ = sie / er ist ein absoluter Theaterfreak; er / sie möchte Tag und Nacht nur Theater sehen

Beantworten Sie bitte alle Fragen, auch wenn Ihnen einige komisch oder nicht wichtig erscheinen. Es kann auch vorkommen, dass Sie bei der einen oder anderen Aussage schlicht überfragt sind. Übergehen Sie dann bitte diese Aussage. Das sollte allerdings nicht allzu häufig vorkommen.

		stimmt überhaupt nicht … stimmt voll und ganz
1.	Andere würden sie / ihn als sehr zuverlässig beschreiben.	①②③④⑤⑥⑦⑧⑨⑩
2.	Er / sie hat oft kreative Ideen.	①②③④⑤⑥⑦⑧⑨⑩
3.	Auch bei schwierigen mathematischen Aufgaben findet er / sie die richtige Lösung.	①②③④⑤⑥⑦⑧⑨⑩
4.	Sie / er mag Leute nicht, die schlampig arbeiten.	①②③④⑤⑥⑦⑧⑨⑩
5.	Wenn er / sie etwas erklärt, verstehen die anderen dies meist sehr schnell.	①②③④⑤⑥⑦⑧⑨⑩
6.	Es macht ihr / ihm Spaß, sich körperlich zu verausgaben.	①②③④⑤⑥⑦⑧⑨⑩
7.	Er / sie glaubt, dass auch Steuerhinterziehung eine Straftat ist, die geahndet werden sollte.	①②③④⑤⑥⑦⑧⑨⑩
8.	Wenn sein / ihr Fahrrad / Mofa kaputt ist, repariert er / sie es selbst.	①②③④⑤⑥⑦⑧⑨⑩
9.	Es fällt ihm / ihr leicht, einen ganzen Tag lang körperlich zu arbeiten.	①②③④⑤⑥⑦⑧⑨⑩
10.	Er / sie meint, dass Ordnung sein muss, auch wenn dies manchen Menschen nicht passt.	①②③④⑤⑥⑦⑧⑨⑩
11.	Auf Partys steht er / sie auch gerne mal im Mittelpunkt.	①②③④⑤⑥⑦⑧⑨⑩
12.	Es macht ihm / ihr Spaß, etwas schriftlich zu formulieren.	①②③④⑤⑥⑦⑧⑨⑩
13.	Aufgaben, in denen logisches Denken gefordert ist, kann sie / er meist schnell lösen.	①②③④⑤⑥⑦⑧⑨⑩
14.	Bei einer Entscheidung endlos hin und her zu überlegen ist nicht seine / ihre Sache.	①②③④⑤⑥⑦⑧⑨⑩
15.	Sie / er findet, dass der Erfolg eines Teams entscheidender ist als der des Einzelnen.	①②③④⑤⑥⑦⑧⑨⑩
16.	Die wichtigste Auszeichnung für gute Arbeit ist für ihn / sie eine ordentliche Bezahlung.	①②③④⑤⑥⑦⑧⑨⑩

		stimmt überhaupt nicht … stimmt voll und ganz
17.	Eine Arbeit, bei der er / sie seine / ihre eigenen Ideen und Kreativität nicht voll einbringen kann, würde ihm / ihr auf Dauer keinen Spaß machen.	① ② ③ ④ ⑤ ⑥ ⑦ ⑧ ⑨ ⑩
18.	Sie / er kann gut mit Geld umgehen.	① ② ③ ④ ⑤ ⑥ ⑦ ⑧ ⑨ ⑩
19.	Eine Fahrradfahrt durch die Natur würde sie / er jederzeit einer Autorallye vorziehen.	① ② ③ ④ ⑤ ⑥ ⑦ ⑧ ⑨ ⑩
20.	Es fällt ihm / ihr leicht, auf andere Leute zuzugehen.	① ② ③ ④ ⑤ ⑥ ⑦ ⑧ ⑨ ⑩
21.	Es macht ihr / ihm Spaß, anderen einen komplizierten Sachverhalt ausführlich zu erklären.	① ② ③ ④ ⑤ ⑥ ⑦ ⑧ ⑨ ⑩
22.	Wenn etwas defekt ist, baut er / sie es gerne auseinander, um zu sehen, wie es innen aussieht.	① ② ③ ④ ⑤ ⑥ ⑦ ⑧ ⑨ ⑩
23.	Wenn sie / er bei einem anderen Menschen etwas erreichen will, kann sie / er sehr hartnäckig sein.	① ② ③ ④ ⑤ ⑥ ⑦ ⑧ ⑨ ⑩
24.	Es würde ihm / ihr Spaß machen, einen Kunden seines / ihres Unternehmens von den Vorteilen der Produkte zu überzeugen.	① ② ③ ④ ⑤ ⑥ ⑦ ⑧ ⑨ ⑩
25.	Er / sie arbeitet immer sehr ordentlich, auch wenn es dann etwas länger dauert.	① ② ③ ④ ⑤ ⑥ ⑦ ⑧ ⑨ ⑩
26.	Es macht ihr / ihm Spaß, sich gut zu kleiden.	① ② ③ ④ ⑤ ⑥ ⑦ ⑧ ⑨ ⑩
27.	Er / sie bastelt gerne.	① ② ③ ④ ⑤ ⑥ ⑦ ⑧ ⑨ ⑩
28.	Nach ihrer / seiner Meinung müssen Menschen, die anderen unrecht tun, vom Staat auch zur Rechenschaft gezogen werden.	① ② ③ ④ ⑤ ⑥ ⑦ ⑧ ⑨ ⑩
29.	Er / sie baut gerne Sachen zusammen.	① ② ③ ④ ⑤ ⑥ ⑦ ⑧ ⑨ ⑩
30.	Die naturwissenschaftlichen Fächer Physik, Chemie und Biologie gehören zu seinen / ihren Stärken.	① ② ③ ④ ⑤ ⑥ ⑦ ⑧ ⑨ ⑩

		stimmt überhaupt nicht … stimmt voll und ganz
31.	Wenn sie / er sich etwas Größeres anschaffen wollte, hätte sie / er Spaß daran, mit dem Verkäufer einen besonders günstigen Preis auszuhandeln.	① ② ③ ④ ⑤ ⑥ ⑦ ⑧ ⑨ ⑩
32.	Er / sie bevorzugt einen ordentlichen, strukturierten Arbeitsstil.	① ② ③ ④ ⑤ ⑥ ⑦ ⑧ ⑨ ⑩
33.	Er / sie kann sich gut in andere Menschen hineinversetzen.	① ② ③ ④ ⑤ ⑥ ⑦ ⑧ ⑨ ⑩
34.	Er / sie glaubt, dass die heutigen Menschen viel zu sehr von der Technik geprägt sind und kaum noch etwas von der Natur verstehen.	① ② ③ ④ ⑤ ⑥ ⑦ ⑧ ⑨ ⑩
35.	Sie / er ist lieber mit anderen Leuten zusammen als alleine.	① ② ③ ④ ⑤ ⑥ ⑦ ⑧ ⑨ ⑩
36.	Er / sie ist naturverbundener als die meisten Menschen.	① ② ③ ④ ⑤ ⑥ ⑦ ⑧ ⑨ ⑩
37.	Wenn sie / er sich für etwas entscheiden muss, geht das meistens sehr schnell.	① ② ③ ④ ⑤ ⑥ ⑦ ⑧ ⑨ ⑩
38.	Er / sie hat einen ausgeprägten Sinn für ästhetische Formen und Farben.	① ② ③ ④ ⑤ ⑥ ⑦ ⑧ ⑨ ⑩
39.	Sie / er hat Spaß an naturwissenschaftlichen Fragestellungen.	① ② ③ ④ ⑤ ⑥ ⑦ ⑧ ⑨ ⑩
40.	Es fällt ihm / ihr leicht, mit unbekannten Menschen Kontakt aufzunehmen.	① ② ③ ④ ⑤ ⑥ ⑦ ⑧ ⑨ ⑩
41.	Sie / er kann andere Leute gut von ihrer / seiner Meinung überzeugen.	① ② ③ ④ ⑤ ⑥ ⑦ ⑧ ⑨ ⑩
42.	Die Sprache ist für ihn / sie ein faszinierendes Ausdrucksmittel.	① ② ③ ④ ⑤ ⑥ ⑦ ⑧ ⑨ ⑩
43.	Das Bedürfnis, Menschen in schwierigen Situationen zu helfen, ist bei ihr / ihm ausgeprägter als bei anderen Leuten.	① ② ③ ④ ⑤ ⑥ ⑦ ⑧ ⑨ ⑩
44.	Es macht ihm / ihr Spaß, bei der Arbeit seine / ihre Kreativität einzubringen.	① ② ③ ④ ⑤ ⑥ ⑦ ⑧ ⑨ ⑩

		stimmt überhaupt nicht … stimmt voll und ganz
45.	Sie / er kann gut mit Werkzeugen umgehen.	① ② ③ ④ ⑤ ⑥ ⑦ ⑧ ⑨ ⑩
46.	Wenn zwei Leute sich streiten, übernimmt er / sie gerne die Rolle des Vermittlers.	① ② ③ ④ ⑤ ⑥ ⑦ ⑧ ⑨ ⑩
47.	Sie / er kann ziemlich gut zeichnen.	① ② ③ ④ ⑤ ⑥ ⑦ ⑧ ⑨ ⑩
48.	Er / sie kümmert sich gerne um sein / ihr gepflegtes Äußeres.	① ② ③ ④ ⑤ ⑥ ⑦ ⑧ ⑨ ⑩
49.	Sie / er liest gerne.	① ② ③ ④ ⑤ ⑥ ⑦ ⑧ ⑨ ⑩
50.	Er / sie mag Aufgaben, bei denen er / sie Schritt für Schritt überlegen muss und am Ende die richtige Lösung findet.	① ② ③ ④ ⑤ ⑥ ⑦ ⑧ ⑨ ⑩
51.	Es fällt ihr / ihm leicht, sich sprachlich gewandt auszudrücken.	① ② ③ ④ ⑤ ⑥ ⑦ ⑧ ⑨ ⑩
52.	Es macht ihm / ihr Spaß, sich verschiedene Wege zu überlegen und sich für einen zu entscheiden.	① ② ③ ④ ⑤ ⑥ ⑦ ⑧ ⑨ ⑩
53.	Sie / er mag Filme, in denen der Verbrecher überführt und zur Rechenschaft gezogen wird.	① ② ③ ④ ⑤ ⑥ ⑦ ⑧ ⑨ ⑩
54.	Mathematik gehört zu den Fächern, die er / sie mag.	① ② ③ ④ ⑤ ⑥ ⑦ ⑧ ⑨ ⑩
55.	Sie / er mag Leute nicht, die ständig etwas verlegen oder verschlampen.	① ② ③ ④ ⑤ ⑥ ⑦ ⑧ ⑨ ⑩
56.	Er / sie möchte auf jeden Fall einmal viel Geld verdienen.	① ② ③ ④ ⑤ ⑥ ⑦ ⑧ ⑨ ⑩
57.	Sie / er sieht gerne Dokumentarfilme über die Tier- und Pflanzenwelt.	① ② ③ ④ ⑤ ⑥ ⑦ ⑧ ⑨ ⑩
58.	Er / sie setzt sich gerne für Menschen ein, die in Schwierigkeiten sind.	① ② ③ ④ ⑤ ⑥ ⑦ ⑧ ⑨ ⑩
59.	Es macht ihr / ihm Spaß, Mathematikaufgaben zu lösen.	① ② ③ ④ ⑤ ⑥ ⑦ ⑧ ⑨ ⑩
60.	Er / sie verrichtet eine längere Arbeit lieber im Stehen als im Sitzen.	① ② ③ ④ ⑤ ⑥ ⑦ ⑧ ⑨ ⑩

		stimmt überhaupt nicht … stimmt voll und ganz
61.	Sie / er versteht nur schwer, warum viele Leute so zögerlich sind, wenn sie sich für oder gegen etwas entscheiden müssen.	①②③④⑤⑥⑦⑧⑨⑩
62.	Er / sie weiß sehr genau, wie Kleidungsstücke farblich zusammenpassen.	①②③④⑤⑥⑦⑧⑨⑩
63.	Sie / er würde lieber auf dem Land als in der Stadt leben.	①②③④⑤⑥⑦⑧⑨⑩
64.	In Diskussionsrunden übernimmt er / sie gerne eine führende Rolle.	①②③④⑤⑥⑦⑧⑨⑩
65.	Kleine Reparaturen an technischen Geräten nimmt sie / er gerne selbst vor.	①②③④⑤⑥⑦⑧⑨⑩
66.	Er / sie arbeitet lieber mit anderen zusammen als für sich allein.	①②③④⑤⑥⑦⑧⑨⑩
67.	Körperlich ist sie / er stark belastbar.	①②③④⑤⑥⑦⑧⑨⑩
68.	Er / sie ist ziemlich gesprächig.	①②③④⑤⑥⑦⑧⑨⑩
69.	Sie / er meint, dass Kreativität eine der wichtigsten Eigenschaften des Menschen ist.	①②③④⑤⑥⑦⑧⑨⑩
70.	Er / sie kann seine / ihre eigenen Wünsche denen einer Gruppe unterordnen.	①②③④⑤⑥⑦⑧⑨⑩
71.	Mannschaftssportarten sind ihr / ihm lieber als Einzelsportarten.	①②③④⑤⑥⑦⑧⑨⑩
72.	Er / sie hat Verständnis für die Probleme anderer.	①②③④⑤⑥⑦⑧⑨⑩
73.	Mathematische Probleme kann sie / er meist leicht lösen.	①②③④⑤⑥⑦⑧⑨⑩
74.	Sein / ihr Zimmer (seine / ihre Wohnung) ist fast immer aufgeräumt.	①②③④⑤⑥⑦⑧⑨⑩
75.	Naturwissenschaftliche Experimente findet er / sie faszinierend.	①②③④⑤⑥⑦⑧⑨⑩
76.	Sie / er glaubt, dass die Menschheit ohne Gesetze in einem Chaos leben würde.	①②③④⑤⑥⑦⑧⑨⑩

		stimmt überhaupt nicht … stimmt voll und ganz
77.	Er / sie ist ordnungsliebender als die meisten anderen seines / ihres Alters.	① ② ③ ④ ⑤ ⑥ ⑦ ⑧ ⑨ ⑩
78.	Raffinierte technische Geräte faszinieren sie / ihn.	① ② ③ ④ ⑤ ⑥ ⑦ ⑧ ⑨ ⑩
79.	Schwere Lasten zu heben macht ihm / ihr nichts aus.	① ② ③ ④ ⑤ ⑥ ⑦ ⑧ ⑨ ⑩
80.	Sie / er kann äußerst verschwiegen sein.	① ② ③ ④ ⑤ ⑥ ⑦ ⑧ ⑨ ⑩
81.	Schwierige mathematische Aufgaben sind für ihn / sie eine Herausforderung, die er / sie gerne annimmt.	① ② ③ ④ ⑤ ⑥ ⑦ ⑧ ⑨ ⑩
82.	Sie / er findet, dass viele Leute sich zu wenig um ihr Aussehen kümmern.	① ② ③ ④ ⑤ ⑥ ⑦ ⑧ ⑨ ⑩
83.	Er / sie glaubt, dass sehr viele Menschen unverschuldet in Not geraten.	① ② ③ ④ ⑤ ⑥ ⑦ ⑧ ⑨ ⑩
84.	Sie / er ist künstlerisch talentiert.	① ② ③ ④ ⑤ ⑥ ⑦ ⑧ ⑨ ⑩
85.	Für ihn / sie ist es genauso wichtig, sich um andere zu kümmern wie um sich selbst.	① ② ③ ④ ⑤ ⑥ ⑦ ⑧ ⑨ ⑩
86.	Sie / er wünscht sich einen Arbeitsplatz, an dem sie / er modisch und elegant gekleidet sein kann.	① ② ③ ④ ⑤ ⑥ ⑦ ⑧ ⑨ ⑩
87.	Vor der Klasse etwas vorzutragen fällt ihm / ihr ziemlich leicht.	① ② ③ ④ ⑤ ⑥ ⑦ ⑧ ⑨ ⑩
88.	Wenn es anderen schlecht geht, hört sie / er sich ihre Probleme geduldig an.	① ② ③ ④ ⑤ ⑥ ⑦ ⑧ ⑨ ⑩
89.	Er / sie findet, dass das Geld auf der Straße liegt, man muss nur cleverer sein als die anderen.	① ② ③ ④ ⑤ ⑥ ⑦ ⑧ ⑨ ⑩
90.	Sie / er kann andere Leute leicht für eine Sache gewinnen.	① ② ③ ④ ⑤ ⑥ ⑦ ⑧ ⑨ ⑩

		stimmt überhaupt nicht … stimmt voll und ganz
91.	Es macht ihm / ihr Spaß, sich um Jüngere zu kümmern.	① ② ③ ④ ⑤ ⑥ ⑦ ⑧ ⑨ ⑩
92.	Wenn jemand etwas nicht verstanden hat, erklärt sie / er es ihm gerne noch ein zweites oder drittes Mal.	① ② ③ ④ ⑤ ⑥ ⑦ ⑧ ⑨ ⑩
93.	Wenn Konflikte auftreten, versucht er / sie sie schnell zu lösen.	① ② ③ ④ ⑤ ⑥ ⑦ ⑧ ⑨ ⑩
94.	Eine schöne Naturlandschaft ist ihr / ihm lieber als die aufregendste Großstadt.	① ② ③ ④ ⑤ ⑥ ⑦ ⑧ ⑨ ⑩
95.	Wenn ihm / ihr jemand etwas im Vertrauen sagt, kann er sich darauf verlassen, dass es kein anderer erfährt.	① ② ③ ④ ⑤ ⑥ ⑦ ⑧ ⑨ ⑩
96.	Er / sie meint, wer Kleidung verkauft, sollte selbst gut angezogen sein.	① ② ③ ④ ⑤ ⑥ ⑦ ⑧ ⑨ ⑩
97.	Nach ihrer / seiner Meinung sollte man seinen Beruf nicht zu idealistisch sehen; es kommt vor allem darauf an, Geld zu verdienen.	① ② ③ ④ ⑤ ⑥ ⑦ ⑧ ⑨ ⑩
98.	Statistiken findet er / sie sehr interessant.	① ② ③ ④ ⑤ ⑥ ⑦ ⑧ ⑨ ⑩
99.	Sie / er traut sich zu, auch in schwierigen Situationen ein Team anzuführen.	① ② ③ ④ ⑤ ⑥ ⑦ ⑧ ⑨ ⑩
100.	Eine Ausstellung über den Fortschritt der Technik würde er / sie sehr gerne besuchen.	① ② ③ ④ ⑤ ⑥ ⑦ ⑧ ⑨ ⑩

Auswertung: Test zur Ermittlung von Schlüsselqualifikationen

Nun zur Auswertung. Zunächst der erste Test: Übertragen Sie bitte die Werte, die Sie den einzelnen Aussagen zugeordnet haben, in den jetzt folgenden Tabellen jeweils in die zweite Spalte unter der Überschrift »Selbsteinschätzung«.

Die Werte, die Ihr / -e Freund / -in oder Verwandte / -r gewählt hat, tragen Sie bitte in der nächsten Spalte ein (unter »Fremdeinschätzung«).

Für das Festlegen des Einigungswertes gelten folgende Regeln:

1. Wenn der Wert für die Fremdeinschätzung fehlt (weil der oder die Befragte überfragt war), übernehmen Sie bitte den Wert Ihrer Selbsteinschätzung.
2. Wenn die Werte für die Selbsteinschätzung und für die Fremdeinschätzung identisch sind, übernehmen Sie natürlich den jeweiligen Wert als Einigungswert.
3. Wenn die Werte von Selbst- und Fremdeinschätzung einen, zwei oder drei Punkte auseinander liegen, bilden Sie den Mittelwert und tragen ihn als Einigungswert ein. Ein Beispiel: Sie haben die Zahl 3 gewählt, der / die Fremdeinschätzer / -in den Wert 6. $3+6=9 \rightarrow 9:2=4{,}5$ (= Einigungswert)
4. Wenn die Werte vier oder mehr Punkte auseinander liegen, ist die Ermittlung des Einigungswertes etwas aufwendiger. Sehen Sie sich gemeinsam mit Ihrem / Ihrer Fremdeinschätzer / -in die jeweiligen Aussagen noch einmal an und diskutieren Sie, warum Sie jeweils zu Ihrer Einschätzung gekommen sind. Erfahrungsgemäß kommen Selbst- und Fremdeinschätzer in einem Gespräch schnell zu einer Einigung. Diese stellt dann den Einigungswert dar. Bleibt es bei großen Unterschieden in den Einschätzungen, übernehmen Sie letztendlich Ihre eigene Einschätzung.

Wenn Sie alle Einigungswerte einer Tabelle ermittelt haben, addieren Sie sie bitte. Die Summe können Sie unterhalb der Tabelle eintragen. Sie muss dann noch durch die jeweilige Anzahl an Aussagen dividiert werden, damit die Werte auch vergleichbar sind. Auch dafür ist unterhalb der Tabelle eine Zeile vorgesehen.

1. Schlüsselqualifikation: »Kontaktfreude«

Aussage Nr.	Selbsteinschätzung	Fremdeinschätzung	Einigungswert
11	________	________	________
20	________	________	________
40	________	________	________
68	________	________	________

Summe der Werte aus der Spalte Einigungswert = ________

Teilen durch 4 (auf eine Stelle gerundet) = ________

2. Schlüsselqualifikation: »Teamorientierung«

Aussage Nr.	Selbsteinschätzung	Fremdeinschätzung	Einigungswert
15	________	________	________
35	________	________	________
66	________	________	________
70	________	________	________
71	________	________	________

Summe der Werte aus der Spalte Einigungswert = ________

Teilen durch 5 (auf eine Stelle gerundet) = ________

3. Schlüsselqualifikation: »Entscheidungsfreude«

Aussage Nr.	Selbsteinschätzung	Fremdeinschätzung	Einigungswert
14	________	________	________
37	________	________	________
52	________	________	________
61	________	________	________

Summe der Werte aus der Spalte Einigungswert = ________

Teilen durch 4 (auf eine Stelle gerundet) = ________

4. Schlüsselqualifikation: »Körperliche Belastbarkeit«

Aussage Nr.	Selbsteinschätzung	Fremdeinschätzung	Einigungswert
6	________	________	________
9	________	________	________
60	________	________	________
67	________	________	________
79	________	________	________

Summe der Werte aus der Spalte Einigungswert = ________

Teilen durch 5 (auf eine Stelle gerundet) = ________

5. Schlüsselqualifikation: »Handwerklich-technisches Geschick«

Aussage Nr.	Selbsteinschätzung	Fremdeinschätzung	Einigungswert
8	______	______	______
27	______	______	______
29	______	______	______
45	______	______	______
65	______	______	______

Summe der Werte aus der Spalte Einigungswert = ______

Teilen durch 5 (auf eine Stelle gerundet) = ______

6. Schlüsselqualifikation: »Technisches Verständnis«

Aussage Nr.	Selbsteinschätzung	Fremdeinschätzung	Einigungswert
22	______	______	______
65	______	______	______
78	______	______	______
100	______	______	______

Summe der Werte aus der Spalte Einigungswert = ______

Teilen durch 4 (auf eine Stelle gerundet) = ______

7. Schlüsselqualifikation: »Führungsfähigkeit«

Aussage Nr.	Selbsteinschätzung	Fremdeinschätzung	Einigungswert
41	______	______	______
46	______	______	______
64	______	______	______
93	______	______	______
99	______	______	______

Summe der Werte aus der Spalte Einigungswert = ______

Teilen durch 5 (auf eine Stelle gerundet) = ______

8. Schlüsselqualifikation: »Soziales Interesse / Engagement«

Aussage Nr.	Selbsteinschätzung	Fremdeinschätzung	Einigungswert
33	______	______	______
43	______	______	______
58	______	______	______
72	______	______	______
83	______	______	______
85	______	______	______
88	______	______	______

Summe der Werte aus der Spalte Einigungswert = ______

Teilen durch 7 (auf eine Stelle gerundet) = ______

9. Schlüsselqualifikation: »Sprachgewandtheit«

Aussage Nr.	Selbsteinschätzung	Fremdeinschätzung	Einigungswert
12	______	______	______
42	______	______	______
49	______	______	______
51	______	______	______

Summe der Werte aus der Spalte Einigungswert = ______

Teilen durch 4 (auf eine Stelle gerundet) = ______

10. Schlüsselqualifikation: »Interesse an äußerem Erscheinen«

Aussage Nr.	Selbsteinschätzung	Fremdeinschätzung	Einigungswert
26	______	______	______
48	______	______	______
82	______	______	______
86	______	______	______
96	______	______	______

Summe der Werte aus der Spalte Einigungswert = ______

Teilen durch 5 (auf eine Stelle gerundet) = ______

11. Schlüsselqualifikation: »Verkaufsfähigkeit«

Aussage Nr.	Selbsteinschätzung	Fremdeinschätzung	Einigungswert
18			
23			
24			
31			
90			

Summe der Werte aus der Spalte Einigungswert = ____________

Teilen durch 5 (auf eine Stelle gerundet) = ____________

12. Schlüsselqualifikation: »Ordnungssinn«

Aussage Nr.	Selbsteinschätzung	Fremdeinschätzung	Einigungswert
4			
10			
25			
32			
55			
74			
77			

Summe der Werte aus der Spalte Einigungswert = ____________

Teilen durch 7 (auf eine Stelle gerundet) = ____________

13. Schlüsselqualifikation: »Rechtsbewusstsein«

Aussage Nr.	Selbsteinschätzung	Fremdeinschätzung	Einigungswert
7			
28			
53			
76			

Summe der Werte aus der Spalte Einigungswert = ____________

Teilen durch 4 (auf eine Stelle gerundet) = ____________

14. Schlüsselqualifikation: »Künstlerische Begabung und Kreativität«

Aussage Nr.	Selbsteinschätzung	Fremdeinschätzung	Einigungswert
2	________	________	________
17	________	________	________
38	________	________	________
44	________	________	________
47	________	________	________
62	________	________	________
69	________	________	________
84	________	________	________

Summe der Werte aus der Spalte Einigungswert = ________

Teilen durch 8 (auf eine Stelle gerundet) = ________

15. Schlüsselqualifikation: »Mathematisches Verständnis und logisch-abstraktes Denken«

Aussage Nr.	Selbsteinschätzung	Fremdeinschätzung	Einigungswert
3	________	________	________
13	________	________	________
50	________	________	________
54	________	________	________
59	________	________	________
73	________	________	________
81	________	________	________
98	________	________	________

Summe der Werte aus der Spalte Einigungswert = ________

Teilen durch 8 (auf eine Stelle gerundet) = ________

16. Schlüsselqualifikation: »Naturwissenschaftliches Verständnis«

Aussage Nr.	Selbsteinschätzung	Fremdeinschätzung	Einigungswert
30	______	______	______
39	______	______	______
75	______	______	______

Summe der Werte aus der Spalte Einigungswert = ______

Teilen durch 3 (auf eine Stelle gerundet) = ______

17. Schlüsselqualifikation: »Seriosität«

Aussage Nr.	Selbsteinschätzung	Fremdeinschätzung	Einigungswert
1	______	______	______
80	______	______	______
95	______	______	______

Summe der Werte aus der Spalte Einigungswert = ______

Teilen durch 3 (auf eine Stelle gerundet) = ______

18. Schlüsselqualifikation: »Naturverbundenheit«

Aussage Nr.	Selbsteinschätzung	Fremdeinschätzung	Einigungswert
19	______	______	______
34	______	______	______
36	______	______	______
57	______	______	______
63	______	______	______
94	______	______	______

Summe der Werte aus der Spalte Einigungswert = ______

Teilen durch 6 (auf eine Stelle gerundet) = ______

19. Schlüsselqualifikation: »Geldorientierung«

Aussage Nr.	Selbsteinschätzung	Fremdeinschätzung	Einigungswert
16	___	___	___
56	___	___	___
89	___	___	___
97	___	___	___
		Summe der Werte aus der Spalte Einigungswert =	___
		Teilen durch 4 (auf eine Stelle gerundet) =	___

20. Schlüsselqualifikation: »Didaktisches Geschick«

Aussage Nr.	Selbsteinschätzung	Fremdeinschätzung	Einigungswert
5	___	___	___
21	___	___	___
87	___	___	___
91	___	___	___
92	___	___	___
		Summe der Werte aus der Spalte Einigungswert =	___
		Teilen durch 5 (auf eine Stelle gerundet) =	___

Verbindung der Testergebnisse

Die beiden Tests unterscheiden sich von vielen anderen in einem wichtigen Punkt: Andere Tests vergleichen die Werte, die man selbst erreicht, mit denen anderer Leute oder mit dem Mittelwert, den eine große Anzahl von Menschen erzielt. So kann man zum Beispiel feststellen, ob der eigene Wert für das Interesse an dem Berufsfeld »Beratung, Bedienung, Verkauf« höher oder niedriger ist als das durchschnittliche Interesse. Dies kann sicher interessant sein. Es ist aber möglich, dass man in allen Berufsfeldern höhere oder niedrigere Werte erreicht als andere. Das kann beispielsweise am eigenen Antwortverhalten liegen. Jedenfalls bringt ein Test in diesem Fall keine neuen Informationen. Deshalb findet bei den Tests, die Sie bearbeitet haben, ein anderer Vergleich statt: Ihre Interessen an einem bestimmten Berufsfeld werden mit Ihren Interessen an anderen Berufsfeldern verglichen bzw. die Ausprägung bestimmter Schlüsselqualifikationen mit der anderer Schlüsselqualifikationen. Die Höhe der Zahlenwerte, die Sie für sich ermittelt haben, ist also nebensächlich. Es geht um die Reihenfolge, die sich aus Ihren Werten ergibt. Schreiben Sie deshalb an dieser Stelle die acht Schlüsselqualifikationen sowie die fünf Berufsfelder auf, bei denen Sie für sich die höchsten Werte erreicht haben:

Schlüsselqualifikationen	**Berufsfelder**
Platz 1 ____________	Platz 1 ____________
Platz 2 ____________	Platz 2 ____________
Platz 3 ____________	Platz 3 ____________
Platz 4 ____________	Platz 4 ____________
Platz 5 ____________	Platz 5 ____________
Platz 6 ____________	
Platz 7 ____________	
Platz 8 ____________	

Wie bereits in der Einleitung zum Test zur Ermittlung der Schlüsselqualifikationen erwähnt, stellen unterschiedliche Berufe auch verschiedene Anforderungen an die Persönlichkeit der arbeitenden Person. Die sogenannten Schlüsselqualifikationen werden deshalb immer wichtiger.

In einem Beruf wird man dauerhaft nur dann glücklich, wenn man sowohl das Interesse für den Beruf als auch die erforderlichen Schlüsselqualifikationen mitbringt. Der folgenden Tabelle kann entnommen werden, welche Schlüsselqualifikationen für die einzelnen Berufsfelder wichtig (gekennzeichnet mit *), besonders wichtig (gekennzeichnet mit **) oder unbedingt erforderlich (gekennzeichnet mit ***) sind. Wenn ein Sternchen eingeschränkt wird (durch den Zusatz »teilweise«), dann gilt die wichtige Schlüsselqualifikation nicht für alle Berufe des Bereiches. Im zweiten Teil des Buches wird bei der Darstellung der Berufe auf die jeweils erforderlichen Schlüsselqualifikationen hingewiesen.

So können Sie nun weiter vorgehen: Suchen Sie sich zunächst die Spalte mit dem Berufsbereich, der Sie laut Testergebnis am meisten interessiert. Dann betrachten Sie die als wichtig, besonders wichtig und vor allem die als unbedingt erforderlich erachteten Schlüsselqualifikationen. Wenn diese (jedenfalls teilweise) auch in der

»Hitliste« Ihrer Schlüsselqualifikationen laut Testergebnis vorkommen: Gratulation, Sie haben eine gute Übereinstimmung von Interessen und Anforderungen für ein bestimmtes Berufsfeld herausgefunden. Sie könnten jetzt im zweiten Teil des Buches nachschlagen, welche Berufe sich genau hinter dem Berufsfeld verbergen, wie die Berufschancen sind, welche Ausbildung man absolvieren muss, was man verdienen kann und so weiter.

Wenn Sie keine gute Übereinstimmung Ihrer Interessen und Ihrer Schlüsselqualifikationen gefunden haben: Werfen Sie die Flinte nicht vorschnell ins Korn. Überlegen Sie, ob Sie mit Fleiß und Ausdauer die erforderlichen Schlüsselqualifikationen erwerben können (und wollen). Wenn dies der Fall ist, bleibt das entsprechende Berufsfeld in Ihrer engeren Wahl. Sie wissen jetzt allerdings, woran Sie bei sich noch arbeiten müssen. Wenden Sie sich danach dem nächsten Berufsfeld aus der obigen Liste zu und wiederholen Sie den Vorgang.

Alternativ kann man das Vorgehen natürlich auch einmal umdrehen: erst Schlüsselqualifikation betrachten und dann die Berufsfelder heraussuchen, in denen sie wichtig, besonders wichtig oder unbedingt erforderlich sind.

Berufsbereiche und notwendige Schlüsselqualifikationen

Berufsbereich / **Schlüsselqualifikation**	**(1) Handwerklich-technische Berufe – körperlich weniger beansprucht**	**(2) Handwerklich-technische Berufe – körperlich beansprucht**	**(3) Gestaltung, Kunst, Mode, Design**	**(4) Ingenieurwissenschaftlich-technologische Berufe**	**(5) Beratung, Bedienung, Verkauf**	**(6) Verwaltung und Organisation**
1. Kontaktfreude					**	
2. Teamorientierung		* (teilweise)		*	*	*
3. Entscheidungsfreude						
4. Körperliche Belastbarkeit	*	***				
5. Handwerklich-technisches Geschick	***	***	*	*		
6. Technisches Verständnis	***	*	** (nur für Architektur)	**		
7. Führungsfähigkeit	* (teilweise)			*		
8. Soziales Interesse / Engagement						
9. Sprachgewandtheit					*	
10. Interesse an äußerem Erscheinen					*	
11. Verkaufsfähigkeit			*		***	
12. Ordnungssinn					*	**
13. Rechtsbewusstsein						
14. Künstlerische Begabung und Kreativität	* (teilweise)		***			
15. Mathematisches Verständnis und logisch-abstraktes Denken			*** (nur für Architektur)	***		* (teilweise)
16. Naturwissenschaftliches Verständnis						
17. Seriosität					*	*
18. Naturverbundenheit						
19. Geldorientierung					*	
20. Didaktisches Geschick						

Berufsbereich Schlüssel-qualifikation	(7) Unterneh-mens-leitung, -bera-tung und -prüfung	(8) Natur-wissen-schaften	(9) Medizin, Gesund-heit, Pflege	(10) Soziale Berufe, Lehre und Erziehung	(11) Land- und Forstwirt-schaft, Natur, Umwelt	(12) Sprachen, Literatur, Medien, Dokumen-tation
1. Kontaktfreude	*		*	*		* (teilweise)
2. Teamorientierung	*	*	*		*	
3. Entscheidungsfreude						
4. Körperliche Belastbarkeit			* (teilweise)		* (nur für Landwirt)	
5. Handwerklich-technisches Geschick						
6. Technisches Verständnis						
7. Führungsfähigkeit	*	*				
8. Soziales Interesse / Engagement			***	***		
9. Sprachgewandtheit	**		*	*		**
10. Interesse an äußerem Erscheinen						
11. Verkaufsfähigkeit	* (teilweise)					
12. Ordnungssinn	*					* (für Archivar und) Bibliothekar
13. Rechtsbewusstsein						
14. Künstlerische Begabung und Kreativität						
15. Mathematisches Verständnis und logisch-abstraktes Denken		**	* (für Medizin)			
16. Naturwissenschaftliches Verständnis		***	*		*	
17. Seriosität	*		*	*		
18. Naturverbundenheit					***	
19. Geldorientierung	*					
20. Didaktisches Geschick				*		

Berufsbereich Schlüssel-qualifikation	(13) Rechts-berufe	(14) Sicherheits-berufe	Fleischer/-in	Friseur/-in	Bäcker/-in Konditor/-in	Koch/ Köchin
1. Kontaktfreude				*		
2. Teamorientierung		**				
3. Entscheidungsfreude	*					
4. Körperliche Belastbarkeit		**	*	*	*	**
5. Handwerklich-technisches Geschick			*		*	*
6. Technisches Verständnis						
7. Führungsfähigkeit	*					
8. Soziales Interesse / Engagement						
9. Sprachgewandtheit	**					
10. Interesse an äußerem Erscheinen				*		
11. Verkaufsfähigkeit						
12. Ordnungssinn	*	*				
13. Rechtsbewusstsein	***	***				
14. Künstlerische Begabung und Kreativität				*		
15. Mathematisches Verständnis und logisch-abstraktes Denken						
16. Naturwissenschaftliches Verständnis						
17. Seriosität	*	*				
18. Naturverbundenheit						
19. Geldorientierung						
20. Didaktisches Geschick						

Infrage kommende Berufe

Suchen Sie zunächst den Berufsbereich (1 – 15), der bei Ihnen nach den Testergebnissen den ersten Rang einnimmt und bei dem auch die Schlüsselqualifikationen stimmen. Die jeweils darunter aufgeführten Ausbildungen und Berufe sollten Sie sich näher ansehen.

(1) Handwerklich-technische Berufe – körperlich weniger beanspruchend

- Augenoptiker / -in
- Fachkraft für Veranstaltungstechnik
- Medientechnologe / -technologin Druck
- Technische / -r Konfektionär / -in
- Technische / -r Systemplaner / -in
- Zahntechniker / -in

(2) Handwerklich-technische Berufe – körperlich beanspruchend

- Anlagenmechaniker / -in für Sanitär-, Heizungs- und Klimatechnik
- Baugeräteführer / -in
- Industriemechaniker / -in
- Klempner / -in
- Kraftfahrzeugmechatroniker / -in
- Maler / -in, Lackierer / -in
- Maurer / -in
- Metallbauer / -in
- Tischler / -in
- Werkzeugmechatroniker / -in
- Zweiradmechatroniker / -in

(3) Gestaltung, Kunst, Mode, Design

- Architekt / -in
- Bühnenbildner / -in
- Fotograf / -in, Fotomedienfachmann / -frau
- Goldschmied / -in, Silberschmied / -in
- Grafikdesigner / -in, Kommunikationsdesigner / -in
- Innenarchitekt / -in
- Keramiker / -in
- Maskenbildner / -in
- Mediengestalter / -in Bild und Ton
- Restaurator / -in
- Schauspieler / -in
- Schneider / -in
- Stadt- und Regionalplaner / -in

(4) Ingenieurwissenschaftlich-technologische Berufe

- Elektroingenieur / -in
- Elektroniker / -in für Betriebstechnik
- Elektroniker / -in für Geräte und Systeme
- Fachinformatiker / -in
- Fachkraft für Abwassertechnik

- Informatiker / -in
- Maschinenbauingenieur / -in
- Statistiker / -in
- Vermessungsingenieur / -in (Geodät / -in)
- Wirtschaftsinformatiker / -in
- Wirtschaftsingenieur / -in

(5) Beratung, Bedienung, Verkauf

- Bankkaufmann / -frau
- Buchhändler / -in
- Handelsvertreter / -in
- Hotelfachmann / -frau
- Immobilienkaufmann / -frau
- Industriekaufmann / -frau
- Informatikkaufmann / -frau
- Kaufmann / -frau im Gesundheitswesen
- Kaufmann / -frau für Marketingkommunikation
- Kaufmann / -frau für Versicherung und Finanzen
- Kosmetiker / -in
- Restaurantfachmann / -frau
- Tourismuskaufmann / -frau
- Verkäufer / -in

(6) Verwaltung und Organisation

- Bankkaufmann / -frau
- Hotelfachmann / -frau
- Immobilienkaufmann / -frau
- Industriekaufmann / -frau
- Kaufmann / -frau für audiovisuelle Medien
- Kaufmann / -frau im Gesundheitswesen
- Kaufmann / -frau für Marketingkommunikation
- Kaufmann / -frau für Versicherung und Finanzen
- Pharmazeutisch-kaufmännische / -r Angestellte / -r
- Reiseverkehrskaufmann / -frau
- Sekretär / -in
- Statistiker / -in
- Steuerfachangestellte / -r
- Tourismuskaufmann / -frau
- Verwaltungsangestellte / -r
- Wirtschaftsprüfer / -in

(7) Unternehmensleitung, -beratung und -prüfung

- Controller / -in
- Patentanwalt / -anwältin
- Steuerberater / -in
- Unternehmensberater / -in
- Wirtschaftsprüfer / -in

(8) Naturwissenschaften

- Agrarwissenschaftler / -in
- Apotheker / -in, Pharmakologe/ Pharmakologin
- Biologe / Biologin
- Biologisch-technische / -r Assistent / -in

- Chemielaborant / -in, Chemisch-technische / -r Assistent / -in
- Chemiker / -in
- Ernährungs- und Haushaltswissenschaftler / -in
- Geowissenschaftler / -in
- Mathematiker / -in, Statistiker / -in
- Meteorologe / Meteorologin
- Physiker / -in

(9) Medizin, Gesundheit, Pflege

- Altenpfleger / -in
- Apotheker / -in
- Arzt / Ärztin
- Gesundheits- und Krankenpfleger / -in
- Gymnastiklehrer / -in
- Hebamme
- Kosmetiker / -in
- Logopäde / Logopädin
- Masseur / -in und medizinische / -r Bademeister / -in
- Medizinisch-technische / -r Laboratoriumsassistent / -in, Zytologie-Assistent / -in
- Medizinisch-technische / -r Radiologieassistent / -in
- Medizinische / -r Dokumentar / -in
- Medizinische / -r Fachangestellte / -r
- Motopäde / Motopädin
- Orthoptist / -in
- Pharmazeutisch-kaufmännische / -r Angestellte / -r
- Physiotherapeut / -in
- Veterinärmedizinisch-technische / -r Assistent / -in
- Zahnarzt / -ärztin
- Zahnmedizinische / -r Fachangestellte / -r

(10) Soziale Berufe, Lehre und Erziehung

- Arbeits- und Berufsberater / -in
- Arzt / Ärztin
- Entwicklungshelfer / -in
- Erzieher / -in
- Gymnastiklehrer / -in
- Hochschullehrer / -in
- Lehrer / -in an allgemeinbildenden Schulen
- Lehrer / -in an berufsbildenden Schulen
- Lehrer / -in an Sonderschulen
- Logopäde / Logopädin
- Psychologe / Psychologin
- Sozialarbeiter / -in, Sozialpädagoge / -pädagogin
- Sportlehrer / -in
- Theologe / Theologin

(11) Land- und Forstwirtschaft, Natur, Umwelt

- Agrarwissenschaftler / -in
- Biologe / Biologin
- Entwicklungshelfer / -in
- Florist / -in
- Forstwirt / -in
- Gärtner / -in
- Geowissenschaftler / -in
- Landwirt / -in
- Stadt- und Regionalplaner / -in
- Tierarzt / -ärztin
- Tierpfleger / -in
- Veterinärmedizinisch-technische / -r Assistent / -in

(12) Sprachen, Literatur, Medien, Dokumentation

- Archäologe / Archäologin
- Archivar / -in, Dokumentar / -in
- Bibliothekar / -in
- Buchhändler / -in
- Denkmalpfleger / -in
- Dolmetscher / -in, Übersetzer / -in
- Historiker / -in
- Journalist / -in, Publizist / -in
- Lektor / -in im Verlagswesen
- Medizinische / -r Dokumentar / -in

(13) Rechtsberufe

- Amtsanwalt / -anwältin
- Notar / -in
- Patentanwalt / -anwältin
- Rechtsanwalt / -anwältin
- Rechtsanwalts- und Notarfachangestellte / -r
- Rechtspfleger / -in
- Richter / -in
- Staatsanwalt / -anwältin
- Steuerberater / -in
- Steuerfachangestellte / -r

(14) Sicherheitsberufe

- Berufskraftfahrer / -in
- Detektiv / -in
- Fachkraft für Schutz und Sicherheit
- Hausmeister / -in, Hausverwalter / -in
- Justizvollzugsbeamte / -r
- Offizier der Bundeswehr
- Polizeibeamter / -beamtin, Leibwächter / -in

(15) Sonstige

- Bäcker / -in
- Fleischer / -in
- Friseur / -in
- Koch / Köchin
- Konditor / -in

Überblick über die Berufe

Im Folgenden sind zur ersten Orientierung die Kurzprofile der rund 150 Berufe zusammengestellt, die in Deutschland am häufigsten ausgeübt werden.

1. Handwerklich-technische Berufe – körperlich weniger beanspruchend

Augenoptiker / -in

Tätigkeiten:	Handwerkliche Bearbeitung von Brillengläsern und Brillenfassungen, Herstellung und Reparatur von Brillen, Kundenberatung
Art der Ausbildung:	Betriebliche Ausbildung
Dauer:	3 Jahre
Abschluss:	Augenoptikergeselle / Augenoptikergesellin
Formale Voraussetzungen:	Hauptschule, möglichst aber mittlere Reife oder Abitur
Persönl. Voraussetzungen:	Naturwissenschaftliche Begabung, technisches Verständnis, Sinn für Ästhetik, Einfühlungsvermögen
Ausbildungsvergütung:	1. Ausbildungsjahr 325 – 600 Euro, 2. Jahr 480 – 700 Euro, 3. Jahr 585 – 850 Euro
Berufsperspektiven:	Gut – Beratungen rund um »das gute Sehen« sind gefragt.
Verdienstmöglichkeiten:	Sind abhängig davon, ob der Beruf als angestellte oder selbstständige Tätigkeit ausgeübt wird
Art der Tätigkeit:	Überwiegend stehende Tätigkeit
Aufstiegsmöglichkeiten:	Fortbildung zum staatlich-geprüften Augenoptiker (Dauer: 2 Jahre) oder zum Augenoptikermeister, auch Fachhochschulstudiengang Augenoptik an den folgenden Hochschulen möglich: Fachhochschule Aachen, Hochschule Aalen, Beuth Hochschule für Technik Berlin, Ernst-Abbe-Hochschule Jena, Hochschule für angewandte Wissenschaften München

Vor- und Nachteile:	Starke Konkurrenz durch Großanbieter, die mittelständische Betriebe verdrängen
Selbstständige Berufsmöglichkeiten:	Selbstständige / -r Augenoptikermeister / -in oder Filialleiter / -in
Zusätzliche wichtige Informationen:	Der Beruf zählt zu den Handwerksberufen. Mit rd. 40 Prozent ist der Abiturientenanteil für das Handwerk überdurchschnittlich hoch. Mit rd. 70 Prozent liegt auch der Anteil der weiblichen Lehrlinge über dem Durchschnitt.
Weitere Informationen:	Zentralverband der Augenoptiker und Optometristen, Alexanderstraße 25 a, 40210 Düsseldorf, Tel. (02 11) 86 32 35-0, *www.zva.de*

Fachkraft für Veranstaltungstechnik

Tätigkeiten:	Technische und organisatorische Planung und Durchführung von Veranstaltungen. Aufgaben sind neben der Konzeption und der Kalkulation Organisation und Prüfung der Energieversorgung, die Bereitstellung und Bedienung von Beleuchtungs- und Projektionseinrichtungen sowie von Übertragungseinrichtungen für Bild, Ton und Daten. Die Arbeitssicherheit und die Bedienung der technischen Hilfsmittel stehen im Mittelpunkt der Tätigkeit. Mögliche Arbeitgeber sind vor allem Messegesellschaften, Veranstaltungsagenturen sowie Unternehmen der Film- und Fernsehwirtschaft.
Art der Ausbildung:	Betriebliche Ausbildung
Dauer:	3 Jahre
Abschluss:	Abschluss vor der IHK
Formale Voraussetzungen:	Empfehlenswert ist die min. mittlere Reife.
Persönl. Voraussetzungen:	Technisches Verständnis, Teamfähigkeit, Flexibilität, Mobilität, Bereitschaft, zu ungewöhnlichen Arbeitszeiten tätig zu sein, gute körperliche Konstitution
Ausbildungsvergütung:	1. Ausbildungsjahr 645 – 918 Euro, 2. Jahr 720 – 968 Euro, 3. Jahr 800 – 1.000 Euro
Berufsperspektiven:	Engagierte und qualifizierte Dienstleister für den Kultur- und Medienbereich sind immer gesucht.
Verdienstmöglichkeiten:	Sind abhängig davon, ob der Beruf im Angestelltenverhältnis oder selbstständig ausgeübt wird

Aufstiegsmöglichkeiten:	Weiterbildung zum Meister Veranstaltungstechnik oder Studium Medientechnik, Theater- und Veranstaltungstechnik, Tontechnik u. Ä. möglich
Vor- und Nachteile:	Ungeregelte Arbeitszeiten, Nachtarbeit
Selbstständige Berufsmöglichkeiten:	Sind gegeben
Weitere Informationen:	VPLT – Der Verband für Medien- und Veranstaltungstechnik e. V., Fuhrenkamp 3–5, 30851 Langenhagen, Tel. (05 11) 2 70 74-74, *www.vplt.org;* Bundesverband der Veranstaltungswirtschaft (bdv) e. V., Lenhartzstraße 15, 20249 Hamburg, Tel. (040) 4 60 50 28, *www.bdv-online.com*

Medientechnologe / -technologin Druck

Tätigkeiten:	Die Arbeit von Medientechnologen Druck besteht in der Vervielfältigung von Text- oder Bildvorlagen, dem Bedienen und Überwachen von Druckmaschinen und dem Prüfen von Druckmaterialien. Mögliche Spezialisierungen sind etwa Bogenoffsetdruck, Zeitungsdruck, Formulardruck, Illustrationstiefdruck, Tapetendruck, Digitaldruck und künstlerische Druckverfahren.
Art der Ausbildung:	Betriebliche Ausbildung
Dauer:	3 Jahre
Formale Voraussetzungen:	Mindestens Hauptschulabschluss
Persönl. Voraussetzungen:	Technisches Verständnis, Sinn für Farben und Formen
Ausbildungsvergütung:	Im 1. Ausbildungsjahr 930 Euro, im 2. Ausbildungsjahr 981 Euro, im 3. Ausbildungsjahr 1.032 Euro
Berufsperspektiven:	Konstant gute Arbeitsmarktsituation, nahezu Vollbeschäftigung
Verdienstmöglichkeiten:	Unternehmens- und tarifabhängig ca. 3.000 Euro brutto / Monat
Art der Tätigkeit:	Vorwiegend stehende Tätigkeit
Aufstiegsmöglichkeiten:	Druckmeister / -in, Techniker / -in Druck- und Medientechnik, Industriemeister / -in Printmedien, Fachhochschulstudium Drucktechnik / Medientechnik (mit Fachhochschulreife oder Abitur) und universitäres Studium an den Universitäten Chemnitz und Wuppertal

Vor- und Nachteile:	Nachteil: möglicherweise Schichtdienst und Nachtarbeit
Zusätzliche wichtige Informationen:	Weitere mögliche Ausbildungen im Bereich Druck sind die zum Medientechnologen Siebdruck und Medientechnologen Druckverarbeitung (vor allem für die Buch-, Zeitschriften- und Kalenderherstellung).
Weitere Informationen:	Auf der Website des Bundesverbandes Druck und Medien unter *www.bvdm-online.de/Bildung*

Technische / -r Konfektionär / -in

Tätigkeiten:	Die Ausbildung wird von Betrieben des Maschinenbaus oder Textilunternehmen sowie Zubehörfirmen angeboten, die Schwergewebe und Kunststoffe verarbeiten. Zu ihren Produkten gehören Markisen, Zelte, Planen, Überdachungen für Sportstadien und Einkaufspassagen, Airbags, Sprungtücher, Arbeitsschutzkleidung und Juteerzeugnisse. Nach der Ausbildung findet zumeist eine Spezialisierung auf einzelne Produktgruppen oder Arbeitsgänge wie den Entwurf, das Zuschneiden, das Nähen, das Konfektionieren (Verkaufsfertigmachen) oder die Montage statt.
Art der Ausbildung:	Betriebliche Ausbildung
Dauer:	3 Jahre
Abschluss:	Prüfung vor der Industrie- und Handelskammer
Formale Voraussetzungen:	Mindestens Hauptschulabschluss
Persönl. Voraussetzungen:	Handwerkliches Geschick
Ausbildungsvergütung:	1. Jahr 685 Euro, 2. Jahr 761 Euro, 3. Jahr 858 Euro
Berufsperspektiven:	Sind als günstig einzuschätzen
Verdienstmöglichkeiten:	Von Betrieb zu Betrieb unterschiedlich
Art der Tätigkeit:	Keine Schreibtischtätigkeit, siehe unter »Tätigkeiten«
Aufstiegsmöglichkeiten:	Weiterbildung zum / zur staatlich geprüften Industriemeister / -in Textil, staatlich geprüften Textiltechniker / -in oder – mit Hochschulzugangsberechtigung – Studium der Textiltechnik an Fachhochschulen

Selbstständige Berufsmöglichkeiten:	Kaum gegeben
Zusätzliche wichtige Informationen:	Die Übernahmechancen in den ausbildenden Betrieben sind gut.
Weitere Informationen:	Industrieverband Technische Textilien – Rolladen – Sonnenschutz e. V., Fliethstraße 67, 41061 Mönchengladbach, Tel. (0 21 61) 29 41 81-0, *www.itrs-ev.com*

Technische / -r Systemplaner / -in

Tätigkeiten:	Ihre Tätigkeit besteht darin, technische Zeichnungen von Maschinen oder Maschinenteilen mithilfe des Computers (CAD = Computer Aided Design) oder am Zeichenbrett im Auftrag eines Konstrukteurs zu erstellen. Während der Ausbildung kann zwischen drei Fachrichtungen gewählt werden: Elektrotechnische Systeme, Stahl- und Metallbautechnik und Versorgungs- und Ausrüstungstechnik.
Art der Ausbildung:	Betriebliche Ausbildung
Dauer:	3,5 Jahre
Abschluss:	Gesellenprüfung
Persönl. Voraussetzungen:	Räumliches Vorstellungsvermögen, Konzentrationsfähigkeit, präzises Arbeiten, eine ruhige Hand
Ausbildungsvergütung:	Im 1. Ausbildungsjahr 936 – 1.010 Euro, im 4. Jahr 1.094 – 1.212 Euro
Berufsperspektiven:	Konstante Beschäftigungsquote
Verdienstmöglichkeiten:	Anfangsgehalt ab ca. 2.300 – 2.500 Euro brutto
Art der Tätigkeit:	Überwiegend stehende Tätigkeit
Aufstiegsmöglichkeiten:	Techniker – Fachrichtung Elektrotechnik, Metallbautechnik oder für Versorgungstechnik, Heizungs-, Lüftungs- und Klimatechnik oder Kältetechnik; Studium Elektrotechnik, Maschinenbau, Versorgungstechnik (mit Fachhochschulreife oder Abitur)

Zahntechniker / -in

Tätigkeiten:	Die Tätigkeit besteht in der Anfertigung und Reparatur von Zahnersatz aus verschiedensten Werkstoffen und von kieferorthopädischen Geräten im Auftrag von Zahnärzten. Zahntechniker / -innen üben ihren Beruf entweder in großen Zahnarztpraxen, in Zahnkliniken oder in zahntechnischen Labors aus.
Art der Ausbildung:	Betriebliche Ausbildung
Dauer:	3,5 Jahre
Formale Voraussetzungen:	Mindestens Hauptschulabschluss, Ausbildung mit einem hohen Anteil an Abiturienten (zuletzt 45 %)
Persönl. Voraussetzungen:	Handwerkliches Geschick, technisches Verständnis, Fähigkeit zur präzisen Arbeit
Ausbildungsvergütung:	Im 1. Ausbildungsjahr 440 Euro, im 4. Jahr 670 Euro
Berufsperspektiven:	Konstant niedrige Arbeitslosenquote
Verdienstmöglichkeiten:	Wie viel man verdient hängt davon ab, ob der Beruf im Angestelltenverhältnis oder selbstständig ausgeübt wird. Inhaber / -innen eines eigenen zahntechnischen Labors haben überdurchschnittlich hohe Einkommen.
Art der Tätigkeit:	Sowohl sitzende als auch stehende Tätigkeit
Aufstiegsmöglichkeiten:	Zahntechnikermeister / -in, Studium Feinwerktechnik (mit Fachhochschulreife oder Abitur) oder Dentaltechnologie
Zusätzliche wichtige Informationen:	Das Studium der Feinwerktechnik ist an verschiedenen Universitäten und Fachhochschulen möglich.
Weitere Informationen:	Siehe hierzu unter *www.berufenet.arbeitsagentur.de*

2. Handwerklich-technische Berufe – körperlich beanspruchend

Anlagenmechaniker / -in für Sanitär-, Heizungs- und Klimatechnik

Tätigkeiten:	Erstellung von Versorgungsanlagen mit Gas (zum Kochen und Heizen), von Lüftungs- und Klimaanlagen, Installation von Wasseranlagen (Trink- und Brauchwasser), Errichtung von Abflüssen, Toiletten, größtenteils auf Baustellen, aber

	auch bei der Reparatur und Renovierung von bestehenden Gebäuden. Je nach Ausrichtung des Ausbildungsbetriebes wird in den vier Bereichen ausgebildet: Santärtechnik, Heizungstechnik, Lüftungs- und Klimatechnik sowie Erneuerbare Energien und Umwelttechnik.
Art der Ausbildung:	Betriebliche Ausbildung
Dauer:	3,5 Jahre
Abschluss:	Gesellenprüfung
Formale Voraussetzungen:	Mindestens Hauptschulabschluss oder vergleichbare Schulbildung
Persönl. Voraussetzungen:	Handwerkliches Geschick, technisches Verständnis, körperliche Belastbarkeit
Ausbildungsvergütung:	Im 1. Ausbildungsjahr 400–735 Euro, im 4. Jahr 550–935 Euro
Berufsperspektiven:	Konstante Beschäftigungszahlen
Art der Tätigkeit:	Stehende Tätigkeit
Aufstiegsmöglichkeiten:	Installateur- und Heizungsbauermeister, Techniker Heizungs-, Lüftungs- und Klimatechnik, Techniker Sanitärtechnik, Studium Versorgungstechnik oder Gebäudetechnik (mit Fachhochschulreife oder Abitur)
Selbstständige Berufsmöglichkeiten:	Eröffnung eines eigenen Betriebes
Zusätzliche wichtige Informationen:	Das Studium der Versorgungstechnik und Gebäudetechnik ist an verschiedenen Fachhochschulen und Universitäten möglich.
Weitere Informationen:	Siehe hierzu unter *www.berufenet.arbeitsagentur.de*

Baugeräteführer / -in

Tätigkeiten:	Bedienen, Warten und Instandhalten von Baumaschinen, Bauhilfsarbeiten (z. B. Schalen)
Art der Ausbildung:	Betriebliche Ausbildung
Dauer:	3 Jahre
Abschluss:	Facharbeiterbrief / -zeugnis Baugeräteführer
Formale Voraussetzungen:	Hauptschulabschluss oder mittlere Reife

Persönl. Voraussetzungen:	Interesse am Bedienen von Bagger, Lader, Planierraupe, Kran, Betonpumpe usw., Bereitschaft zur Arbeit auf Baustellen bundesweit
Ausbildungsvergütung:	Im 1. Ausbildungsjahr 705–785 Euro, im 3. Ausbildungsjahr 1.130–1.410 Euro
Berufsperspektiven:	Hängen von der künftigen Anerkennung des Berufes ab
Verdienstmöglichkeiten:	3.000–3.200 Euro brutto
Art der Tätigkeit:	In der Maschine sitzende, bei Bauhilfsarbeiten stehende Tätigkeiten
Aufstiegsmöglichkeiten:	Nach mindestens fünfjähriger Tätigkeit als Baugeräteführer Qualifikation zum Geprüften Baumaschinenmeister, mit Hochschulzugangsberechtigung auch Studium Bauingenieurwesen.
Selbstständige Berufsmöglichkeiten:	Keine
Weitere Informationen:	Verband der Baubranche, Umwelt- und Maschinentechnik e. V, Henleinstraße 8a, 28816 Stuhr, Tel. (04 21) 87 16 80, *www.vdbum.de*

Industriemechaniker / -in

Tätigkeiten:	In diesem Ausbildungsberuf wird in den vier Fachrichtungen Feingerätebau, Instandhaltung, Maschinen- und Anlagenbau sowie Produktionstechnik ausgebildet. Je nach Fachrichtung repariert der Industriemechaniker Maschinen, überprüft ihre Funktionen und verkettet ganze Produktionssysteme.
Art der Ausbildung:	Betriebliche Ausbildung
Dauer:	3,5 Jahre
Formale Voraussetzungen:	Hauptschul- oder Realschulabschluss
Persönl. Voraussetzungen:	Teamgeist, handwerkliches Geschick, Anpassungsfähigkeit an wechselnde Aufgabenbereiche, Fingerfertigkeit, gutes technisches Verständnis
Ausbildungsvergütung:	Im 1. Ausbildungsjahr 936–1.010 Euro, im 4. Ausbildungsjahr 1.094–1.212 Euro
Berufsperspektiven:	Konstante Beschäftigungszahlen können erwartet werden.
Verdienstmöglichkeiten:	Gehalt brutto bei ca. 2.900–3.200 Euro

Art der Tätigkeit:	Stehberuf (Bücken, Heben), erfordert körperliche Belastbarkeit
Aufstiegsmöglichkeiten:	Aufstiegsmöglichkeiten zum / zur Industriemeister / -in Fachrichtung Metall, Feinwerkmechanikermeister / -in, Techniker / -in Maschinentechnik, (mit Hochschulzugangsberechtigung) Fachhochschulstudium Feinwerktechnik, Präzisionsmaschinenbau, Maschinenbau oder universitäres Studium Maschinenbau
Vor- und Nachteile:	Häufiges Bücken und z. T. schweres Heben, mögliche spätere Lärmschwerhörigkeit
Selbstständige Berufsmöglichkeiten:	Kaum möglich
Weitere Informationen:	Siehe hierzu unter *www.berufenet.arbeitsagentur.de*

Klempner / -in

Tätigkeiten:	Be- und Verarbeitung von Blechen aus Stahl, Kupfer, Messing u. a. zu Behältern, Dachrinnen, Regenfallrohren und deren Installation. Klempner sind sowohl beim Neu- als auch beim Renovierungsbau tätig.
Art der Ausbildung:	Betriebliche Ausbildung
Dauer:	3,5 Jahre
Abschluss:	Gesellenprüfung
Formale Voraussetzungen:	Hauptschulabschluss oder vergleichbare Schulbildung
Persönl. Voraussetzungen:	Handwerkliches Geschick, technisches Verständnis
Ausbildungsvergütung:	Im 1. Ausbildungsjahr 400 – 735 Euro, im 4. Jahr 550 – 735 Euro
Berufsperspektiven:	Hangen auch von der jeweiligen Baukonjunktur ab
Art der Tätigkeit:	Stehende, körperlich beanspruchende Tätigkeit
Aufstiegsmöglichkeiten:	Klempnermeister, Techniker Metallbautechnik oder Techniker Bautechnik
Selbstständige Berufsmöglichkeiten:	Eigenes Unternehmen
Weitere Informationen:	Siehe hierzu unter *www.berufenet.arbeitsagentur.de*

Kraftfahrzeugmechatroniker / -in

Tätigkeiten:	Wartung und Instandsetzung von Kraftfahrzeugen, Ausrüstung mit Sonderausstattungen, Zusatzsystemen und Zubehörteilen. Es wird in den fünf Schwerpunkten Karosserietechnik, Motorradtechnik, Nutzfahrzeugtechnik, Personenkraftwagentechnik und System- und Hochvolttechnik ausgebildet. Beschäftigungsmöglichkeiten bieten sich in Reparaturwerkstätten, bei den großen Automobilherstellern und in der Fuhrparkverwaltung (etwa bei Speditionen, Bus- und Mietwagen-Unternehmen).
Art der Ausbildung:	Betriebliche Ausbildung
Dauer:	3,5 Jahre
Abschluss:	Gesellenbrief
Formale Voraussetzungen:	Kein bestimmter Schulabschluss vorgeschrieben, aber mindestens guter Hauptschulabschluss wird erwartet
Persönl. Voraussetzungen:	Interesse an technischen Zusammenhängen, analytisches Denkvermögen
Ausbildungsvergütung:	Im 1. Ausbildungsjahr 605–796 Euro, im 4. Jahr 700–1.013 Euro
Verdienstmöglichkeiten:	Stark von der Berufsqualifikation abhängig
Art der Tätigkeit:	Überwiegend stehend und mit häufigem Haltungswechsel
Aufstiegsmöglichkeiten:	Gute Möglichkeiten für qualifizierte Gesellen, die Meisterprüfung abzulegen oder sich zum Techniker in Kraftfahrzeugtechnik weiterzubilden; sofern die Hochschulzugangsberechtigung erworben wurde, auch Studium der Fahrzeugtechnik oder der Mechatronik möglich
Vor- und Nachteile:	Der Beruf wird in Bezug auf seine analytischen Anforderungen bei Fehlerdiagnosen vielfach unterschätzt, ebenso im Hinblick auf die Qualifikationsanforderungen im Bereich der Elektrik / Elektronik.
Selbstständige Berufsmöglichkeiten:	Für Könner mit Meisterprüfung und Serviceorientierung gut bis sehr gut
Weitere Informationen:	Siehe hierzu unter *www.autoberufe.de*

Maler / -in / Lackierer / -in

Tätigkeiten:	Maler und Lackierer arbeiten im Innenausbau von neuen Häusern und Gebäuden und bei der Renovierung von Räumen. Zu ihren Aufgaben gehört das Tapezieren und Streichen von Decken und Wänden, die Verlegung von Böden u. Ä. Die Ausbildung wird mit drei Schwerpunkten angeboten: » Bauten- und Korrosionsschutz «, » Kirchenmalerei und Denkmalpflege « sowie » Gestaltung und Instandhaltung «.
Art der Ausbildung:	Betriebliche Ausbildung
Dauer:	3 Jahre
Abschluss:	Gesellenprüfung
Formale Voraussetzungen:	Hauptschulabschluss oder vergleichbare Schulbildung
Persönl. Voraussetzungen:	Handwerkliches Geschick, Genauigkeit, Farbsinn
Ausbildungsvergütung:	585 Euro im 1. Ausbildungsjahr, im 3. Jahr 790 Euro
Berufsperspektiven:	Mit konstanten Beschäftigungszahlen ist zu rechnen, eine Abhängigkeit von der Baukonjunktur ist gegeben.
Art der Tätigkeit:	Stehende, körperlich beanspruchende Tätigkeit
Aufstiegsmöglichkeiten:	Maler- und Lackierermeister, Techniker Farb- und Lacktechnik
Selbstständige Berufsmöglichkeiten:	Eigener Malerbetrieb
Weitere Informationen:	Siehe hierzu unter *www.berufenet.arbeitsagentur.de*

Maurer / -in

Tätigkeiten:	Maurer sind überall dort tätig, wo es um Errichtung, Ausbau oder Renovierung von Gebäuden geht. Die Arbeit beschränkt sich überwiegend auf Wohn- und Betriebsgebäude. Maurer sind aber auch im Tiefbau (Brücken, Straßen, Tunnel) tätig.
Art der Ausbildung:	Betriebliche Ausbildung
Dauer:	3 Jahre
Abschluss:	Gesellenprüfung

Formale Voraussetzungen:	Mindestens Hauptschulabschluss
Persönl. Voraussetzungen:	Gute körperliche Konstitution, handwerkliche Begabung
Ausbildungsvergütung:	Im 1. Ausbildungsjahr 705–785 Euro, im 3. Jahr 1.130–1.410 Euro
Berufsperspektiven:	Sind mit der Baukonjunktur verbunden
Art der Tätigkeit:	Stehende, körperlich beanspruchende Tätigkeit
Aufstiegsmöglichkeiten:	Geprüfter Polier, Werkpolier, Maurer- und Betonbauermeister, Techniker Bautechnik, Studium des Bauingenieurwesens (mit Hochschulzugangsberechtigung)
Selbstständige Berufsmöglichkeiten:	Eigenes Bauunternehmen (aber schwierig wegen der hohen Anfangsinvestitionen)
Zusätzliche wichtige Informationen:	Noch immer ein fast reiner Männerberuf
Weitere Informationen:	Siehe hierzu unter *www.berufenet.arbeitsagentur.de*

Metallbauer / -in

Tätigkeiten:	Be- und Verarbeitung von Blechen und Stahl, Nichteisenmetallen und Kunststoffen; Anreißen, Spanen, Umformen, Schmieden etc. nach Plänen und Zeichnungen. Ausgebildet wird in den Fachrichtungen Konstruktionstechnik, Metallgestaltung und Nutzfahrzeuge.
Art der Ausbildung:	Betriebliche Ausbildung
Dauer:	3,5 Jahre
Formale Voraussetzungen:	Keine
Persönl. Voraussetzungen:	Handwerkliches Geschick, technisches Verständnis
Ausbildungsvergütung:	Im 1. Ausbildungsjahr 400–787 Euro, im 4. Jahr 535–957 Euro
Berufsperspektiven:	Konstante Beschäftigungszahlen
Art der Tätigkeit:	Stehende Tätigkeit, mit häufigem Bücken verbunden
Aufstiegsmöglichkeiten:	Metallbauermeister, Techniker Metallbautechnik, mit Hochschulzugangsberechtigung Studium Werkstoffwissenschaft, bzw. -technik möglich.
Zusätzliche wichtige Informationen:	Mögliche gesundheitliche Beeinträchtigung (Lärmschwerhörigkeit)
Weitere Informationen:	Siehe hierzu unter *www.berufenet.arbeitsagentur.de*

Tischler / -in

Tätigkeiten:	Tischler stellen Einzelmöbel (Tische, Stühle, Kommoden etc.) und Einrichtungskomplexe (Büro- und Gaststätteneinrichtungen), aber auch Wand- und Deckenverkleidungen her. Meist arbeiten Tischler nach einem bestimmten Kundenauftrag, realisieren Sonderwünsche, können aber auf Wunsch auch eigene Entwürfe einbringen. Bei den zu verarbeitenden Materialen handelt es sich meist um Holz, aber auch um Kunststoffe, Metalle, Spanplatten und Glas.
Art der Ausbildung:	Betriebliche Ausbildung
Dauer:	3 Jahre
Abschluss:	Gesellenprüfung
Formale Voraussetzungen:	Hauptschulabschluss, besser Realschulabschluss
Persönl. Voraussetzungen:	Handwerkliches Geschick, Fähigkeit zur Präzisionsarbeit, Fingerfertigkeit, Kreativität, zeichnerische Geschicklichkeit
Ausbildungsvergütung:	Im 1. Ausbildungsjahr 433–640 Euro, im 2. Jahr 495–715 Euro, im 3. Jahr 605–815 Euro
Berufsperspektiven:	Rd. 20 Prozent der Ausbildungsverträge werden mit Abiturienten abgeschlossen, die diese Ausbildung häufig als Grundlage für ein Studium, z. B. der Architektur und Innenarchitektur, der Holztechnik oder der Restaurierung, betrachten. Gleichbleibende Beschäftigungszahlen sind zu erwarten.
Verdienstmöglichkeiten:	Sind davon abhängig, ob im Angestelltenverhältnis oder selbstständig gearbeitet wird
Art der Tätigkeit:	Stehberuf mit körperlicher Beanspruchung, z. T. starke Lärmbelästigung (Gefahr späterer Lärmschwerhörigkeit)
Aufstiegsmöglichkeiten:	Tischlermeister / -in, Techniker / -in Fachrichtung Holztechnik, Techniker/-in Fachrichtung Baudenkmalpflege / Altbauerneuerung, Studium der o. g. Fachrichtungen
Selbstständige Berufsmöglichkeiten:	Als Inhaber / -in einer Schreinerei oder eines holzbearbeitenden Betriebes
Weitere Informationen:	Siehe hierzu unter *www.berufenet.arbeitsagentur.de*

Werkzeugmechaniker / -in

Tätigkeiten:	Herstellung von Werkzeugen wie Schneid-, Umform- oder Bearbeitungswerkzeugen, die zur Produktion anderer Produkte verwendet werden; Fertigung, Montage, Überprüfung und Reparatur von Werkzeugen und Formen. Neben den traditionellen Bearbeitungsmethoden kommen zunehmend computergestützte Werkzeugmaschinen zum Einsatz. Mögliche Spezialisierungen sind Formentechnik, Instrumententechnik, Stanztechnik und Vorrichtungstechnik.
Art der Ausbildung:	Betriebliche Ausbildung
Dauer:	3,5 Jahre
Abschluss:	Gesellenbrief
Formale Voraussetzungen:	Kein bestimmter Schulabschluss vorgeschrieben, aber etwa ein Drittel der Lehrlinge in diesem Beruf bringt einen Hauptschulabschluss mit, etwa zwei Drittel einen Realschulabschluss.
Persönl. Voraussetzungen:	Handwerkliches Geschick, technisches Verständnis, präzises Arbeiten
Ausbildungsvergütung:	1. Ausbildungsjahr 936 – 1.010 Euro, 4. Ausbildungsjahr 1.094 – 1.212 Euro
Verdienstmöglichkeiten:	Gehalt bei etwa 2.900 – 3.200 Euro / Monat brutto
Art der Tätigkeit:	Stehende, körperlich beanspruchende Tätigkeit
Aufstiegsmöglichkeiten:	Weiterbildung etwa zum Industriemeister Metall, Techniker Fachrichtung Maschinentechnik oder Feinwerktechnik und (sofern die Hochschulzugangsberechtigung vorliegt) Studium der Konstruktionstechnik oder des Maschinenbaus an Fachhochschulen und Universitäten möglich.
Selbstständige Berufsmöglichkeiten:	Nur in begrenztem Umfang; die Einrichtung einer Werkstatt ist wegen der Anschaffung teurer Maschinen finanziell schwer realisierbar.
Weitere Informationen:	Siehe hierzu unter *www.berufenet.arbeitsagentur.de*

Zweiradmechatroniker / -in

Tätigkeiten:	Wartung und Reparatur von motorisierten und nicht motorisierten Zweirädern und anderen mehrrädrigen Fahrzeugen; Ausbildung in den Fachrichtungen Fahrradtechnik und Motorradtechnik
Art der Ausbildung:	Betriebliche Ausbildung
Dauer:	3,5 Jahre
Abschluss:	Gesellenprüfung
Formale Voraussetzungen:	Hauptschulabschluss
Persönl. Voraussetzungen:	Technisches Verständnis, handwerkliches Geschick
Ausbildungsvergütung:	Im 1. Ausbildungsjahr 450 – 785 Euro, im 4. Jahr 600 – 1.035 Euro
Berufsperspektiven:	Konstante Beschäftigungsquote
Art der Tätigkeit:	Stehende, körperlich beanspruchende Tätigkeit
Aufstiegsmöglichkeiten:	Zweiradmechanikermeister, Kraftfahrzeugtechnikermeister, Techniker Kraftfahrzeugtechnik, mit Fachhochschulreife bzw. Abitur auch Studium Fahrzeugtechnik (Studium an Fachhochschulen und als Schwerpunktfach im Maschinenbau an Universitäten)
Selbstständige Berufsmöglichkeiten:	Eigene Werkstatt
Weitere Informationen:	Siehe hierzu unter *www.berufenet.arbeitsagentur.de*

3. Gestaltung, Kunst, Mode, Design

Architekt / -in

Tätigkeiten:	Planen, Entwerfen und Ausführen von Hochbauten (Wohnhäuser, öffentliche Gebäude, Industriebauten) und auch von komplexen städtebaulichen Anlagen; in zunehmendem Maße Altbausanierung; Ausübung des Berufs im Angestelltenverhältnis in Architekturbüros, im öffentlichen Dienst oder als selbstständige Tätigkeit

Art der Ausbildung:	Studium an Universitäten, Kunsthochschulen oder Fachhochschulen
Dauer:	Hängt vom gewählten Hochschultyp (Studiendauer an Universitäten und Kunsthochschulen etwa 5 bis 6 Jahre, an Fachhochschulen 4 bis 5 Jahre) ab; hinzu kommen Praktika vor oder während des Studiums im Bau- oder Baunebengewerbe und in Architekturbüros.
Abschluss:	Bachelor und Master of Arts (B.A. / M.A.) oder Bachelor und Master of Science (B.Sc. / M.Sc.)
Formale Voraussetzungen:	Allgemeine Hochschulreife, Fachhochschulreife
Persönl. Voraussetzungen:	Interesse an künstlerischer Gestaltung, technisches Verständnis, räumliches Denken und Darstellungsvermögen, Abstraktionsvermögen und Umsetzungsbereitschaft
Ausbildungsvergütung:	Keine, ggf. BAföG während des Studiums
Berufsperspektiven:	Auch in den nächsten Jahren werden mehr Architekten auf den Arbeitsmarkt drängen, als Stellen altersbedingt frei werden. Dabei konkurrieren die Absolventen nicht nur untereinander, sondern auch mit Bauingenieuren, Geografen und Wirtschaftswissenschaftlern, die sich in vormals klassischen Aufgabenfeldern von Architekten etablieren.
Verdienstmöglichkeiten:	Honorar Selbstständiger abhängig von Baukosten und Größe des Projekts sowie dem Umfang der erbrachten Leistungen. Als Angestellter je nach Vereinbarung und Tätigkeitsschwerpunkt
Art der Tätigkeit:	Überwiegend Schreibtischtätigkeit, Wahrnehmung zahlreicher auswärtiger Termine
Vor- und Nachteile:	Abwechslungsreiche, kreative Tätigkeit, hohe Verantwortung gegenüber Mensch und Umwelt, häufige Überstunden (vor allem der Arbeitseinsatz des freischaffenden Architekten geht weit über das normale Maß hinaus)
Selbstständige Berufsmöglichkeiten:	Der Beruf gehört zu denjenigen mit einem hohen Anteil an Selbstständigen (Inhaber oder Mitinhaber eines Architekturbüros).
Weitere Informationen:	Ratgeber des Bundes Deutscher Architekten (BDA): *Studienführer Architektur und Stadtplanung. Der Wegweiser für das Studium in Deutschland, Liechtenstein, Österreich und der Schweiz.*

Bühnenbildner / -in

Tätigkeiten:	Entwerfen von Bühnenbildern, Kulissen und Szenerien, Beschäftigung am Theater, beim Film und beim Fernsehen. Die Beschäftigung erfolgt entweder im Angestelltenverhältnis (eher selten) oder (überwiegend) bei Theatern für eine Spielzeit oder (beim Film und zunehmend beim Fernsehen und Theater) für je ein Projekt.
Art der Ausbildung:	Kein vorgeschriebener Ausbildungsweg, meist Studium an einer Hochschule für bildende Künste und Volontariat im Theaterbereich
Dauer:	Im Falle eines Studiums 4 bis 5 Jahre und anschließend Volontariat oder Assistenz
Abschluss:	Bachelor und Master of Arts (B.A. / M.A.)
Formale Voraussetzungen:	Fachhochschulreife, Abitur, Kenntnisse der Kunstgeschichte, Stillehre, Theaterwissenschaft, guter Sinn für Formen und Farben
Persönl. Voraussetzungen:	Architektonische Begabung, Fähigkeit zum perspektivischen Denken, handwerkliche Begabung
Ausbildungsvergütung:	Keine, ggf. BAföG
Berufsperspektiven:	Sehr unterschiedlich; abhängig von der künstlerischen Gestaltungsfähigkeit und (im Falle des Theaters) von der Haushaltslage
Art der Tätigkeit:	Überwiegend stehende Tätigkeit
Vor- und Nachteile:	Interessante Tätigkeit, aber mit viel Reisen und mit unsicheren kurzfristigen Beschäftigungsverhältnissen verbunden
Selbstständige Berufsmöglichkeiten:	Die meisten Bühnenbildner / -innen sind selbstständig als Ein-Frau- oder Ein-Mann-Betriebe tätig.
Zusätzliche wichtige Informationen:	Nur wenigen Bühnenbildnern gelingt es, über Jahrzehnte erfolgreich in ihrem Beruf zu arbeiten, da vor allem der Konkurrenzdruck von unten (Jüngere rücken nach) groß ist. Neben einem Studium besteht als Alternative auch der Ausbildungsberuf zum Bühnenmaler und Bühnenplastiker.

Fotograf / -in

Tätigkeiten:	Arbeit in spezialisierten Sparten, z. B. Porträt, Architektur und Landschaft, Produkt-, Mode- und Industriefotografie. Vielfältige und interessante Tätigkeit – allerdings mit großer Konkurrenz.
Art der Ausbildung:	Betriebliche Ausbildung oder Studium
Dauer:	Betriebliche Ausbildung 3 Jahre, Studium etwa 4–5 Jahre
Abschluss:	Bachelor und Master of Arts (B.A. / M.A.)
Formale Voraussetzungen:	Für die Lehre: mindestens Hauptschulabschluss, eher mittlere Reife oder Abitur (etwa die Hälfte aller Auszubildenden hat Abitur). Für ein Studium: Fachhochschulreife oder Abitur
Persönl. Voraussetzungen:	Sinn für Formen und Farben, künstlerische Begabung und ein gutes Auge, also ästhetische Begabung
Ausbildungsvergütung:	Relativ gering, im 1. Ausbildungsjahr 310 Euro, im 3. Jahr 490 Euro, während des Studiums evtl. BAföG
Berufsperspektiven:	Viel Konkurrenz – der Erfolg hängt wesentlich vom eigenen Können und vom Aufspüren von Trends ab.
Verdienstmöglichkeiten:	Sind abhängig davon, ob der Beruf im Angestelltenverhältnis oder im eigenen Fotoatelier ausgeübt wird
Art der Tätigkeit:	Stehende Tätigkeit
Aufstiegsmöglichkeiten:	Fotografenmeister oder (beim Studium an einer Fachhochschule oder künstlerischen Hochschule) Studium mit Abschluss Bachelor und Master
Selbstständige Berufsmöglichkeiten:	Die Einrichtung eines eigenen Ateliers und die Tätigkeit als selbstständiger Fotograf sind nach wie vor beliebt.
Zusätzliche wichtige Informationen:	Wer sich für den Berufsbereich Fotografie interessiert, sollte sich auch über die Ausbildung zum Fotomedienfachmann informieren. Der Beruf hat nicht den künstlerischen Anspruch des Fotografenberufs und ist stärker kaufmännisch und auf die Kundenberatung ausgerichtet.
Weitere Informationen:	Siehe hierzu unter *www.berufenet.arbeitsagentur.de*

Goldschmied / -in

Tätigkeiten:	Herstellung von Schmuck aus Edelmetallen unter Hinzufügung von Edelsteinen, Perlen usw., Ausbildung in drei möglichen Fachrichtungen »Schmuck«, »Juwelen« und »Ketten« (Spezialisierung im 3. und 4. Ausbildungsjahr)
Art der Ausbildung:	Betriebliche Ausbildung, auch schulische Ausbildung an Berufsfachschulen möglich
Dauer:	3,5 Jahre
Abschluss:	Gesellenprüfung
Formale Voraussetzungen:	Mindestens Hauptschulabschluss
Persönl. Voraussetzungen:	Manuelle Geschicklichkeit, gestalterische Fähigkeit, technisches Verständnis, Geduld und Ausdauer
Ausbildungsvergütung:	Im 1. Ausbildungsjahr 994 Euro, im 4. Ausbildungsjahr 1.212 Euro;
Berufsperspektiven:	Mittelmäßig; selbstständiger Goldschmied mit eigener Werkstatt oder angestellt bei Juwelier o. Ä.
Verdienstmöglichkeiten:	Gehalt bei etwa 2.600–3.000 Euro brutto; evtl. besserer Verdienst bei selbstständiger Tätigkeit als Goldschmied (Meisterprüfung)
Art der Tätigkeit:	Fast ausschließlich sitzend, große Belastung für die Wirbelsäule
Aufstiegsmöglichkeiten:	Berufliche Weiterqualifikation zum Meister, Studium Schmuckdesign an Fachhochschulen und künstlerischen Hochschulen möglich
Vor- und Nachteile:	Kreativer Beruf, Arbeitsplatz zu Hause möglich
Selbstständige Berufsmöglichkeiten:	Sehr gut gegeben
Zusätzliche wichtige Informationen:	Schlechtes Lehrstellenangebot, auf eine Lehrstelle kommen ca. 20–30 Bewerber. Es gibt eine Aufnahmeprüfung für die Ausbildung an den Berufsfachschulen. Die Ausbildungsbedingungen und Berufsperspektiven sind nahezu identisch mit dem Ausbildungsberuf des Silberschmieds, der in Silber und anderen Metallen vielfältige Geräte, etwa Dosen, Becher, Schalen, sakrales Gerät, herstellt. Hier besteht auch die Möglichkeit zum anschließenden Studium Produktdesign.

Weitere Informationen:	Gesellschaft für Goldschmiedekunst e. V., Altstädter Markt 6, 63450 Hanau, Tel. (0 61 81) 25 65 56, *www.goldschmiedehaus.com*, und Zentralverband der Deutschen Goldschmiede, Silberschmiede und Juweliere e. V., Altmarkt 17, 03046 Cottbus, Tel. (03 55) 29 06 50 35, *www.zentralverband-goldschmiede.de*

Grafikdesigner / -in, Kommunikationsdesigner / -in

Tätigkeiten:	Erstellung von Konzepten für die Gesellschafts- und Wirtschaftskommunikation und ihre Umsetzung in zielgruppengerechte Gestaltung: Printmedien, elektronische und audiovisuelle Medien, digitale Produkte. Mögliche Arbeitgeber sind Agenturen für Werbung und Öffentlichkeitsarbeit (Public Relations), Wirtschaftsunternehmen, Verbände, Verlage, Presse, das Fernsehen, kulturelle und öffentliche Institutionen.
Art der Ausbildung:	Studium an einer Fachhochschule oder Kunsthochschule
Dauer:	Je nach gewähltem Studiengang bzw. Studiengängen 3 – 5 Jahre
Abschluss:	Bachelor und Master of Arts (B.A. / M.A.)
Formale Voraussetzungen:	In der Regel Abitur
Persönl. Voraussetzungen:	Fähigkeit, komplexe Inhalte in sinnfällige Gestaltung und treffende Bildideen umzusetzen, Sensibilität für Formen und Farben, kommunikative Kompetenz, besonders: Teamfähigkeit und sprachlicher Ausdruck, Interesse an gesellschaftlichen und wirtschaftlichen Prozessen, Beratungs- und Dienstleistungsmentalität
Ausbildungsvergütung:	Keine, ggf. BAföG während des Studiums
Berufsperspektiven:	Gute bis beste Aussichten für alle Absolventen mit guter Ausbildung und Schnittstellenkompetenzen: Foto, Text, Marketing, Produktion
Aufstiegsmöglichkeiten:	Bei entsprechender Kompetenz und Weiterqualifikation: Grouphead, Art / Creative Director, Leiter / -in einer Werbeabteilung
Vor- und Nachteile:	Vorteile: interessanter, interdisziplinärer und kreativer Beruf; man kann etwas bewegen; Nachteile: häufig Überstunden, auch Arbeit am Wochenende; wer sich mehr als Künstler fühlt, sollte nicht Design studieren.

Selbstständige Berufsmöglichkeiten:	Freischaffender Grafikdesigner, Leitung eines Grafikdesign-Büros
Weitere Informationen:	Celina Henning, Danielle Henning, *Studienführer Kunst und Design*, 2012. Weitere Informationen auch beim Berufsverband der Deutschen Kommunikationsdesigner e. V., Bundesgeschäftsstelle, Mohrenstraße 63, 10117 Berlin, Tel. (0 30) 24 53 14 90, *www.bdg-designer.de*

Innenarchitekt / -in

Tätigkeiten:	Berufsaufgabe ist die gestalterische, wirtschaftliche, ökologische und soziale Planung von Innenräumen. Dazu gehören die Beratung, Betreuung und Vertretung des Auftraggebers in den mit der Planung und Ausführung zusammenhängenden Angelegenheiten sowie die Überwachung der Ausführung.
Art der Ausbildung:	Studium an einer Kunsthochschule oder Fachhochschule
Dauer:	In Bachelorstudiengängen 3–3,5 Jahre. Für darauf aufbauende Masterstudiengänge sind weitere 1,5–2 Jahre zu veranschlagen.
Abschluss:	Bachelor of Arts (B.A.) und (darauf aufbauend) Master of Arts (M.A.)
Formale Voraussetzungen:	Allgemeine Hochschulreife oder Fachhochschulreife und mindestens 6 Monate Praktikum; eine vorherige Lehre ist sinnvoll.
Persönl. Voraussetzungen:	Talent im freien Zeichnen, Malen, Skizzieren, in räumlicher Darstellung und im Ausdruck
Ausbildungsvergütung:	Keine, ggf. BAföG
Berufsperspektiven:	In der Zukunft dank der Vielseitigkeit der Gebiete im Arbeitsbereich eher günstig
Verdienstmöglichkeiten:	Sind abhängig davon, ob der Beruf selbstständig oder im Angestelltenverhältnis ausgeübt wird.
Art der Tätigkeit:	Sowohl sitzende als auch auswärtige Tätigkeit
Aufstiegsmöglichkeiten:	Eigenes Architektenbüro
Vor- und Nachteile:	Möglichkeit der Teilzeitarbeit und der freien Mitarbeit; arbeits- und leistungsintensiv mit überdurchschnittlichen Anforderungen ans Engagement.

Selbstständige Berufsmöglichkeiten:	Gute Möglichkeiten der späteren Selbstständigkeit
Zusätzliche wichtige Informationen:	Die meisten Fachhochschulen und alle Kunsthochschulen haben künstlerische Eignungsprüfungen.
Weitere Informationen:	Siehe die Website des Bundes Deutscher Innenarchitekten e. V. (BDIA) unter *www.bdia.de*

Keramiker / -in

Tätigkeiten:	Herstellung von Gebrauchs- und Ziergegenständen aus Ton, anschließendes Brennen im Brennofen; in der Ausbildung stehen mehrere Wahlqualifikationen zur Verfügung: » Freidrehen und Abdrehen von Formen «, » Formen, Aufbauen und Modellieren von Baukeramiken «, » Entwerfen und Umsetzen von Dekoren «, » Halbmaschinelle Formgebungsverfahren «, » Henkeln und Garnieren « und » Herstellen von Modellen und Formen «.
Art der Ausbildung:	Betriebliche Ausbildung
Dauer:	3 Jahre
Abschluss:	Gesellenprüfung
Formale Voraussetzungen:	Mindestens Hauptschulabschluss oder mittlere Reife. Der Beruf ist auch bei Abiturienten beliebt, recht hoher Frauenanteil.
Persönl. Voraussetzungen:	Handwerkliche Begabung, Sinn für Formen und Farben
Ausbildungsvergütung:	1. Ausbildungsjahr 280 Euro, 2. Jahr 325 Euro, 3. Jahr 500 Euro
Berufsperspektiven:	Unterschiedlich; am günstigsten im Kunsthandwerk
Verdienstmöglichkeiten:	Hängen vor allem davon ab, ob der Beruf im Angestelltenverhältnis oder selbstständig ausgeübt wird.
Art der Tätigkeit:	Sowohl sitzend als auch stehend, insgesamt mehr stehende Tätigkeit; der Bereich Baukeramik ist körperlich beanspruchend.
Aufstiegsmöglichkeiten:	Keramikermeister / -in, Techniker / -in Keramiktechnik, Studium Freie Kunst Keramik / Glas an der Hochschule Koblenz oder Studium Werkstofftechnik Keramik / Glas

Selbstständige Berufsmöglichkeiten:	Sind vor allem im künstlerischen Bereich gegeben
Zusätzliche wichtige Informationen:	Keramik ist auch in anderen Bereichen (Medizintechnik, Luft- und Raumfahrttechnik) ein wichtiger Werkstoff. Deshalb gibt es auch Berufsmöglichkeiten außerhalb der »klassischen« Tätigkeitsbereiche.
Weitere Informationen:	Siehe hierzu unter *www.berufenet.arbeitsagentur.de*

Maskenbildner / -in

Tätigkeiten:	Entwurf und Anfertigung von Masken und Frisuren, Beherrschung verschiedener Schminktechniken (Schön- oder Altschminken, Charakterschminken), Gestaltung von Spezialeffekten wie Hautveränderungen und Aktionsverletzungen. Arbeitgeber sind Theater und Film- und Fernsehgesellschaften.
Art der Ausbildung:	Betriebliche Ausbildung
Dauer:	3 Jahre
Abschluss:	Prüfung vor der Industrie- und Handelskammer
Formale Voraussetzungen:	Keine. Viele Maskenbildner haben aber zunächst eine Ausbildung zum Friseur / zur Friseurin absolviert.
Persönl. Voraussetzungen:	Kreativität, Konzentrationsfähigkeit, künstlerisches Einfühlungsvermögen, Hand- und Fingergeschick, keine Hautallergien oder Erkrankungen der Atemwege
Ausbildungsvergütung:	1. Ausbildungsjahr 531 Euro, 2. Jahr 619 Euro, 3. Jahr 707 Euro
Berufsperspektiven:	Sind bei Film und Fernsehen günstiger
Art der Tätigkeit:	Stehende Tätigkeit
Aufstiegsmöglichkeiten:	Evtl. in größeren Häusern Aufstieg zum Chefmaskenbildner
Vor- und Nachteile:	Ungeregelte Arbeitszeiten, Mobilität erforderlich, vor allem bei Tätigkeit für Filmgesellschaften
Selbstständige Berufsmöglichkeiten:	Sind gegeben
Zusätzliche wichtige Informationen:	In den Beruf des Maskenbildners führt auch der Besuch einer Maskenbildnerschule oder ein künstlerisches Vollzeitstudium an der Hochschule für Musik und Theater München.

Weitere Informationen:	Deutscher Bühnenverein, St.-Apern-Straße 17–21, 50667 Köln, Tel. (0221) 20812-0. Siehe auf der Website des Bühnenvereins *www.buehnenverein.de* (Rubrik »Jobs und Ausbildung«, dann »Einzelne Theaterberufe«)

Mediengestalter/-in Bild und Ton

Tätigkeiten:	Mitarbeit bei der Herstellung und Bearbeitung von Bild- und Tonmaterial, etwa von Hörspielen, Nachrichtensendungen und Dokumentationen, Lehrfilmen und Musikvideos. Zu den Aufgaben von Mediengestaltern/Mediengestalterinnen Bild und Ton gehört die richtige Auswahl der Aufnahmegeräte, sie überwachen die Produktion und sorgen für den störungsfreien technischen Ablauf. Anschließend schneiden sie das Bild- und Tonmaterial nach Vorgaben der Redaktion. Bei der Nachbearbeitung von Aufnahmen fügen sie Musikelemente oder Effekte ein und arbeiten, wenn Bildabschnitte neu vertont werden müssen, mit anderen Ton-Designern zusammen.
Art der Ausbildung:	Betriebliche Ausbildung
Dauer:	3 Jahre
Abschluss:	Prüfung vor der IHK
Formale Voraussetzungen:	Realschulabschluss oder Abitur. In den letzten Jahren wurden jährlich etwa 70 Prozent der Ausbildungsverträge mit Abiturienten abgeschlossen.
Persönl. Voraussetzungen:	Technische Fähigkeiten, gestalterisch-künstlerisches Gespür, feines Gehör, Kommunikations- und Teamfähigkeit, Arbeiten unter Zeitdruck
Ausbildungsvergütung:	1. Ausbildungsjahr 677 Euro, 3. Jahr 835 Euro
Berufsperspektiven:	Für qualifizierte Kräfte in der Film- und Fernsehbranche weiterhin gut
Art der Tätigkeit:	Überwiegend sitzende Tätigkeit
Aufstiegsmöglichkeiten:	Etwa Aufstieg innerhalb des Betriebes oder Studium Medientechnik oder Tontechnik an einer Fachhochschule oder Hochschule für Film und Fernsehen
Vor- und Nachteile:	Nachfrage nach Ausbildungsplätzen übersteigt das Angebot um ein Vielfaches

Selbstständige Berufsmöglichkeiten:	Sind gegeben, allerdings hohe Anfangsinvestitionen
Zusätzliche wichtige Informationen:	Der Beruf des Mediengestalters wird auch mit dem Schwerpunkt »Digital und Print« angeboten
Weitere Informationen:	Siehe hierzu unter *www.berufenet.arbeitsagentur.de*

Restaurator / -in

Tätigkeiten:	Erhaltung, Pflege, Restaurierung und materielle Erfassung (etwa Bestimmung der verwendeten Werkstoffe) von Kunst- und Kulturgut. Mehrere Fachrichtungen, u. a. Leinwand- und Tafelmalerei, Holzskulptur, Wandmalerei und Steinskulptur, Glasmalerei, Textilien, Holzobjekte mit veredelter Oberfläche (Möbel, Täfelungen), Objekte aus dem Bereich der Archäologie und des Kunsthandwerks
Art der Ausbildung:	Vorpraktikum (in der Restaurierungswerkstatt eines Museums, eines Denkmalamtes oder einer privaten Restaurierungswerkstätte) und Studium (an Universitäten, Fachhochschulen oder Kunsthochschulen). Auch Handwerker mit Meisterbrief, die eine etwa 700-stündige Weiterbildung absolviert haben, können sich Restaurator im jeweiligen Handwerk nennen.
Dauer:	Vorpraktikum (Dauer: in der Regel 1 Jahr), Bachelor-Studium von etwa 3 bis 3,5 Jahren, Master-Studium plus weitere 1,5 oder 2 Jahre.
Abschluss:	Bachelor und Master of Arts (B.A. / M.A.)
Formale Voraussetzungen:	Bestehen einer Eignungsprüfung an den Hochschulen (je nach Hochschule vor dem Praktikum oder nach Ableistung des Praktikums)
Persönl. Voraussetzungen:	Manuelle Geschicklichkeit, Geduld, technisches Verständnis, historisches Verständnis, Sensibilität gegenüber dem gealterten Zustand eines Werkes und die Fähigkeit, eigene kreative Impulse den Anforderungen des zu bearbeitenden Objekts unterzuordnen, zeichnerische Fähigkeiten, schriftliches Ausdrucksvermögen
Ausbildungsvergütung:	Ausbildungsvergütung im Vorpraktikum: von unbezahlter Tätigkeit bis 750 Euro. Viele öffentliche Institutionen (Museen) zahlen keine Vergütung. Möglichkeit, während des Praktikums BAföG zu beziehen.

Berufsperspektiven und Verdienstmöglichkeiten:	Perspektiven und Verdienstmöglichkeiten sind unterschiedlich und hängen im Wesentlichen davon ab, ob angestellt im öffentlichen Dienst – in Landesdenkmalämtern und Museen – oder selbstständig gearbeitet wird.
Art der Tätigkeit:	Siehe unter Nachteile
Aufstiegsmöglichkeiten:	Möglichkeit der Selbstständigkeit
Vor- und Nachteile:	Vorteile: Die Tätigkeit des Restaurators verbindet intellektuelles Forschen und Handeln mit manuellen Tätigkeiten am Objekt. Der Beruf genießt ein hohes gesellschaftliches Ansehen. Vielfältige Möglichkeiten für Tätigkeiten im Ausland. Nachteile: Die anstrengende Körperhaltung bei restauratorischer Tätigkeit: Gerade im Bereich der Wandmalerei- und Steinkonservierung / -restaurierung wird lange im Stehen oder über Kopf gearbeitet. Auch in den anderen Fachbereichen kann es über längere Zeiträume zu unangenehmen Körperhaltungen kommen. Die Arbeit auf Gerüsten und im Freien gehört zum Alltag eines Steinrestaurators.
Selbstständige Berufsmöglichkeiten:	Die Mehrzahl der Restauratoren arbeitet selbstständig; Auftraggeber sind Denkmalämter der Bundesländer, Kirchen, der Kunsthandel sowie private Sammler.
Zusätzliche wichtige Informationen:	Die Berufsbezeichnung »Restaurator« ist in Deutschland nicht gesetzlich geschützt. Jeder kann sich als Restaurator bezeichnen und selbstständig tätig werden, gleichgültig, ob er die Hochschulausbildung zum Restaurator absolviert, an einer mehrwöchigen Fortbildungsmaßnahme im Rahmen seines Handwerks teilgenommen oder sich autodidaktisch fortgebildet hat.
Weitere Informationen:	Verband der Restauratoren e. V., Haus der Kultur, Weberstraße 61, 53113 Bonn, Tel. (02 28) 92 68 97-0, info@restauratoren.de, *www.restauratoren.de;* für den Restaurator im Handwerk, Zentralverband des Deutschen Handwerks e. V., Mohrenstraße 20 / 21, 10117 Berlin, Tel. (0 30) 2 06 19-0, *www.zdh.de,* und Restaurator im Handwerk e. V., Im Wohnpark 11, 50127 Bergheim, Tel. (0 22 71) 80 54 02, *www.restaurator-im-handwerk.de*

Schauspieler / -in

Tätigkeiten:	Aufgabe des Schauspielers ist es, mit den Mitteln des darstellenden Spiels das Publikum von der von ihm verkörperten Rolle zu überzeugen. Den Medien, für die der Schauspieler arbeitet, ist der Anspruch gemeinsam, kreative Prozesse beim Zuschauer auszulösen, ihn zu unterhalten und ihn über sinnliche Erfahrungen mit neuen Gedanken, Seh- und Hörweisen bekannt zu machen. Die Arbeit von Schauspielern lässt sich nach Medienbereichen (Bühnen-, Film-, Fernsehdarsteller, Rundfunksprecher usw.) aufgliedern oder aber auch nach den vielfältigen, sich im Laufe eines Berufslebens oft verändernden oder überschneidenden Funktionen: Darsteller, Sprecher, Synchronsprecher, Kabarettist, Rezitator, Pantomime, ggf. auch Conférencier, Entertainer, Quizmaster, Ansager, Schauspiellehrer, Animateur, Spielpädagoge, Theatertherapeut u. a.
Art der Ausbildung:	An staatlichen und privaten Schauspielschulen und an künstlerischen Hochschulen
Dauer:	Etwa 3–5 Jahre
Abschluss:	Abschluss der Ausbildungsstätte, an Hochschulen: Bachelor und Master of Arts (B.A. / M.A.)
Formale Voraussetzungen:	Mindestens mittlere Reife, besser Abitur, Aufnahmeprüfung der Ausbildungsstätte
Persönl. Voraussetzungen:	Grundvoraussetzung ist neben schauspielerischem Talent die differenzierte Beherrschung des Handwerks – Stimme, Mimik, Gestik, Körpersprache. Ebenso psychische und physische Belastbarkeit (ärztliches Attest). Ferner Stressresistenz, Sensibilität, Wandlungsfähigkeit, geistige Flexibilität, permanente Erweiterung und Neuerwerb von Kenntnissen (wie z. B. Sportarten, Musikinstrumente, Fremdsprachen), Mobilität
Ausbildungsvergütung:	Keine
Berufsperspektiven:	Hängen vom Können und von Beziehungen ab
Verdienstmöglichkeiten:	Breite Spanne (bei Bühnenschauspielern 1 200 bis 5 000 Euro monatlich; bei Filmschauspielern pro Drehtag ca. 700 bis 10 000 Euro)

Art der Tätigkeit:	Körperlich und geistig herausfordernde Tätigkeit
Aufstiegsmöglichkeiten:	Je nach Marktwert
Vor- und Nachteile:	Nachteil: soziale Situation, zumeist unbeständige Beschäftigungen
Weitere Informationen:	Interessenverband Deutscher Schauspieler e. V., Bavariafilmplatz 7, Geb. 49, 82031 Grünwald-Geiselgasteig, Tel. (0 89) 64 98 12 36, *www.ids-ev.eu*

Schneider / -in

Tätigkeiten:	Hier kann zwischen drei Ausbildungen gewählt werden. In der Ausbildung zum Maßschneider wird die Neuanfertigung und Änderung von Kleidung in den verschiedensten Materialien erlernt. Im dritten Ausbildungsjahr erfolgt eine Schwerpunktsetzung auf Damen- oder Herrenbekleidung. Die ebenfalls 3-jährige Ausbildung zum Textil- und Modeschneider bereitet auf eine Tätigkeit in größeren Betrieben und in der Serien- / Kollektionsfertigung vor. Daneben gibt es auch noch die 2-jährige Ausbildung zum Textil- und Modenäher, die ebenfalls für die Herstellung von Textilien in der Bekleidungsindustrie ausbildet.
Art der Ausbildung:	Betriebliche Ausbildung
Dauer:	3 Jahre (Textil- und Modenäher / -in: 2 Jahre)
Formale Voraussetzungen:	Mindestens Hauptschulabschluss oder gleichwertige Schulbildung
Persönl. Voraussetzungen:	Manuelles Geschick, Farb- und Stilempfinden, Einfühlungsvermögen, gründliches Arbeiten und Arbeiten unter Zeitdruck
Ausbildungsvergütung:	Textil- und Modeschneider: 1. Ausbildungsjahr 711 – 895 Euro, im 3. Jahr 820 – 1.033 Euro; Textil- und Modenäher: 1. Ausbildungsjahr: 711 – 895 Euro, 2. Jahr: 769 – 946 Euro
Verdienstmöglichkeiten:	Als selbstständige / -r Schneider / -in abhängig vom eigenen Können und der Größe des Kundenstammes
Art der Tätigkeit:	Überwiegend sitzende Tätigkeit

Selbstständige Berufsmöglichkeiten:	Als Inhaber / -in eines Schneiderateliers
Weitere Informationen:	Siehe hierzu unter *www.berufenet.arbeitsagentur.de*

Stadt- und Regionalplaner / -in, Stadtplaner / -in, Raumplaner / -in

Tätigkeiten:	Planungen für Orte aller Größen, für Flächen aller Art und Größe; Projektsteuerung und Koordination
Art der Ausbildung:	Studium an Universitäten und Fachhochschulen
Dauer:	Abhängig vom gewählten Studiengang, Bachelorstudiengänge 3–4 Jahre plus 2-jähriges Masterstudium
Abschluss:	Bachelor und Master of Arts (B.A. / M.A.) und Bachelor und Master of Science (B.Sc. / M.Sc.)
Formale Voraussetzungen:	Allgemeine Hochschulreife
Persönl. Voraussetzungen:	Denkvermögen und Interesse an der lebenden und gebauten Umwelt
Ausbildungsvergütung:	Keine, ggf. BAföG
Berufsperspektiven:	Durchschnittlich
Verdienstmöglichkeiten:	Hängen vor allem davon ab, ob im Angestelltenverhältnis oder selbstständig im eigenen Büro gearbeitet wird
Art der Tätigkeit:	Viel Schreibtischarbeit am PC, aber auch viele Termine und Vor-Ort-Aufnahmen
Aufstiegsmöglichkeiten:	Wie öffentlicher Dienst oder freie Wirtschaft allgemein
Vor- und Nachteile:	Abwechslungsreiche Tätigkeit, viel persönlicher Einsatz und Interesse sind gefordert
Selbstständige Berufsmöglichkeiten:	Viele, je nach persönlichem Einsatz und Interesse
Zusätzliche wichtige Informationen:	Studienplätze haben meist einen Orts-NC.
Weitere Informationen:	SRL – Vereinigung für Stadt-, Regional- und Landesplanung e. V., Yorckstraße 82, 10965 Berlin, Tel. (0 30) 2 78 74 68-0, *www.srl.de*

4. Ingenieurwissenschaftlich-technologische Berufe

Elektroingenieur / -in

Tätigkeiten:	Entwicklung komplexer vernetzter informationsverarbeitender Systeme in den vier Hauptgruppen Informationstechnik, Elektrische Energietechnik, Mikroelektronik und Mikrosystemtechnik, Mess-, Regelungs- und Automatisierungstechnik
Art der Ausbildung:	Studium an Universitäten, Fachhochschulen, an Berufsakademien und der Dualen Hochschule Baden-Württemberg
Dauer:	Berufsakademie / Duale Hochschule Baden-Württemberg: 3 Jahre; an Fachhochschulen und Universitäten hängt die Dauer des Studiums von den gewählten Studiengängen ab. Bachelorstudiengänge dauern 3–4 Jahre. Für einen Master müssen weitere 1,5–2 Jahre veranschlagt werden.
Abschluss:	Bachelor und Master of Engineering (B.Eng. / M.Eng.)
Formale Voraussetzungen:	Allgemeine Hochschulreife, Fachhochschulreife bei FH-Studium
Persönl. Voraussetzungen:	Interesse für naturwissenschaftliche und technische Zusammenhänge, insbesondere in Physik, Informatik und Mathematik, Fähigkeit zum analytischen Denken, Interesse an der Funktion technischer Geräte, Lust, schöpferisch tätig zu werden, zu konstruieren und Bestehendes zu verbessern, Teamgeist, Entscheidungsfreude, Initiative, Fremdsprachenkenntnisse
Ausbildungsvergütung:	Während des Studiums an der Universität oder Fachhochschule ggf. BAföG; wer an der Berufsakademie und der Dualen Hochschule Baden-Württemberg ausgebildet wird, erhält von seinem Betrieb eine Ausbildungsvergütung.
Berufsperspektiven:	Qualifizierte Elektroingenieure, die Schlüsselqualifikationen und Führungseigenschaften mitbringen, haben weiterhin gute Berufschancen.
Verdienstmöglichkeiten:	Einstiegsgehälter zwischen 3.500 und 4.000 Euro brutto pro Monat (abhängig vom gewählten Hochschultyp), mit dem Dr.-Ing. auch darüber
Art der Tätigkeit:	Sowohl stehend als auch sitzend

Aufstiegsmöglichkeiten:	Vielfältige Möglichkeiten: Abteilungsleitung, Firmenleitung, Vorstand von großen Unternehmen; auch gute internationale Arbeitsmöglichkeiten
Selbstständige Berufsmöglichkeiten:	Elektroingenieure sind vor allem als Angestellte in der Industrie tätig; in der Informations- und Telekommunikationsbranche gibt es auch viele Selbstständige.
Zusätzliche wichtige Informationen:	Universitäten verlangen meist ein 8-wöchiges Vorpraktikum, Fachhochschulen ein bis zu 12-wöchiges
Weitere Informationen:	Jürgen Grüneberg, Ingo-G. Wenke, *Arbeitsmarkt Elektrotechnik / Informationstechnik 2015* und unter *www.ingenieurkarriere.de*

Elektroniker / -in für Betriebstechnik

Tätigkeiten:	Elektroniker für Betriebstechnik sind für die Installation und Instandhaltung elektrischer Anlagen verantwortlich. Mögliche Arbeitgeber sind vor allem Stromversorgungsunternehmen, Kraftwerksbetreiber sowie Betriebe der produzierenden Industrie mit Fabrikations- und weiteren Betriebsanlagen. Verwandte Ausbildungen sind Elektroniker / -in für Gebäude- und Infrastruktursysteme und Elektroniker / -in für Automatisierungstechnik.
Art der Ausbildung:	Betriebliche Ausbildung
Dauer:	3,5 Jahre
Abschluss:	Prüfung vor der IHK
Formale Voraussetzungen:	Mindestens Hauptschulabschluss, normalerweise Realschulabschluss
Persönl. Voraussetzungen:	Abstraktes Denken, Fingerfertigkeit, Fähigkeit zur Präzisionsarbeit, handwerkliches Geschick, gutes technisches Verständnis, mathematische Begabung
Ausbildungsvergütung:	Im 1. Ausbildungsjahr 936 – 1.010 Euro, im 4. Jahr 1.094 – 1.212 Euro
Berufsperspektiven:	Beliebter Beruf bei Schülern mit Realschulabschluss
Verdienstmöglichkeiten:	Sind u. a. davon abhängig, ob im öffentlichen Dienst oder in der Privatwirtschaft gearbeitet wird
Art der Tätigkeit:	Überwiegend stehende Tätigkeit

Aufstiegsmöglichkeiten:	Weiterbildung zum / zur Industriemeister / -in Elektrotechnik, Techniker / -in Elektrotechnik oder Studium Elektrotechnik (mit Fachhochschulreife oder mit Abitur)
Vor- und Nachteile:	Häufiger Einsatz auf Montage
Selbstständige Berufsmöglichkeiten:	Nur sehr begrenzt, da die Einrichtung eines Betriebes wegen der technischen Investitionen sehr teuer ist
Weitere Informationen:	Siehe hierzu unter *www.berufenet.arbeitsagentur.de*

Elektroniker / -in für Geräte und Systeme

Tätigkeiten:	Die Ausbildung qualifiziert für eine Tätigkeit in Entwicklung, Herstellung sowie Wartung / Reparatur von Geräten und Systemen der Mess- und Prüftechnik, der Telekommunikation und der Medizintechnik. Das berufliche Aufgabenspektrum umfasst auch die Beratung der Nutzer dieser Geräte und Systeme. Interessenten sollten IT-Interesse und -Kenntnisse mitbringen, da viele Geräte und Systeme per Software gesteuert werden. Mögliche Arbeitgeber sind Hersteller von informations- und kommunikationstechnischen Geräten, von Systemkomponenten, Automotive-Systemen, Mikrosystemen und von medizintechnischen Geräten.
Art der Ausbildung:	Betriebliche Ausbildung
Dauer:	3,5 Jahre
Abschluss:	Prüfung vor der Industrie- und Handelskammer
Formale Voraussetzungen:	In der Regel Realschulabschluss
Persönl. Voraussetzungen:	Gutes technisches Verständnis, logisches Denken, handwerkliches Geschick, Fingerfertigkeit, keine besonderen körperlichen Anforderungen
Ausbildungsvergütung:	Im 1. Ausbildungsjahr 936 – 1.010 Euro, im 4. Ausbildungsjahr 1.094 – 1.212 Euro
Berufsperspektiven:	Trendberuf für Schüler mit weiterführendem Schulabschluss
Verdienstmöglichkeiten:	Abhängig davon, ob im Angestelltenverhältnis oder selbstständig gearbeitet wird, und von der jeweiligen Branche
Art der Tätigkeit:	Sowohl stehend als auch sitzend

Aufstiegsmöglichkeiten:	Etwa Techniker / -in Elektrotechnik, Industriemeister / -in Elektrotechnik, Studium der Elektrotechnik an Fachhochschulen und Universitäten
Vor- und Nachteile:	Teilweise Einsatz auf Montage
Selbstständige Berufsmöglichkeiten:	Eigene Kundendienstwerkstatt
Weitere Informationen:	Siehe hierzu unter *www.berufenet.arbeitsagentur.de*

Fachinformatiker / -in

Tätigkeiten:	In der Fachrichtung »Anwendungsentwicklung« erstellen Fachinformatiker / -innen passgenaue Softwarelösungen für Kunden, installieren diese Systeme und führen die Betriebsmitarbeiter in die Nutzung ein. In der zweiten Fachrichtung »Systemintegration« entwerfen und installieren sie Netzwerke und betreuen und erweitern Festnetze. Die Beratung von Kunden und die Errichtung von komplexen Systemen der Informations- und Telekommunikationstechnik umfasst neben dem Festnetz auch Funknetze, den Funkverkehr oder drahtlose Computernetzwerke.
Art der Ausbildung:	Betriebliche Ausbildung
Dauer:	3 Jahre
Abschluss:	Prüfung vor der IHK
Formale Voraussetzungen:	Realschulabschluss oder Abitur; in den letzten Jahren wurde rd. die Hälfte der Ausbildungsverträge mit Abiturienten abgeschlossen.
Persönl. Voraussetzungen:	Technisches Verständnis, kaufmännisches Interesse, Kommunikations- und Teamfähigkeit
Ausbildungsvergütung:	1. Ausbildungsjahr 936 – 1.010 Euro, 2. Jahr 987 – 1.057 Euro, 3. Jahr 1.056 – 1.150 Euro
Berufsperspektiven:	Auch in Zukunft nicht ungünstig
Verdienstmöglichkeiten:	Sind u. a. davon abhängig, ob in der Privatwirtschaft oder im öffentlichen Dienst gearbeitet wird, und von der jeweiligen Weiterbildung nach Ausbildungsende
Art der Tätigkeit:	Überwiegend sitzende Tätigkeit

Aufstiegsmöglichkeiten:	Techniker Informatik / Technische Informatik, mit Hochschulzugangsberechtigung auch Studium der Informatik oder Wirtschaftsinformatik möglich.
Vor- und Nachteile:	Je nach Betrieb evtl. Außendienst
Selbstständige Berufsmöglichkeiten:	Sind gegeben
Zusätzliche wichtige Informationen:	Ständige Weiterbildung ist in diesem Beruf besonders wichtig. Etwa die Hälfte des Lehrstoffes in der Ausbildung ist identisch mit dem der Ausbildungsberufe IT-System-Elektroniker / -in, IT-System-Kaufmann / -frau und Informatikkaufmann / -frau (siehe S. 127).
Weitere Informationen:	Siehe hierzu unter *www.berufenet.arbeitsagentur.de*

Fachkraft für Abwassertechnik

Tätigkeiten:	Sie sind in kommunalen und industriellen Kläranlagen und im Kanalbetrieb tätig, wo sie Proben von Abwässern und Klärschlamm nehmen, die Proben analysieren und die Ergebnisse dokumentieren. Ebenfalls gehört es zu ihren Aufgaben, Becken und Rohre, Pumpen, Zu- und Ableitungen zu inspizieren und ggf. Reparaturarbeiten durchzuführen, auch an elektrischen Einrichtungen der Anlagen und Maschinen.
Art der Ausbildung:	Betriebliche Ausbildung
Dauer:	3 Jahre
Abschluss:	Prüfung vor der IHK
Formale Voraussetzungen:	Keine
Persönl. Voraussetzungen:	Mathematisch-naturwissenschaftliches Interesse, technisches Verständnis, Genauigkeit
Ausbildungsvergütung:	1. Ausbildungsjahr 918 Euro, 2. Jahr 968 Euro, 3. Jahr 1.014 Euro
Berufsperspektiven:	Sind durchaus als günstig einzuschätzen
Verdienstmöglichkeiten:	Sind abhängig davon, ob der Beruf im öffentlichen Dienst oder in der Privatwirtschaft ausgeübt wird
Art der Tätigkeit:	Siehe oben, z. T. Arbeit im Freien

Aufstiegsmöglichkeiten:	Weiterbildung etwa zum Abwassermeister oder zum Techniker Umweltschutztechnik mit Schwerpunkt Wasserver- und -entsorgung, mit Hochschulzugangsberechtigung auch Studium der Ver- und Entsorgungstechnik oder der Umwelttechnik möglich
Selbstständige Berufsmöglichkeiten:	Kaum gegeben
Zusätzliche wichtige Informationen:	Der Beruf ist eng verwandt mit drei weiteren Ausbildungsberufen im Bereich Abfall und Entsorgung: Fachkraft für Kreislauf- und Abfallwirtschaft, Fachkraft für Wasserversorgungstechnik und Fachkraft für Rohr-, Kanal- und Industrieservice. Grundlegende gemeinsame Ausbildungsinhalte werden 15 Monate lang in allen vier Berufen vermittelt.
Weitere Informationen:	Siehe hierzu unter *www.berufenet.arbeitsagentur.de*

Informatiker / -in

Tätigkeiten:	Informatiker / -innen beschäftigen sich mit der Erfassung, Speicherung, Übermittlung, Verarbeitung und Wirkung von Informationen und mit der Arbeitsweise und den Konstruktionsprinzipien von Rechnersystemen. Sie entwickeln Software-Systeme für unterschiedliche Anwendungsgebiete und rechnergestützte Werkzeuge zur Programmkonstruktion.
Art der Ausbildung:	Studium an Universitäten, Fachhochschulen oder Ausbildung an einer Berufsakademie oder der Dualen Hochschule Baden-Württemberg möglich. Das Fach wird mit einer Fülle von Vertiefungsrichtungen und Spezialisierungsmöglichkeiten angeboten (etwa Bioinformatik, Geoinformatik, Ingenieurinformatik, Medizinische Informatik).
Dauer:	Abhängig vom gewählten Studiengang, Bachelorstudiengänge: 3 – 4 Jahre, Masterstudiengänge: weitere 1,5 – 2 Jahre; Berufsakademie und Duale Hochschule Baden-Württemberg: 3 Jahre
Abschluss:	Diplom (BA), Bachelor und Master of Science (B.Sc. / M.Sc.) und Bachelor und Master of Engineering (B.Eng. / M.Eng.)
Formale Voraussetzungen:	Fachhochschulreife, allgemeine Hochschulreife
Persönl. Voraussetzungen:	Interesse an (Informations-)Technik, intellektuelle Flexibilität, mathematische Begabung

Ausbildungsvergütung:	Keine, evtl. BAföG während des Studiums
Berufsperspektiven:	Einen Bedarf an qualifizierten Informatikern wird es in den nächsten Jahren weiterhin geben.
Verdienstmöglichkeiten:	Sind davon abhängig, ob die Tätigkeit im öffentlichen Dienst oder in der Privatwirtschaft ausgeübt wird, und von der allgemeinen Nachfrage auf dem Arbeitsmarkt. Derzeit sind in Betrieben Einstiegsgehälter zwischen 40.000 und 45.000 Euro brutto / Jahr üblich.
Art der Tätigkeit:	Meist sitzend
Aufstiegsmöglichkeiten:	Fachlaufbahn sehr gut, Managerlaufbahn mittelmäßig
Vor- und Nachteile:	Hohe Studienabbruchquote
Selbstständige Berufsmöglichkeiten:	Sehr gut, es gibt eine hohe Zahl selbstständig tätiger Informatiker
Weitere Informationen:	Gesellschaft für Informatik e. V., Ahrstraße 45, 53175 Bonn, Tel. (02 28) 30 21 45, *www.gi.de*

Maschinenbauingenieur / -in

Tätigkeiten:	Beim Maschinenbau handelt es sich um die zentrale Ingenieurdisziplin und um eine der Schlüsseltechnologien der modernen Industriegesellschaft. Die Fachrichtungen und Vertiefungsrichtungen, die für ein Studium gewählt werden können, sind vielfältig, beispielsweise: Konstruktionstechnik, Produktionstechnik, Fertigungstechnik, Automatisierungstechnik, Mechatronik, Mikrotechnik, Mikrosystemtechnik, Luft- und Raumfahrttechnik, Schiffbau, Textiltechnik, Druckereitechnik, Ver- und Entsorgungstechnik. Mögliche Arbeitgeber sind überwiegend mittelständische Betriebe bis 300 Mitarbeiter; weitere Beschäftigungsmöglichkeiten finden sie in Unternehmensberatungen oder als selbstständige beratende Ingenieure, als Patentanwälte, bei Verbänden und Vereinen, beim TÜV oder Berufsgenossenschaften oder in der Aus- und Weiterbildung.
Art der Ausbildung:	Studium an Fachhochschulen und Universitäten, auch Ausbildung an Berufsakademien und der Dualen Hochschule Baden-Württemberg
Dauer:	Abhängig vom gewählten Studiengang, Bachelorstudiengänge: 3 – 4 Jahre, Masterstudiengänge: weitere 1,5 – 2 Jahre.

Abschluss:	Bachelor und Master of Engineering (B.Eng. / M.Eng.); wer im Bereich Forschung und Entwicklung tätig ist, hat häufig einen Doktortitel.
Formale Voraussetzungen:	Fachhochschulreife oder Abitur
Persönl. Voraussetzungen:	Mathematisch-physikalische Begabung, Hand- und Fingergeschick, Verständnis für technische Anlagen, gutes räumliches Vorstellungsvermögen, Interesse an kaufmännischen Fragen
Ausbildungsvergütung:	Keine, ggf. BAföG
Berufsperspektiven:	Werden auch zukünftig günstig sein
Verdienstmöglichkeiten:	Jahreseinstiegsgehälter, abhängig von Abschluss und Hochschultyp, bei 40.000 bis 44.000 Euro brutto, mit Promotion auch darüber
Art der Tätigkeit:	Hängt vom gewählten Berufsfeld ab
Aufstiegsmöglichkeiten:	Bis in die Unternehmensleitung, vielfältige Möglichkeiten der Selbstständigkeit
Selbstständige Berufsmöglichkeiten:	Sind günstig
Weitere Informationen:	Siehe hierzu unter *www.berufenet.arbeitsagentur.de*

→ **Statistiker / -in** siehe **Mathematiker / -in** S. 151

Vermessungsingenieur / -in (Geodät / -in)

Tätigkeiten:	Vermessungsingenieure arbeiten in Behörden, die sich mit der Vermessung von Grund, Boden und Gebäuden, Gelände- und Luftaufnahmen, Stadtentwicklungsfragen oder auch mit der Neuaufteilung des ländlichen Raumes beschäftigen. Weitere Arbeitsfelder werden durch moderne Technologien geschaffen, z. B. in der Satellitengeodäsie, Weltraumforschung und dem Umweltschutz.
Art der Ausbildung:	Studium des Vermessungswesens / Geodäsie an Universitäten und Fachhochschulen
Dauer:	Abhängig vom gewählten Studiengang, Bachelorstudiengänge: 3 – 4 Jahre, Masterstudiengänge: weitere 1,5 – 2 Jahre.
Abschluss:	Bachelor und Master of Science (B.Sc. / M.Sc.) oder Bachelor und Master of Engineering (B.Eng. / M.Eng.)
Formale Voraussetzungen:	Hoch- bzw. Fachhochschulreife

Persönl. Voraussetzungen:	Interesse an Mathematik, Naturwissenschaften, Geografie und Technik, gute EDV-Kenntnisse, Fähigkeit zum exakten Arbeiten
Ausbildungsvergütung:	Keine, ggf. BAföG
Berufsperspektiven:	Berufschancen im öffentlichen Dienst (Hauptarbeitsfeld des Vermessungsingenieurs) sind nach wie vor durch die anhaltenden Sparmaßnahmen eher mittelmäßig. Besser sind die Chancen in Zukunft in den Bereichen der Industrie und dem technischen Umweltschutz.
Verdienstmöglichkeiten:	Hängen davon ob, ob im öffentlichen Dienst oder in der Privatwirtschaft gearbeitet wird
Art der Tätigkeit:	Schreibtischarbeit genauso wie Arbeit im Gelände
Aufstiegsmöglichkeiten:	Wenn der Staat der Arbeitgeber ist: je nach abgeschlossenem Studiengang Einsatz im gehobenen oder höheren Dienst. Die Aufstiegspositionen sind hier z. B. die Leitung eines Referates, anschließend die Abteilungsleitung und schließlich die Leitung einer Behörde.
Selbstständige Berufsmöglichkeiten:	Nur begrenzt möglich, etwa privates Planungsbüro
Weitere Informationen:	Gesellschaft für Geodäsie, Geoinformation und Landmanagement, Feierabendstr. 12, 79235 Vogtsburg-Oberrotweil, Tel. (0 76 62) 94 92 87, *www.dvw.de*

Wirtschaftsinformatiker / -in

Tätigkeiten:	Tätigkeitsfelder, die sowohl Informatik- als auch wirtschaftswissenschaftliche Kenntnisse erfordern
Art der Ausbildung:	Studium an Universitäten, Fachhochschulen, Berufsakademien und der Dualen Hochschule Baden-Württemberg
Dauer:	An Berufsakademien und der Dualen Hochschule Baden-Württemberg 3 Jahre; an Fachhochschulen und Universitäten ist die Dauer abhängig vom gewählten Studiengang, Bachelorstudiengänge: 3 – 4 Jahre, Masterstudiengänge: weitere 1,5 – 2 Jahre.
Abschluss:	Bachelor und Master of Science (B.Sc. / M.Sc.) oder Bachelor und Master of Arts (B.A. / M.A.)
Formale Voraussetzungen:	Allgemeine Hochschulreife oder Fachhochschulreife

Persönl. Voraussetzungen:	Interesse an Informatik und wirtschaftlichen Fragen, intellektuelle Flexibilität
Ausbildungsvergütung:	Ggf. BAföG während des Studiums. Während der Berufsakademieausbildung und der Ausbildung an der Dualen Hochschule Baden-Württemberg zahlt der Betrieb eine Ausbildungsvergütung.
Berufsperspektiven:	Werden auch in Zukunft günstig sein
Verdienstmöglichkeiten:	Anfangsgehälter und weitere Entwicklung gut
Art der Tätigkeit:	Meist sitzende Tätigkeit
Aufstiegsmöglichkeiten:	Fachlaufbahn sehr gut, Managerlaufbahn gut
Selbstständige Berufsmöglichkeiten:	Sehr gut, es gibt eine große Zahl freiberuflich tätiger Wirtschaftsinformatiker
Weitere Informationen:	Gesellschaft für Informatik e. V., Ahrstraße 45, 53175 Bonn, Tel. (02 28) 30 21 45, *www.gi.de*

Wirtschaftsingenieur / -in

Tätigkeiten:	Tätigkeitsbereiche vielfältig und weit gestreut an der Schnittstelle von Technik und Wirtschaft, vor allem in den Bereichen Materialwirtschaft / Logistik, Vertrieb, Finanz- und Rechnungswesen, Organisation, Verwaltung, Marketing, Werbung. Nach Branchen sind sie schwerpunktmäßig in Consulting / Wirtschaftsberatung, in der Eisen-, Metall- und Maschinenbauindustrie, der Automobilindustrie und in der elektrotechnischen Industrie tätig.
Art der Ausbildung:	Studium an Universitäten und Fachhochschulen, auch Ausbildung an Berufsakademien und der Dualen Hochschule Baden-Württemberg
Dauer:	Abhängig vom gewählten Studiengang, Bachelorstudiengänge: 3–4 Jahre, Masterstudiengänge: weitere 1,5–2 Jahre. Berufsakademien und Duale Hochschule Baden-Württemberg: 3 Jahre.
Abschluss:	Bachelor und Master of Engineering (B.Eng. / M.Eng.) oder Bachelor und Master of Science (B.Sc. / M.Sc.)
Formale Voraussetzungen:	Fachhochschulreife, allgemeine Hochschulreife

Persönl. Voraussetzungen:	Kommunikationsfähigkeit, analytisches Denken, Belastbarkeit, Teamfähigkeit, Mobilität, Kreativität, Kundenorientierung, Internationalität, technisch-naturwissenschaftliche Begabung
Ausbildungsvergütung:	Keine, evtl. BAföG während des Studiums
Berufsperspektiven:	Mittel- bis langfristig außerordentlich gut
Verdienstmöglichkeiten:	Jahreseinstiegsgehälter bei 40.000–44.000 Euro; rd. die Hälfte der im Beruf stehenden Wirtschaftsingenieure erhält Gehälter zwischen 50.000 Euro und 100.000 Euro.
Art der Tätigkeit:	Sitzende Tätigkeit im Büro
Aufstiegsmöglichkeiten:	Breit gefächerte Möglichkeiten im technischen Management. Wirtschaftsingenieure haben von allen Ingenieuren die besten Chancen auf eine Position in der Unternehmensleitung.
Vor- und Nachteile:	Häufiger Stellenwechsel (durchschnittlich zwei- bis dreimal), hohe Arbeitszeit, hohe Leistungsbereitschaft wird vorausgesetzt, überdurchschnittliche Vergütung
Selbstständige Berufsmöglichkeiten:	Etwa jeder sechste Wirtschaftsingenieur ist selbstständig.
Weitere Informationen:	Beim Verband Deutscher Wirtschaftsingenieure (VWI) e. V. gibt es unter der Rubrik »Beruf und Studium« (*www.vwi.org*) weitere Informationen.

5. Beratung, Bedienung, Verkauf

Bankkaufmann / -frau

Tätigkeiten:	Bankkaufleute sind bei privaten Banken, bei Sparkassen und Girozentralen sowie bei Volks- und Raiffeisenbanken tätig. Sie bedienen und beraten Privatkunden in allen Geld- und Finanzgeschäften (Girokonto, Sparkonten und -verträge, Kredite, Baufinanzierungen, Devisen, Lebensversicherungen, Wertpapieranlagen). Bei Firmenkunden geht es stärker um Kredit- und Anlagegeschäfte und um Abwicklung des Auslandszahlungsverkehrs. Bei großen Banken und Sparkassen spielt auch der Handel mit Devisen und Wertpapieren eine Rolle. Ein Teil der Bankkaufleute ist verwaltend und organisierend (Kassen- und Kontoführung, EDV, Personal) tätig.

Art der Ausbildung:	Betriebliche Ausbildung
Dauer:	3 Jahre, für Abiturienten und Handelsschüler Verkürzung auf 2–2,5 Jahre möglich
Abschluss:	Kaufmännischer Gehilfenbrief
Formale Voraussetzungen:	Mindestens Realschulabschluss, meist Hoch- bzw. Fachhochschulreife
Persönl. Voraussetzungen:	Gepflegtes Auftreten, Sprachgewandtheit, gute Umgangsformen, Kontaktfreudigkeit, ausgeprägtes Interesse an Wirtschaftszusammenhängen und an EDV
Ausbildungsvergütung:	Im 1. Ausbildungsjahr 970–976 Euro, im 3. Jahr 1.080–1.100 Euro
Berufsperspektiven:	Durch Ausdünnung des Filialnetzes und den weiteren Ausbau des Online-Bankings werden die klassischen bankinternen Tätigkeiten im verwaltend-organisierenden Bereich weiter abnehmen, spezielle kundenorientierte Dienstleistungen hingegen zunehmen. Im kundennahen Bereich wird von den Beschäftigten erwartet, dass sie die Bankprodukte aktiv an die Kunden verkaufen können. Der »Verkaufsdruck« wächst.
Verdienstmöglichkeiten:	Sind von der persönlichen Weiterbildung abhängig
Art der Tätigkeit:	Sowohl sitzende als auch stehende Tätigkeit
Aufstiegsmöglichkeiten:	Innerhalb des Kreditinstituts zum Gruppenleiter, Abteilungsleiter, Zweigstellenleiter und Leiter einer Filiale. Bei Abiturienten ist ein Studium der Wirtschaftswissenschaften nach der Banklehre üblich. Es gibt vielfältige Möglichkeiten der internen beruflichen Weiterbildung, etwa berufsbegleitend zum Bankfachwirt oder zum Bankbetriebswirt. Einige Kreditinstitute unterhalten eigene Akademien mit attraktiven Weiterbildungsangeboten.
Selbstständige Berufsmöglichkeiten:	Nur im Bereich der privaten Vermögensberatung
Weitere Informationen:	Siehe unter *www.berufenet.arbeitsagentur.de* und auf der Website des Arbeitgeberverbandes des privaten Bankgewerbes *www.agvbanken.de* (Rubrik »Berufsbildung«)

Buchhändler / -in

Tätigkeiten:	Einkauf, Lagerhaltung und Verkauf von Büchern und anderen Medien, vor allem Hörbüchern; in Buchverlagen: Kalkulation von Herstellungskosten und Verkaufspreisen; Verantwortung für Druck, Bindung und Vertrieb des Buches bzw. weiterer Medien auf dem Markt
Art der Ausbildung:	Betriebliche Ausbildung
Dauer:	3 Jahre
Abschluss:	Kaufmännische Abschlussprüfung
Formale Voraussetzungen:	Mindestens Hauptschulabschluss, eher Realschulabschluss; sehr hoher Anteil an Abiturienten
Persönl. Voraussetzungen:	Kontaktfreudigkeit, Sprachgewandtheit, Geduld, Interesse an Büchern und an Literatur
Ausbildungsvergütung:	Zwischen 594–797 Euro im 1. Ausbildungsjahr und zwischen 694–975 Euro im 3. Jahr
Berufsperspektiven:	Durchaus konstante Beschäftigungszahlen, jedoch immer stärkere Konkurrenz durch Internet-Buchhandlungen
Verdienstmöglichkeiten:	Generell gilt: Im Buchhandel werden keine hohen Gehälter gezahlt.
Art der Tätigkeit:	Im Buchhandel stehend, im Verlagssektor eher sitzend
Aufstiegsmöglichkeiten:	Etwa durch Weiterbildung zum / zur Buchhandelsfachwirt / -in, Handelsfachwirt / -in, Medienfachwirt / -in Print; im Buchhandel nur wenige Aufstiegsmöglichkeiten (1. Sortimenter), im Verlagswesen wird Lektorats- oder Vertriebstätigkeit angestrebt (meistens mit anschließendem Studium).
Selbstständige Berufsmöglichkeiten:	Die eigene Buchhandlung ist nach wie vor der Traum der meisten Buchhändler.
Weitere Informationen:	Siehe hierzu die Website des Börsenvereins des Deutschen Buchhandels *www.boersenverein.de* (Rubrik »Bildung und Beruf«, dann »Ausbildung«)

Handelsvertreter / -in

Tätigkeiten:	Der Beruf des Handelsvertreters ist dem des Verkäufers verwandt, mit zwei Unterschieden: Die Kunden kommen zum Verkäufer, während der Handelsvertreter seine Kunden besucht. Verkäufer verkaufen ihre Ware meist an den Endverbraucher, Handelsvertreter an den Groß- oder Einzelhandel. Sie sind entweder von einem Unternehmen angestellt, besuchen ihre Kunden regelmäßig, führen ihnen neue Produkte vor oder holen Aufträge herein. Oder sie sind selbstständig tätig und verkaufen dabei häufig nicht nur die Produkte eines Unternehmens, sondern mehrerer Unternehmen. Die Tätigkeit wird in der Regel auf Provisionsbasis bezahlt.
Art der Ausbildung:	Keine vorgeschriebene Berufsausbildung. Handelsvertreter verfügen häufig über eine kaufmännische Ausbildung oder über eine technische, entsprechend den zu verkaufenden Produkten
Dauer:	Je nach Ausbildung 3 – 3,5 Jahre
Abschluss:	Je nach Ausbildung
Formale Voraussetzungen:	Mindestens Hauptschulabschluss, ansonsten mittlere Reife
Persönl. Voraussetzungen:	Seriosität, Überzeugungsfähigkeit, Kommunikationsfähigkeit, gepflegtes Äußeres, kaufmännisches Interesse
Ausbildungsvergütung:	Vgl. bei den jeweiligen Ausbildungsberufen
Berufsperspektiven:	Hängen von den Verkaufsfähigkeiten ab
Verdienstmöglichkeiten:	Da der Beruf vielfach auf Provisionsbasis erfolgt, sehr unterschiedlich
Art der Tätigkeit:	Sowohl sitzende als auch stehende Tätigkeit
Aufstiegsmöglichkeiten:	Leiter / -in einer Außendienstabteilung
Vor- und Nachteile:	Handelsvertreter sind viel mit dem Auto unterwegs und übernachten mehr in Hotels als zu Hause.
Selbstständige Berufsmöglichkeiten:	Ein Teil der Handelsvertreter ist selbstständig.

Hotelfachmann / -frau

Tätigkeiten:	Hotelfachleute arbeiten innerhalb eines Hotelbetriebes in der Verwaltung, in der Küche, im Service, am Buffet, am Empfang oder im Zimmerservice. Das heißt, sie planen bestimmte Festlichkeiten und Veranstaltungen, überwachen Betriebsabläufe und erstellen Belegungsstatistiken. Für die Gäste wichtige Materialien und Waren müssen ermittelt, bestellt und verwaltet werden. Hotelfachleute erstellen Reservierungspläne und Abrechnungen.
Art der Ausbildung:	Betriebliche Ausbildung
Dauer:	3 Jahre
Formale Voraussetzungen:	Meist Realschulabschluss, z. T. auch Fachhochschulreife
Persönl. Voraussetzungen:	Körperliche und geistige Belastbarkeit, Kontaktfreudigkeit, Teamfähigkeit, gute Umgangsformen, Organisationstalent, Sprachgewandtheit
Ausbildungsvergütung:	Im 1. Ausbildungsjahr 459–755 Euro, im 3. Jahr 680–950 Euro
Berufsperspektiven:	Beruf mit guten Zukunftsaussichten und steigenden Beschäftigungszahlen; günstige Aufstiegsmöglichkeiten in internationalen Hotelketten
Verdienstmöglichkeiten:	Eher niedriges Anfangsgehalt
Art der Tätigkeit:	Sowohl sitzende als auch stehende Tätigkeit
Aufstiegsmöglichkeiten:	Hotelmeister / -in, Restaurantmeister / -in, Fachwirt / -in im Gastgewerbe, staatlich geprüfte / -r Betriebswirt / -in für Hotel- und Gaststättengewerbe, auch Studium Hotelmanagement oder Tourismuswirtschaft an Fachhochschulen möglich.
Vor- und Nachteile:	Oft ungünstige Arbeitszeiten, Möglichkeiten zur Weiterbildung im Ausland
Selbstständige Berufsmöglichkeiten:	Übernahme eines Hotels
Zusätzliche wichtige Informationen:	Hohe Abbruchquote während der Ausbildung, vergleichsweise niedriges Anfangsgehalt, dafür aber vielfältige Arbeitsmöglichkeiten im In- und Ausland.
Weitere Informationen:	Siehe unter *www.berufenet.arbeitsagentur.de*

Immobilienkaufmann / -frau

Tätigkeiten:	Aufgaben in den Bereichen Kauf, Verkauf, Bau, Modernisierung, Sanierung, Bewirtschaftung und Verwaltung von Immobilien sowie bei der Erschließung und der städtebaulichen Entwicklung
Art der Ausbildung:	Betriebliche Ausbildung
Dauer:	3 Jahre, für Abiturienten und nach Berufsgrundbildungsjahr 2 Jahre
Abschluss:	Kaufmannsgehilfenbrief
Formale Voraussetzungen:	Keine gesetzlich vorgeschriebene Schulbildung, sehr hoher Anteil von Abiturienten und Schülern mit Fachhochschulreife
Persönl. Voraussetzungen:	Interesse an Immobilien und Finanzierungen, Seriosität, Kommunikationsfähigkeit
Ausbildungsvergütung:	Im 1. Ausbildungsjahr 870 Euro, im 2. Ausbildungsjahr 980 Euro, im 3. Jahr 1.090 Euro
Berufsperspektiven:	Mittel- und längerfristig steigende Informations- und Beratungsanforderungen in der Immobilienwirtschaft, langfristig gute Chancen
Verdienstmöglichkeiten:	Teile des Gehaltes häufig leistungsabhängig, in der Selbstständigkeit erfolgsabhängig
Art der Tätigkeit:	Büroarbeit mit Außenterminen
Aufstiegsmöglichkeiten:	Etwa über den / die geprüfte / -n Immobilienfachwirt / -in, über wirtschaftswissenschaftliche Studiengänge mit immobilienwirtschaftlichen Schwerpunkten oder eigenständige Studiengänge Immobilienwirtschaft
Selbstständige Berufsmöglichkeiten:	Als Immobilienmakler, Hausverwalter, Sachverständiger

Industriekaufmann / -frau

Tätigkeiten:	Industriekaufmann / -frau ist einer der beliebtesten Ausbildungsberufe und bietet vielfältige Berufsmöglichkeiten in der Organisation und Verwaltung von Betrieben. Der Einsatz ist aber nicht, wie der Name suggeriert, auf Industriebetriebe begrenzt, sondern auch bei Handels- und Dienstleistungsbetrieben möglich. Industriekaufleute sind im weitesten Sinne

	für den Ein- und Verkauf von Gütern zuständig – sie beherrschen Kostenabrechnung, Kalkulation, Finanzbuchhaltung, Rechnungs- und Mahnwesen, Vertrieb und Versand sowie Betriebsabrechnung.
Art der Ausbildung:	Betriebliche Ausbildung
Dauer:	3 Jahre, für Abiturienten 2–2,5 Jahre
Abschluss:	Kaufmannsgehilfenbrief
Formale Voraussetzungen:	Realschulabschluss, Fachhochschulreife oder Abitur
Persönl. Voraussetzungen:	Organisationstalent, Sprachgewandtheit (Beherrschung der deutschen Sprache und immer häufiger gute Englischkenntnisse), gutes analytisches Denken, gründliches Arbeiten, Teamfähigkeit, Kommunikationsfähigkeit
Ausbildungsvergütung:	Im 1. Ausbildungsjahr 936–1.010 Euro, im 3. Jahr 1.056–1.150 Euro
Berufsperspektiven:	Beruf mit weiterhin konstanten Beschäftigungszahlen und recht guten Zukunftsaussichten, Weiterbildung ist wichtig
Verdienstmöglichkeiten:	Sind auch von der jeweiligen Branche abhängig
Art der Tätigkeit:	Überwiegend sitzende Tätigkeit
Aufstiegsmöglichkeiten:	Innerbetrieblicher Aufstieg zur Abteilungsleitung. Weiterbildungsmöglichkeiten etwa zum / zur Fachkaufmann / -frau Vertrieb oder zum / zur staatlich geprüften Betriebswirt / -in für allgemeine Betriebswirtschaft, Logistik oder Absatz / Marketing; auch Studium der Betriebswirtschaft (mit Hochschulzugangsberechtigung) an Universitäten und Fachhochschulen möglich.
Selbstständige Berufsmöglichkeiten:	Sind gegeben
Zusätzliche wichtige Informationen:	Fremdsprachenkenntnisse (vor allem Englisch) sind eine gefragte Zusatzqualifikation.
Weitere Informationen:	Siehe unter *www.berufenet.arbeitsagentur.de*

Informatikkaufmann / -frau

Tätigkeiten:	Aufgabe von Informatikkaufleuten ist es, in Betrieben zu analysieren, welche Hard- und Softwareausrüstung ein Arbeitsplatz braucht, welcher Drucker angeschafft und welche Datenbank angepasst werden muss. Zweite zentrale Aufgabe ist es, in Betrieben Informationssysteme zur Lösung von innerbetrieblichen Problemen einzurichten. Im betriebswirtschaftlichen Bereich ihrer Tätigkeit prüfen sie Investitionsanträge, führen Verhandlungen mit Anbietern von Computertechnik, holen Angebote ein und prüfen Sonderangebote auf ihre Wirtschaftlichkeit.
Art der Ausbildung:	Betriebliche Ausbildung
Dauer:	3 Jahre
Abschluss:	Prüfung vor der IHK
Formale Voraussetzungen:	Etwa 60 % aller Auszubildenden hat Abitur, etwa ein Viertel die mittlere Reife.
Persönl. Voraussetzungen:	Interesse an EDV, mathematisch-logisches Verständnis, Fähigkeit, sich bei der Beratung von EDV-Nutzern klar und ohne Computerfachsprache auszudrücken, Teamfähigkeit
Ausbildungsvergütung:	1. Ausbildungsjahr 936 – 1.010 Euro, 3. Ausbildungsjahr 1.056 – 1.150 Euro
Berufsperspektiven:	Qualifizierte und dienstleistungsorientierte Kräfte haben in diesem Berufsbereich immer gute Perspektiven.
Verdienstmöglichkeiten:	Hängen vor allem davon ab, ob der Beruf im Angestelltenverhältnis oder selbstständig ausgeübt wird
Art der Tätigkeit:	Vorwiegend sitzende Tätigkeit
Aufstiegsmöglichkeiten:	Weiterbildung zum / zur staatlich geprüften Wirtschaftsinformatiker / -in, Betriebswirt / -in für Informationsverarbeitung, Fachwirt / -in Computer Management, auch (mit Hochschulzugangsberechtigung) Studium Betriebswirtschaft, Wirtschaftsinformatik oder Informatik an einer Fachhochschule oder Universität möglich
Vor- und Nachteile:	Je nach Betrieb evtl. Außendienstarbeit
Selbstständige Berufsmöglichkeiten:	Sind gegeben

Zusätzliche wichtige Informationen:	Ständige Weiterbildung ist in diesem Beruf besonders wichtig. Etwa die Hälfte des Lehrstoffes ist identisch mit dem der Ausbildungsberufe IT-System-Elektroniker / -in, IT-System-Kaufmann / -frau und Fachinformatiker / -in (siehe S. 113).
Weitere Informationen:	Siehe unter *www.berufenet.arbeitsagentur.de*

→ **Kaufmann / -frau im Gesundheitswesen** siehe S. 132

→ **Kaufmann / -frau für Marketingkommunikation** siehe S. 133

→ **Kaufmann / -frau für Versicherungen und Finanzen** siehe S. 134

→ **Kaufmann / -frau Tourismus und Freizeit** siehe S. 135

Kosmetiker / -in

Tätigkeiten:	Kosmetikerinnen (der Beruf wird fast ausschließlich von Frauen ausgeübt) arbeiten im Bereich der Schönheitspflege. Sie beraten, behandeln und verkaufen in Parfümerien und Fitness-Einrichtungen, auf Schönheitsfarmen, in Kureinrichtungen und in Kosmetikfachgeschäften.
Art der Ausbildung:	Entweder 3-jährige betriebliche Ausbildung als Kosmetiker /-in oder Ausbildung an (zumeist privaten) Kosmetikfachschulen
Dauer:	Betriebliche Ausbildung: 3 Jahre, Kosmetikfachschulen je nach Bundesland: staatliche Abschlussprüfung nach 1 – 2 Jahren
Abschluss:	Staatlich geprüfte / -r oder anerkannte / -r Kosmetiker / -in
Formale Voraussetzungen:	Mindestens Hauptschulabschluss, ansonsten mittlere Reife
Persönl. Voraussetzungen:	Gepflegtes Auftreten, höfliche Umgangsformen, gut ausgebildetes Stilempfinden, keine Allergien und Hautkrankheiten
Ausbildungsvergütung:	Bei betrieblicher Ausbildung Ausbildungsvergütung; für den Besuch der privaten Schulen fallen Gebühren an (evtl. BAföG-Zuschuss), sonst 615 – 785 Euro im 1. Ausbildungsjahr, im 3. Ausbildungsjahr 790 – 995 Euro.
Berufsperspektiven:	Gleichbleibende Beschäftigungszahlen sind zu erwarten.

Verdienstmöglichkeiten:	Sind davon abhängig, ob der Beruf im Angestelltenverhältnis oder selbstständig ausgeübt wird.
Art der Tätigkeit:	Überwiegend stehende Tätigkeit
Selbstständige Berufsmöglichkeiten:	Ein eigenes Kosmetikstudio wird von vielen Kosmetikerinnen angestrebt.
Weitere Informationen:	Siehe unter *www.berufenet.arbeitsagentur.de* und Bundesverband der Fachkosmetiker / -innen Deutschland e. V., Marktstraße 6, 58256 Ennepetal, Tel. (0 23 33) 7 66 97, *www.bfd-ev.com*

Restaurantfachmann / -frau

Tätigkeiten:	Restaurantfachleute treffen vor der Ankunft der Gäste die Vorbereitungen für eine schnelle und reibungslose Bedienung (Gläser werden poliert, Tische gedeckt, Bestecke in der richtigen Reihenfolge aufgelegt, Blumen geordnet, Servietten gefaltet etc.). Sie beraten den Gast dann bei der Wahl der Speisen und müssen hierfür die Speisekarte gut kennen. Wenn sich der Gast entschieden hat, geben sie die Bestellung an die Küche weiter. Das Auftragen und Vorlegen der Speisen, das Nachschenken der Getränke und das Abräumen erfolgen nach festgelegten Grundregeln. Abschließend folgt die Abrechnung mit dem Gast. Restaurantfachleute werden auch bei Sonderveranstaltungen und Festlichkeiten tätig.
Art der Ausbildung:	Betriebliche Ausbildung
Dauer:	3 Jahre
Formale Voraussetzungen:	Realschulabschluss
Persönl. Voraussetzungen:	Schnelle Auffassungsgabe, physische und psychische Belastbarkeit, Einfühlungsvermögen, gepflegtes Äußeres, Hygienebewusstsein, Teamgeist
Ausbildungsvergütung:	Im 1. Ausbildungsjahr 459 – 755 Euro, im 3. Jahr 680 – 950 Euro
Berufsperspektiven:	Gleichbleibende Beschäftigungszahlen sind zu erwarten.
Art der Tätigkeit:	Überwiegend stehende Tätigkeit
Aufstiegsmöglichkeiten:	Etwa durch Weiterbildung zum / zur Restaurantmeister / -in oder Hotelmeister / -in, Fachwirt / -in im Gastgewerbe

Selbstständige Berufsmöglichkeiten:	Als Inhaber / -in eines Restaurants
Weitere Informationen:	Siehe unter *www.berufenet.arbeitsagentur.de*

Verkäufer / -in

Tätigkeiten:	Verkauf, Anbieten von Waren, Beratung und Bedienung von Kunden, Verpacken, Kassieren, Auszeichnen und Ordnen von Waren
Art der Ausbildung:	Betriebliche Ausbildung
Dauer:	2 Jahre
Abschluss:	Gehilfenprüfung
Formale Voraussetzungen:	Hauptschulabschluss oder vergleichbarer Schulabschluss
Persönl. Voraussetzungen:	Kontaktfreudigkeit, Geduld, körperliche Belastbarkeit, sprachliche Ausdrucksfähigkeit
Ausbildungsvergütung:	Im 1. Ausbildungsjahr 615 – 785 Euro, im 2. Ausbildungsjahr 670 – 865 Euro
Berufsperspektiven:	Gut qualifizierte Verkäufer / -innen haben in der Dienstleistungsgesellschaft immer Konjunktur.
Art der Tätigkeit:	Stehende Tätigkeit
Aufstiegsmöglichkeiten:	Aufstieg zum / zur Erstverkäufer / -in, Abteilungsleiter/-in oder Marktleiter / -in möglich, Weiterbildungsmöglichkeiten zum / zur Handelsfachwirt / -in, Fachwirt / -in Wirtschaft oder zum / zur staatlich geprüften Betriebswirt / -in für Handel
Zusätzliche wichtige Informationen:	Meistens keine geregelten Arbeitszeiten, häufig Arbeit am Samstag
Weitere Informationen:	Siehe unter *www.berufenet.arbeitsagentur.de*

6. Verwaltung und Organisation

→ **Bankkaufmann / -frau** siehe S. 120

→ **Hotelfachmann / -frau** siehe S. 124

→ **Immobilienkaufmann / -frau** siehe S. 125

→ **Industriekaufmann / -frau** siehe S. 125

Kaufmann / -frau für audiovisuelle Medien

Tätigkeiten:	Kaufleute für audiovisuelle Medien arbeiten in der Medienproduktion und sind für die organisatorische und kaufmännische Abwicklung eines audiovisuellen Produktes (vom Werbefilm über Synchronisationen, Kinofilme, Fernsehshows, Hörspiele, Musik-CDs bis zur Lernsoftware) verantwortlich. Im Einzelnen kann hierzu die Gehaltsabrechnung der beteiligten Künstler, die Versorgung mit einem Catering-Service, der Erwerb von Rechten und Lizenzen an einem Buch oder die Kalkulation von Materialkosten gehören. Mögliche Arbeitgeber sind Fernseh- und Hörfunkanstalten, Film- und Videoproduktionsfirmen oder Hersteller von Musik- und Multimediaprodukten.
Art der Ausbildung:	Betriebliche Ausbildung
Dauer:	3 Jahre
Ausbildungsvergütung:	Im 1. Jahr 677 Euro, im 2. Jahr 739 Euro, im 3. Jahr 835 Euro
Abschluss:	Kaufmännische Gehilfenprüfung
Formale Voraussetzungen:	Die Ausbildungsverträge wurden in den letzten Jahren zu fast 90 Prozent mit Abiturienten abgeschlossen.
Persönl. Voraussetzungen:	Mathematische Begabung, technisches Verständnis, gute EDV-Kenntnisse, Teamfähigkeit, Verhandlungsgeschick
Art der Tätigkeit:	Überwiegend sitzende Tätigkeit
Aufstiegsmöglichkeiten:	Innerbetriebliche Aufstiegsmöglichkeiten zum / zur Aufnahmeleiter / -in oder Multimediaprojektleiter / -in, Weiterbildung mit anerkanntem Abschluss zur / zum Medienfachwirt / -in oder Betriebswirt / -in für Medien, mit Hochschulzugangsberechtigung auch Studium Medientechnik oder Medienwirtschaft möglich, vielfältige Aufstiegschancen in der Medienbranche

Selbstständige Berufsmöglichkeiten:	Sind gegeben
Weitere Informationen:	Siehe unter *www.berufenet.arbeitsagentur.de*

Kaufmann / -frau im Gesundheitswesen

Tätigkeiten:	Tätigkeit im Bereich Kundenbetreuung, Personalwirtschaft und Materialwirtschaft, im gesundheitsspezifischen Rechnungswesen und bei der Leistungsabrechnung. Sie arbeiten in Krankenhäusern, stationären und ambulanten Pflegeeinrichtungen, Rehabilitationskliniken, bei Krankenkassen, größeren Arztpraxen, Rettungsdiensten und Ärzteverbänden und meist an der Schnittstelle zu anderen Einrichtungen des Sozial- und Gesundheitswesens.
Art der Ausbildung:	Betriebliche Ausbildung
Dauer:	3 Jahre
Abschluss:	Prüfung vor der IHK
Formale Voraussetzungen:	Mindestens Hauptschulabschluss; rd. 60 Prozent der Ausbildungsverträge wurden in den letzten Jahren mit Abiturienten abgeschlossen.
Persönl. Voraussetzungen:	Interesse an kaufmännischen und Gesundheitsfragen, Kontaktfähigkeit und -freude, Kommunikationsfähigkeit
Ausbildungsvergütung:	Im 1. Jahr 615–785 Euro, im 2. Jahr 670–865 Euro, im 3. Jahr 790–995 Euro
Verdienstmöglichkeiten:	Sind vom jeweiligen Betrieb abhängig
Art der Tätigkeit:	Überwiegend sitzende Tätigkeit
Aufstiegsmöglichkeiten:	Weiterbildung zum / zur Fachwirt / -in im Gesundheits- und Sozialwesen, Studium Gesundheitsökonomie / Gesundheitsmanagement oder Studium Betriebswirtschaft mit Schwerpunkt Gesundheitsökonomie
Selbstständige Berufsmöglichkeiten:	Sind kaum gegeben
Weitere Informationen:	Siehe unter *www.berufenet.arbeitsagentur.de*

Kaufmann / -frau für Marketingkommunikation (früher Werbekaufmann / -frau)

Tätigkeiten:	Kaufleute für Marketingkommunikation sind für die Bekanntmachung von Waren oder Dienstleistungen in der Öffentlichkeit zuständig. Ihre Mittel sind Plakate, Anzeigen, Werbebroschüren, Werbung via Internet sowie Werbesendungen in Rundfunk, Fernsehen oder auch Kino. Zusammen mit dem Kunden legen sie im Team mit anderen Fachleuten (Grafiker, Texter, Werbepsychologen etc.) Strategien für Werbekampagnen fest. Wenn die angestrebte Zielgruppe ermittelt worden ist, wird die erarbeitete Werbekonzeption umgesetzt. Kaufleute für Marketingkommunikation übernehmen in solchen Teams die anfallenden kaufmännischen Aufgaben, z. B. Budgetplanungen, monatliche Abrechnungen, Zahlungsverkehr mit Kunden und Lieferanten.
Art der Ausbildung:	Betriebliche Ausbildung
Dauer:	3 Jahre
Ausbildungsvergütung:	Im 1. Jahr 615–785 Euro, im 2. Jahr 670–865 Euro, im 3. Jahr 790–995 Euro
Abschluss:	Kaufmannsgehilfenbrief
Formale Voraussetzungen:	Mindestens Hauptschulabschluss; in den letzten Jahren wurden über 80 Prozent der Ausbildungsverträge mit Abiturienten abgeschlossen.
Persönl. Voraussetzungen:	Sprachgewandtheit, gestalterisches Interesse, Teamorientierung, Kontaktfreudigkeit, Flexibilität, Durchsetzungsvermögen, Belastbarkeit in Stresssituationen
Berufsperspektiven:	Die Werbebranche und die Beschäftigungsmöglichkeiten sind den konjunkturellen Zyklen unterworfen, aber auch zukünftig gilt: » Wer nicht wirbt, stirbt! «
Art der Tätigkeit:	Eher Sitzberuf im Büro
Aufstiegsmöglichkeiten:	Innerhalb der Unternehmen zum Werbeleiter, Abteilungsleiter etc. Weiterbildungsmöglichkeiten etwa zum / zur Fachwirt / -in für Marketing bzw. Werbung oder durch ein Studium Betriebswirtschaftslehre (mit Schwerpunkt Marketing) an Fachhochschulen oder Universitäten
Vor- und Nachteile:	Bei guter Auftragslage fallen Überstunden oder Arbeit am Wochenende an.

Selbstständige Berufsmöglichkeiten:	Als Inhaber / -in einer Werbeagentur
Weitere Informationen:	Siehe unter *www.berufenet.arbeitsagentur.de*

Kaufmann / -frau für Versicherungen und Finanzen

Tätigkeiten:	Innendienst: Organisation, Abwicklung von Versicherungsfällen, Schadensregulierung, Ausstellung von Versicherungsdokumenten; Außendienst: Betreuung von Kunden, Abschluss von Versicherungen, Vermögens- und Anlageberatung
Art der Ausbildung:	Betriebliche Ausbildung
Dauer:	Je nach Schulabschluss 2,5 – 3 Jahre
Abschluss:	Kaufmännische Gehilfenprüfung bei der Industrie- und Handelskammer
Formale Voraussetzungen:	Hauptschulabschluss; mittlerweile werden über 70 Prozent der Ausbildungsverträge mit Abiturienten abgeschlossen.
Persönl. Voraussetzungen:	Kontaktfreude, Einfühlungsvermögen, Organisationstalent, Freude am selbstständigen Handeln
Ausbildungsvergütung:	Im 1. Ausbildungsjahr 928 Euro, im 2. Jahr 1.003 Euro, im 3. Jahr 1.087 Euro
Verdienstmöglichkeiten:	Sind vielfach erfolgsbezogen
Art der Tätigkeit:	Überwiegend sitzende Tätigkeit
Aufstiegsmöglichkeiten:	Bereichsleiter / -in, Abteilungsleiter / -in, Versicherungsdirektor / -in, mit Hochschulzugangsberechtigung Studium der Versicherungswirtschaft (etwa an der Fachhochschule Dortmund und der Technischen Hochschule Köln) oder der Betriebswirtschaftslehre möglich.
Selbstständige Berufsmöglichkeiten:	Möglichkeit als selbstständiger Versicherungskaufmann
Zusätzliche wichtige Informationen:	Wer nicht im Innendienst tätig ist, muss verkaufen können und ein gewinnendes Äußeres sowie Überzeugungskraft mitbringen.
Weitere Informationen:	Siehe unter *www.berufenet.arbeitsagentur.de*

→ **Pharmazeutisch-kaufmännische / -r Angestellte / -r** siehe S. 164

Kaufmann / -frau Tourismus und Freizeit

Tätigkeiten:	Sie arbeiten überwiegend in Reisebüros und bei großen Reiseveranstaltern, wo sie bei der Organisation von Pauschalreisen und weiteren Komplettangeboten beteiligt sind und mit Luftverkehrs- und Schifffahrtsgesellschaften, Hotelketten und Bahnbetrieben verhandeln. Weitere mögliche Arbeitgeber sind Reedereien, Busunternehmen und Hotelketten (die Pauschalreisen anbieten).
Art der Ausbildung:	Betriebliche Ausbildung
Dauer:	3 Jahre
Abschluss:	Kaufmannsgehilfenbrief
Formale Voraussetzungen:	Mindestens Realschulabschluss; knapp über die Hälfte der angehenden Reiseverkehrskaufleute hat Abitur.
Persönl. Voraussetzungen:	Kontaktfreudigkeit, Fremdsprachen, höfliche Umgangsformen, Organisationstalent, Belastbarkeit in Stresssituationen, Interesse an fremden Kulturen
Ausbildungsvergütung:	Im 1. Jahr 717 Euro, im 3. Jahr 972 Euro
Berufsperspektiven:	Die Zukunftsaussichten sind von der Entwicklung der Tourismusbranche und den Informations- und Buchungsmöglichkeiten via Internet abhängig.
Art der Tätigkeit:	Sitzberuf (Büro)
Aufstiegsmöglichkeiten:	Nur gering innerhalb von Reisebüros, weil dort meist nur wenige Personen beschäftigt sind. Vielfältige Weiterbildungsmöglichkeiten, etwa zum / zur Tourismusfachwirt / -in oder zum / zur staatlich geprüften Betriebswirt / -in Touristik / Reiseverkehr. Mit Hochschulzugangsberechtigung auch Studium Tourismus möglich.
Vor- und Nachteile:	Bei Reiseveranstaltern Möglichkeit zur Arbeit im Ausland und damit zum Kennenlernen anderer Länder, im Reisebüro ständiger Publikumsverkehr
Selbstständige Berufsmöglichkeiten:	Als Inhaber/-in eines Reisebüros
Weitere Informationen:	Siehe unter *www.berufenet.arbeitsagentur.de*

Sekretär / -in

Tätigkeiten:	Erledigung aller anfallenden Sekretariatsarbeiten
Art der Ausbildung:	Ausbildung an öffentlichen berufsbildenden Schulen (z. B. in Hessen), Ausbildung an privaten Bildungseinrichtungen, Fortbildung nach kaufmännischer Lehre
Dauer:	18 – 24 Monate
Abschluss:	Abschlusszeugnis zum / zur Kaufmännischen Assistent / -in bzw. Wirtschaftsassistent / -in Büro / Sekretariat, Fremdsprachensekretär / -in, Europasekretär / -in
Formale Voraussetzungen:	Mittlere Reife oder Abitur
Persönl. Voraussetzungen:	Interesse für moderne Bürokommunikation, Organisationstalent, gesundes Selbstbewusstsein, Seriosität, sicheres Auftreten, gute Umgangsformen, Kommunikationsfähigkeit
Ausbildungsvergütung:	Keine, bei privaten Ausbildungseinrichtungen Schulgebühren
Berufsperspektiven:	Gute Berufsaussichten in allen Bereichen von Wirtschaft und Verwaltung
Verdienstmöglichkeiten:	Abhängig von der Branche
Art der Tätigkeit:	Überwiegend sitzende Tätigkeit
Aufstiegsmöglichkeiten:	Gute Möglichkeit der Weiterqualifizierung etwa über den Bundesverband Sekretariat und Büromanagement (bSb) e. V.
Vor- und Nachteile:	Interessanter Beruf mit vielen Entfaltungs- und Verdienstmöglichkeiten; der Beruf genießt leider kein hohes Ansehen in der Öffentlichkeit.
Selbstständige Berufsmöglichkeiten:	Sind gegeben: z. B. als Büroservice-Unternehmen
Weitere Informationen:	Bundesverband Sekretariat und Büromanagement (bSb) e. V., Bundesgeschäftsstelle, Kohlhökerstraße 22, 28203 Bremen, Tel. (04 21) 6 98 96-3, *www.bsboffice.de;* Verband ESA (European Schools for Higher Education in Administration and Management e. V.), *www.esa-eda.com*

→ **Statistiker / -in** siehe Mathematiker / -in S. 151

Steuerfachangestellte / -r

Tätigkeiten:	Steuerfachangestellte arbeiten in der Praxis von Steuerberatern, Steuerbevollmächtigten, Wirtschaftsprüfern oder Buchprüfern. Sie erledigen die laufenden Vorgänge der Buchführung, des Jahresabschlusses oder des Steuerwesens. Aber auch allgemeine Büroarbeiten wie z. B. Postein- und -ausgang, Schreiben der Korrespondenz gehören zu ihrem Arbeitsfeld. EDV-Kenntnisse sind unverzichtbar.
Art der Ausbildung:	Betriebliche Ausbildung
Dauer:	3 Jahre
Abschluss:	Kaufmannsgehilfenbrief
Formale Voraussetzungen:	Mindestens Realschulabschluss
Persönl. Voraussetzungen:	Teamfähigkeit, Verschwiegenheit, seriöses Auftreten, gründliche Arbeitsweise, Interesse an Büroarbeit
Ausbildungsvergütung:	Im 1. Ausbildungsjahr 650 – 1.000 Euro, im 3. Ausbildungsjahr 850 – 1.100 Euro
Berufsperspektiven:	In etwa konstant
Art der Tätigkeit:	Sitzberuf im Büro
Aufstiegsmöglichkeiten:	Etwa über eine Weiterbildung zum / zur Steuerfachwirt / -in oder zum / zur Finanzbuchhalter / -in oder – nach vielen Berufsjahren – zum / zur Steuerberater / -in, mit Hochschulzugangsberechtigung Studium Betriebswirtslehre mit Schwerpunkt Steuern / Prüfungswesen möglich.
Selbstständige Berufsmöglichkeiten:	Erst nach vielen Berufsjahren und einer zusätzlichen Steuerberatungsprüfung
Weitere Informationen:	Siehe unter *www.berufenet.arbeitsagentur.de*

Verwaltungsfachangestellte / -r im öffentlichen Dienst

Tätigkeiten:	Verwaltungsfachangestellte arbeiten in der Verwaltung von Behörden des Bundes und der Länder sowie in der Kommunalverwaltung, ferner bei Interessengruppen, bei Industrie- und Handelskammern oder in der Kirchenverwaltung. Sie sind für allgemeine Büro- und Verwaltungsangelegenheiten zuständig; sie erteilen etwa Auskünfte schriftlich und mündlich, bereiten Entscheidungen vor, fertigen

	Bescheide an, stellen Ausweise und Bescheinigungen aus, arbeiten in der Materialbeschaffung und -verwaltung und übernehmen Aufgaben im Personal- und Kassenwesen.
Art der Ausbildung:	Betriebliche Ausbildung
Dauer:	3 Jahre
Abschluss:	Im öffentlichen Dienst staatliche Prüfung
Formale Voraussetzungen:	Realschulabschluss oder Abitur
Persönl. Voraussetzungen:	Organisationstalent, gründliches Arbeiten, sprachliche Sicherheit, logisches Denken, sicherer Umgang mit moderner Bürokommunikation
Ausbildungsvergütung:	Im 1. Jahr 902 Euro, im 2. Jahr 956 Euro, im 3. Jahr 1.006 Euro
Berufsperspektiven:	Es sind eher sinkende Beschäftigungszahlen zu erwarten.
Art der Tätigkeit:	Sitzberuf im Büro
Aufstiegsmöglichkeiten:	Etwa durch eine Weiterbildung zum / zur Dipl.-Betriebswirt / -in (Verwaltungs- und Wirtschaftsakademie – VWA)
Weitere Informationen:	Siehe unter *www.berufenet.arbeitsagentur.de*

→ **Wirtschaftsprüfer / -in** siehe S. 142

7. Unternehmensleitung, -beratung und -prüfung

Controller / -in

Tätigkeiten:	Entwicklung und Einsatz von Controlling-Systemen zur Planung, Steuerung und Kontrolle des betrieblichen Lernprozesses, Mitwirkung bei der Unternehmensplanung, laufende Kontrolle der Planungsziele und Überprüfung der wichtigsten Prozess- und Steuerungsgrößen, Aufbau des Berichtswesens, ständige Berichterstattung und Koordination des Informationsmanagements, Entwicklung von Problemlösungen und Einleiten vorausschauender Maßnahmen zur Vermeidung von Fehlentwicklungen, laufende Beratung der Unternehmensleitung, Vermittlung der wirtschaftlichen und sozialen Bedeutung des Controllings an die Mitarbeiter des Unternehmens

Art der Ausbildung:	1. Studium an Universitäten und Fachhochschulen; entweder Bachelor- und / oder Masterstudiengang Betriebswirtschaft mit Schwerpunkt Controlling oder Unternehmensrechnung oder Wahl eines eigenständigen Bachelor- und / oder Masterstudiengangs Controlling; 2. Weiterbildung nach kaufmännischer oder verwaltender Ausbildung und mindestens 3-jähriger Berufspraxis mit inhaltlichem Bezug zu den oben genannten Aufgaben eines Controllers.
Abschluss:	Bachelor und Master of Arts (B.A. / M.A.) oder Bachelor und Master of Science (B.Sc. / M.Sc.) oder Weiterbildungsabschluss zum / zur geprüften Controller / -in
Persönl. Voraussetzungen:	Fähigkeit zur Mitarbeiterführung, Verkäuferqualitäten, Kenntnis der betriebswirtschaftlichen Techniken, strategisches und analytisches Denkvermögen, Fähigkeit zur methodisch-konzeptionellen Vorgehensweise, Beherrschung der englischen Sprache
Ausbildungsvergütung:	1. Während des Studiums ggf. BAföG; 2. während der Ausbildung Ausbildungsvergütung des jeweiligen Ausbildungsberufes
Berufsperspektiven:	Bedarf derzeit recht hoch. Waren in der Vergangenheit vor allem Industriebetriebe die Arbeitgeber für Controller, melden zunehmend auch Gesundheitseinrichtungen, Behörden und Kulturbetriebe Bedarf an. Der Sparzwang im öffentlichen Sektor führt auch dazu, dass Theater und Opernhäuser Controller beschäftigen.
Verdienstmöglichkeiten:	Hängen vor allem von dem jeweiligen Ausbildungsweg (siehe oben) ab
Weitere Informationen:	Bundesverband der Bilanzbuchhalter und Controller e. V., Am Propsthof 15–17, 53121 Bonn, Tel. (02 28) 9 63 93-0, *www.bvbc.de*, und beim Internationalen Controller Verein e. V., Münchner Str. 8, 82237 Wörthsee, Tel. (0 81 53) 8 89 74-20, *www.controllerverein.de*

Patentanwalt / -anwältin siehe S. 199

Steuerberater / -in

Tätigkeiten:	Unterstützung von Steuerzahlern und Firmen bei Steuererklärungen und Jahresabschlüssen, Prüfung von Steuerbescheiden, Hilfe bei der Steuergestaltung, Tätigkeiten als Treuhänder / -in und Gutachter / -in
Art der Ausbildung:	Studium (Universität oder Fachhochschule) der Wirtschaftswissenschaften oder Rechtswissenschaft o. Ä. Anschließend folgt bei Studiengängen mit weniger als 4 Jahren Regelstudienzeit eine 3-jährige praktische Tätigkeit, bei Studiengängen, deren Regelstudienzeit mehr als 4 Jahre umfasst (Bachelor- plus Masterstudiengänge, Staatsexamensstudiengänge Rechtswissenschaft) eine 2-jährige praktische Tätigkeit (mindestens 16 Wochenstunden) auf dem Gebiet der von den Bundes- oder Landesfinanzbehörden verwalteten Steuern, anschließend Steuerberaterprüfung. Nichtakademischer Weg: Nach Ausbildung als Steuerfachangestellte/-r oder in einem anderen kaufmännischen Ausbildungsberuf kann man sich nach 10 Jahren Berufspraxis zur Steuerberaterprüfung anmelden. Bei einer Ausbildung zum / zur Bilanzbuchhalter / -in, Steuerfachwirt / -in oder abgeschlossener Ausbildung in der Finanzverwaltung kann dies bereits nach 7 Jahren erfolgen.
Dauer des Studiums:	Abhängig vom gewählten Studiengang – von 3 – 5 bzw. 6 Jahren
Abschluss:	Bachelor, Master, Staatsexamen (Studium Rechtswissenschaft an Universitäten)
Formale Voraussetzungen:	Realschulabschluss für die betriebliche Ausbildung, allgemeine Hochschulreife bzw. Fachhochschulreife für das Studium
Persönl. Voraussetzungen:	Durchsetzungswille, Kreativität, vorzügliches Zahlenverständnis, kaufmännisches Denken, sicherer Umgang mit EDV
Ausbildungsvergütung:	Während der betrieblichen Ausbildung Ausbildungsvergütung, Studium: keine, ggf. BAföG
Berufsperspektiven:	Durch steigenden Bedarf gut
Verdienstmöglichkeiten:	abhängig davon, ob der Beruf in eigener Kanzlei oder als Angestellter ausgeübt wird

Art der Tätigkeit:	Bürotätigkeit
Vor- und Nachteile:	Hohe durchschnittliche Arbeitszeit
Selbstständige Berufsmöglichkeiten:	Gute Chancen eines selbstständigen Steuerbüros
Weitere Informationen:	Website der Bundessteuerberaterkammer unter *www.bstbk.de* (Rubrik »Der Steuerberater«, unter »Weiterführende Links« Broschüre *Werden Sie Steuerberater! / Werden Sie Steuerberaterin!*)

Unternehmensberater / -in

Tätigkeiten:	Beratung und beratende Mithilfe bei der Umsetzung von Problemlösungen in Angelegenheiten des Auf- und Ausbaus, der Führung und der Abwicklung von Unternehmen und Unternehmensteilen
Art der Ausbildung:	Keine festgelegte Ausbildung; 60–70 Prozent Akademikeranteil, Studium variiert (von Betriebswirtschaft über Maschinenbau bis zu Psychologie und Soziologie)
Dauer:	Studium etwa 5 bis 6 Jahre
Abschluss:	Je nach Studiengang Staatsexamen (Rechtswissenschaft) sowie Bachelor und Master
Formale Voraussetzungen:	Für ein Studium Hochschulreife oder Fachhochschulreife
Persönl. Voraussetzungen:	Sehr gute Fachkenntnisse, Lernbereitschaft, Problemlösungsfähigkeiten, Teamgeist, extreme Einsatzbereitschaft, logisch-analytisches Denkvermögen, hohe Kommunikationsfähigkeit, Verhandlungsgeschick, Kreativität, Mobilität und fließende Sprachkenntnisse in Englisch
Ausbildungsvergütung:	Für ein Studium: keine, ggf. BAföG
Berufsperspektiven:	Nach wie vor gut, MBA-Studium von Vorteil
Verdienstmöglichkeiten:	Sehr unterschiedlich
Art der Tätigkeit:	Sitzende Tätigkeit
Aufstiegsmöglichkeiten:	Vom Fach- oder Junior-Berater zum Projektleiter oder Senior-Consultant
Vor- und Nachteile:	Völlig ungeregelter Berufsstand; sehr hohe Anforderungen; überdurchschnittliche Gehälter
Selbstständige Berufsmöglichkeiten:	Eigene Unternehmensberatung

Zusätzliche wichtige Informationen:	Zum Beruf des Unternehmensberaters führen viele Wege: kaufmännische Berufsausbildung mit anschließender Berufspraxis oder Studium an Fachhochschulen oder Universitäten, bevorzugte Fächer BWL, Rechtswissenschaft (nur Universität), Ingenieurwissenschaften, Wirtschaftsingenieurwesen.
Weitere Informationen:	Bundesverband Deutscher Unternehmensberater BDU e. V., Joseph-Schumpeter-Allee 29, 53227 Bonn, Tel. (02 28) 91 61-0, *www.bdu.de*

Wirtschaftsprüfer / -in

Tätigkeiten:	Der Beruf des Wirtschaftsprüfers ist mit dem des Steuerberaters eng verbunden. Im Unterschied zu Steuerberatern, die sich hauptsächlich mit Steuer- und Vermögensfragen befassen, beschäftigen sich Wirtschaftsprüfer mit betriebswirtschaftlichen Entscheidungen und steuerlichen Fragen von Unternehmen. Sie prüfen die Bilanzen und erstellen abschließende Jahresbilanzen. Für diese Arbeit werden Wirtschaftsprüfer vereidigt und öffentlich bestellt. Darüber hinaus erarbeiten sie Gutachten und beraten ihre Kunden bei wichtigen unternehmerischen Entscheidungen. Sie arbeiten entweder selbstständig oder in einer Wirtschaftsprüfungsgesellschaft.
Art der Ausbildung:	Über 90 Prozent aller Wirtschaftsprüfer haben ein Universitätsstudium, vor allem der Betriebswirtschaftlehre (ca. 80 Prozent), der Volkswirtschaftlehre oder der Rechtswissenschaft (je 6 Prozent), absolviert. Dauer: 5–6 Jahre. Nach anschließender 3-jähriger praktischer Tätigkeit im Prüfungswesen ist die Ablegung des Wirtschaftsprüfungsexamens möglich. (Die praktische Tätigkeit verlängert sich auf 4 Jahre, wenn ein Studiengang mit weniger als 4 Jahren Regelstudienzeit absolviert wurde.) In den Beruf führt aber auch der Weg über ein wirtschaftswissenschaftliches Fachhochschulstudium oder eine Berufstätigkeit als Steuerberater / -in.
Dauer:	Verschieden, je nach gewählter Ausbildungslaufbahn
Abschluss:	Staatlich geprüfte / -r Wirtschaftsprüfer / -in
Formale Voraussetzungen:	Hoch- bzw. Fachhochschulreife

Persönl. Voraussetzungen:	Gründliches Arbeiten, Kommunikationsfähigkeit, Überzeugungskraft, Diskretion, Belastbarkeit
Berufsperspektiven:	Gute Berufsaussichten, da der Wirtschaftsprüfer in seinem Arbeitsumfeld praktisch ohne Konkurrenz ist. Wirtschaftsprüfer ist einer der sichersten akademischen Berufe der Zukunft.
Verdienstmöglichkeiten:	Insgesamt sehr gute Verdienstmöglichkeiten nach festgelegter Gebührenordnung.
Art der Tätigkeit:	Überwiegend sitzende (Schreibtisch-)Tätigkeit
Aufstiegsmöglichkeiten:	Keine üblichen Karrieremuster, da es sich meist um Freiberufler handelt. Mitentscheidend ist die Unternehmensgröße, also ob man in einem kleinen mittelständischen oder in einem weltweit tätigen Unternehmen die Bilanzen prüft.
Vor- und Nachteile:	Sehr lange Ausbildungszeit, dafür gute Verdienstmöglichkeiten, ausgezeichnete Zukunftsperspektiven und eine verantwortliche Tätigkeit.
Selbstständige Berufsmöglichkeiten:	Leitung einer eigenen Wirtschaftsprüfungsgesellschaft
Weitere Informationen:	Siehe hierzu die Website des Instituts der Wirtschaftsprüfer in Deutschland e. V. unter *www.idw.de* und *www.wirtschaftsprüfer.de*.

8. Naturwissenschaften

→ **Agrarwissenschaftler / -in** siehe S. 180

Apotheker / -in, Pharmakologe / Pharmakologin

Tätigkeiten:	Information und Beratung des Patienten / Kunden bzw. des Arztes bei der Auswahl und richtigen Anwendung von Arzneimitteln, z. T. auch deren Herstellung
Art der Ausbildung:	Studium an Universitäten; Bewerbung über *hochschulstart.de*
Dauer:	Etwa 4 bis 5 Jahre
Abschluss:	Ablegung des ersten Staatsexamens nach 2 Studienjahren, des zweiten Staatsexamens nach 4 Jahren. Nach einem anschließenden praktischen Jahr kann das dritte und letzte

	Staatsexamen abgelegt werden. Das praktische Jahr muss wenigstens zur Hälfte in einer öffentlichen Apotheke abgeleistet werden, weitere mögliche Stationen sind etwa Unternehmen der pharmazeutischen Industrie und Krankenhausapotheken.
Formale Voraussetzungen:	Allgemeine Hochschulreife
Persönl. Voraussetzungen:	Begabung in naturwissenschaftlichen Fächern wie Chemie, Biologie, kommunikative Fähigkeiten, Kontaktfreude, Flexibilität in der Ausdrucksweise und Einfühlungsvermögen in die Situation kranker Menschen
Ausbildungsvergütung:	Keine, ggf. BAföG während des Studiums
Berufsperspektiven:	Können durchaus als günstig bezeichnet werden, sind allerdings auch abhängig von den weiteren Sparmaßnahmen im Gesundheitswesen; pharmazeutische Forschung: sehr gute Perspektiven
Verdienstmöglichkeiten:	Das Einkommen des Inhabers einer Apotheke richtet sich nach den Gewinnen der Apotheke, die maßgeblich durch eine zentrale Lage und die Nähe zu vielen Arztpraxen bestimmt werden. In der pharmazeutischen Industrie entspricht das Einkommen von Apothekern dem von anderen Naturwissenschaftlern in vergleichbaren Positionen.
Art der Tätigkeit:	Überwiegend stehende Tätigkeit
Aufstiegsmöglichkeiten:	Im Angestelltenbereich: Apothekenleiter/-in, Leiter/-in der Krankenhausapotheke, auch Eröffnung einer eigenen Apotheke möglich. Leitende Positionen führen häufig über eine 3-jährige Spezialisierung zum Fachapotheker.
Vor- und Nachteile:	Möglichkeit der Teilzeitarbeit
Selbstständige Berufsmöglichkeiten:	Apotheker sind jeweils rd. zur Hälfte angestellt und Inhaber einer Apotheke.
Zusätzliche wichtige Informationen:	Die Ausbildung eröffnet auch berufliche Möglichkeiten in der Forschung (Pharmaindustrie).
Weitere Informationen:	Bundesvereinigung Deutscher Apothekerverbände (ABDA), Unter den Linden 19–23, 10117 Berlin, Tel. (0 30) 4 00 04-0, *www.abda.de*

Biologe / Biologin

Tätigkeiten:	In Hochschulen, Forschungseinrichtungen, Schulen, der biotechnischen Industrie, Naturschutzverwaltungen, freien Berufen (Gutachterbüros, Planungsbüros u. Ä.)
Art der Ausbildung:	Studium der Biologie, Schwerpunktbildung im 5. oder 6. Semester des Bachelorstudiums oder im Master-Studium möglich
Dauer:	Bachelorstudiengänge: 3 Jahre, Masterstudiengänge: weitere 2 Jahre. Für eine Tätigkeit in der Forschung schreiben viele Biologen anschließend eine Doktorarbeit.
Abschluss:	Bachelor und Master of Science (B.Sc. / M.Sc.)
Formale Voraussetzungen:	Allgemeine Hochschulreife
Persönl. Voraussetzungen:	Interessensschwerpunkte in molekularbiologischen oder ökologischen Bereichen
Ausbildungsvergütung:	In der Regel keine, evtl. BAföG
Berufsperspektiven:	Ohne Zusatzqualifikationen mäßig
Art der Tätigkeit:	Kann sitzend oder stehend sein
Aufstiegsmöglichkeiten:	Offen
Vor- und Nachteile:	Als Generalist oder als Spezialist sind Nischen zu besetzen
Selbstständige Berufsmöglichkeiten:	Sind beschränkt vorhanden
Weitere Informationen:	*Studienführer Biologie*, hrsg. vom Verband Biologie, Biowissenschaften und Biomedizin e. V. Über die Website des Verbandes (*www.vbio.de*, Rubrik »Ausbildung und Karriere« und hier »Berufs- und Karriereinfos«) kann auch die sehr informative Publikation *Perspektiven – Berufsfelder von und für Biologen, Biowissenschaftler und weitere Naturwissenschaftler* bezogen werden.

Biologisch-technische / -r Assistent / -in

Tätigkeiten:	Durchführung von Versuchen an Pflanzen, Zellkulturen, Mikroorganismen, Tieren; Arbeit in der Grundlagenforschung (Bereiche u. a. Biochemie, Mikrobiologie, Botanik, Zoologie, Medizin). Arbeitgeber sind Universitäten und Forschungsinstitute, die Pharmaindustrie, staatliche Untersuchungsämter und ärztliche Labors.
Art der Ausbildung:	Ausbildung an staatlichen und privaten Berufsfachschulen
Dauer:	2 Jahre
Formale Voraussetzungen:	Realschulabschluss oder vergleichbarer Abschluss
Persönl. Voraussetzungen:	Naturwissenschaftliche Begabung, sehr gründliche Arbeitsweise, Teamfähigkeit, manuelle Geschicklichkeit
Ausbildungsvergütung:	Keine, an privaten Schulen muss zudem Schulgeld gezahlt werden.
Aufstiegsmöglichkeiten:	Mit Fachhochschulreife bzw. Abitur besteht nach mehreren Jahren Berufstätigkeit die Möglichkeit, sich zum Lehrer an beruflichen Schulen (gewerblich-technische Fachrichtung) weiterzuqualifizieren. Auch kann mit Fachhochschul- bzw. Hochschulreife nach beendeter Ausbildung etwa ein Studium der Biologie, Biochemie, Biotechnologie, der Haushalts- und Ernährungswissenschaft, der Pharmazie bzw. der Agrar- oder Forstwissenschaft aufgenommen werden.
Weitere Informationen:	Siehe auf der Website des Verbandes biologisch-technischer Assistenten e. V. (*www.vbta.de*) unter der Rubrik » Berufsbild « auch die Broschüre *Berufsbild BTA* zum Download.

Chemielaborant / -in

Tätigkeiten:	Chemielaboranten führen Analysen und weitere chemische Untersuchungen durch. Sie arbeiten vor allem in den Forschungslabors von chemischen und pharmazeutischen Betrieben, der Nahrungsmittelindustrie sowie in naturwissenschaftlichen und medizinischen Forschungseinrichtungen von Universitäten und außeruniversitären staatlichen Forschungsinstitutionen. Weitere berufliche Einsatzmöglichkeiten bieten sich in Umweltämtern.
Art der Ausbildung:	Betriebliche Ausbildung

Dauer:	3,5 Jahre, für Abiturienten Möglichkeit der Verkürzung; über 60 Prozent der Ausbildungsverträge wurden in den letzten Jahren mit Abiturienten abgeschlossen.
Abschluss:	Abschluss vor der Industrie- und Handelskammer
Formale Voraussetzungen:	Realschulabschluss, Fachhochschulreife oder Abitur
Persönl. Voraussetzungen:	Interesse an chemischen Experimenten, sehr gründliche Arbeitsweise, naturwissenschaftliche Begabung, Teamfähigkeit, manuelle Geschicklichkeit, gutes Reaktionsvermögen
Ausbildungsvergütung:	Im 1. Jahr 897–942 Euro, im 2. Jahr 955–1.028 Euro, im 3. Jahr 1.007–1.117 Euro, im 4. Jahr 1.058–1.195 Euro
Berufsperspektiven:	Konstante Beschäftigungszahlen sind zu erwarten. Weiterqualifizierung ist in diesem Beruf besonders wichtig.
Art der Tätigkeit:	Stehberuf (Labor)
Aufstiegsmöglichkeiten:	Industriemeister / -in Chemie, Techniker / -in Chemietechnik, mit Abitur Studium der Chemie, Biochemie oder Lebensmittelchemie
Vor- und Nachteile:	Vergleichsweise hohes Starteinkommen
Selbstständige Berufsmöglichkeiten:	Nur sehr bedingt vorhanden, z. B. durch Gründung eines chemischen Untersuchungslabors
Zusätzliche wichtige Informationen:	Gefahr von Atemwegserkrankungen und Verätzungen durch Chemikalien. Ähnliche berufliche Aufgaben wie der Chemielaborant haben die chemisch-technischen Assistenten. Sie werden an etwa 60 staatlichen und privaten Lehranstalten ausgebildet. Hier auch gute Perspektiven für Bewerber / -innen mit Realschulabschluss.
Weitere Informationen:	*www.berufenet.arbeitsagentur.de*

Chemiker / -in

Tätigkeiten:	Vorwiegend im Labor von Chemie- und Pharmaunternehmen und in chemischen Untersuchungsämtern
Art der Ausbildung:	Studium an Universitäten
Dauer:	Durchschnittliche Studiendauer bis zum Master etwa 5–6 Jahre, bis zur Promotion etwa 9 Jahre
Abschluss:	Bachelor und (darauf aufbauend) Master; über 90 Prozent der Chemiker / -innen schließen an den Master eine Promotion an.

Formale Voraussetzungen:	Allgemeine Hochschulreife
Persönl. Voraussetzungen:	Mathematisch-naturwissenschaftliche Begabung, analytisches Denken, technisches Geschick, Bereitschaft zur Teamarbeit, Gründlichkeit, gute englische Sprachkenntnisse
Ausbildungsvergütung:	Keine, ggf. BAföG während des Studiums
Berufsperspektiven:	Günstige Perspektiven derzeit und auch in den nächsten Jahren
Verdienstmöglichkeiten:	Hängen davon ab, ob im öffentlichen Dienst oder in der Privatwirtschaft gearbeitet wird. Im zweiten Beschäftigungsjahr ist etwa in Betrieben der chemischen Industrie, die zum Bundesarbeitgeberverband Chemie gehören, für Angestellte mit Promotion ein Jahresmindesteinkommen von 62 590 Euro per Tarifvertrag vorgesehen. Bei Betrieben, die nicht dem Bundesarbeitgeberverband Chemie angehören, das sind vor allem viele kleine und mittlere Betriebe, liegt das Gehalt auch darunter.
Art der Tätigkeit:	Überwiegend stehende Tätigkeit
Aufstiegsmöglichkeiten:	Sehr viele Möglichkeiten – zum Arbeitsgruppenleiter, Leiter einer Forschungsabteilung bis hin zur Betriebsleitung
Selbstständige Berufsmöglichkeiten:	Umweltberater / -in, Inhaber / -in bzw. Mitgesellschafter / -in von Handelslaboratorien, Patentanwalt / -anwältin, Sachverständige / -r, Gutachter / -in und Analytiker / -in
Zusätzliche wichtige Informationen:	Ein großer Teil der Chemiker wechselt erst nach der Promotion in die chemische Industrie. An Universitäten auch Studium der Biochemie, der Lebensmittelchemie, der Wirtschaftschemie und des Lehramtsstudiengangs Chemie möglich.
Weitere Informationen:	*www.chemie-studieren.de*

Ernährungs- und Haushaltswissenschaftler / -in / Ökotrophologe / -in

Tätigkeiten:	Ernährungswissenschaftler / -innen sind Experten für die menschliche Ernährung und deren natürliche, ökonomische und technische Grundlagen. Sie sind meist im Angestelltenverhältnis in der Lebensmittelwirtschaft (Produktentwicklung), in der Ernährungsberatung (etwa in Krankenhäusern, bei Krankenkassen oder selbstständig), in der staatlichen Forschung, z. B. an Universitäten, oder in der Haushalts-

	geräteindustrie tätig. Haushaltswissenschaftler / -innen befassen sich eher mit den technischen, wirtschaftlichen und organisatorischen Fragen, die bei der Führung von Großeinrichtungen, etwa Großküchen, Mensen sowie von Heimen und Krankenhäusern, anfallen. Häufig leiten sie solche Einrichtungen. Haushalts- und Ernährungswissenschaftler haben auch die Möglichkeit, als Lehrer (z. B. an Berufsschulen oder Fachschulen) zu arbeiten. Hierfür ist aber ein Lehramtsstudium üblich. Für Studiengänge der Haushalts- und Ernährungswissenschaften wird auch der Begriff » Ökotrophologie « verwendet.
Art der Ausbildung:	Studium an Universitäten und Fachhochschulen möglich
Dauer:	In der Regel zwischen 3–4 Jahren (Bachelorabschluss) und 5–6 Jahren (Master)
Abschluss:	Bachelor, Master, für den Schuldienst Staatsexamen
Formale Voraussetzungen:	Fachhochschulreife, Abitur
Persönl. Voraussetzungen:	Organisatorisches Geschick, Interesse an Forschung, naturwissenschaftliche, wirtschafts- und sozialwissenschaftliche Begabung
Ausbildungsvergütung:	Nein, ggf. BAföG
Berufsperspektiven:	Die Berufsaussichten sind recht gut, da immer mehr Menschen durch Großküchen versorgt werden.
Verdienstmöglichkeiten:	Werden grundsätzlich davon bestimmt, ob im öffentlichen Dienst, in einem Unternehmen oder im Schuldienst gearbeitet wird.
Art der Tätigkeit:	Sowohl sitzende als auch stehende Tätigkeit
Aufstiegsmöglichkeiten:	Leiter / -in einer Großkantine, einer Forschungsabteilung oder z. B. des Studentenwerkes an einer Hochschule
Selbstständige Berufsmöglichkeiten:	Eher keine
Weitere Informationen:	BerufsVerband Oecotrophologie e. V., *www.vdoe.de* (Rubrik » Studium, Praktikum, Beruf «)

Geowissenschaftler / -in

Tätigkeiten:	Unter diesem Berufsbegriff sind mehrere Berufe zusammengefasst: Geologen beschäftigen sich mit der Entwicklung und dem Aufbau der festen Erdkruste und sind dann z. B. bei der Erdöl- und Erdgasgewinnung, bei der Durchführung von Bohrungen und bei Bodenuntersuchungen tätig. Mineralogen (Gesteinskundler) befassen sich mit Kristallen, (Halb-) Edelsteinen, aber auch mit einzelnen Rohstoffen wie etwa Erdöl. Paläontologen sind für das Erdalter und für das frühe Leben auf der Erde zuständig. Geophysiker erforschen die Physik der Erde und ihres Magnetfeldes, aber auch Einwirkungen aus dem Weltall. Geografen haben kein fest eingegrenztes Berufsbild. Sie sind sowohl im Schuldienst, in Verlagen, in der Kartenherstellung, im Fremdenverkehr als auch im Umweltschutz tätig.
Art der Ausbildung:	Studium der Geologie / Geowissenschaften an Universitäten mit einer Spezialisierung in Geophysik, Paläontologie oder Mineralogie; Geophysik und Mineralogie können auch als eigenständige Studiengänge gewählt werden.
Dauer:	Abhängig von den gewählten Studiengängen, Bachelorstudiengänge: in der Regel 3 Jahre, Masterstudiengänge: plus weitere 2 Jahre
Abschluss:	Bachelor, Master, vielfach ist auch eine anschließende Promotion üblich.
Formale Voraussetzungen:	Hochschulreife
Persönl. Voraussetzungen:	Naturwissenschaftliche Begabung, körperliche Belastbarkeit, Teamgeist, Fremdsprachen, Mobilität und Kommunikationsfähigkeit
Ausbildungsvergütung:	Keine, evtl. wird BAföG gezahlt
Berufsperspektiven:	Durchschnittlich. Aufgrund der breiten Einsatzmöglichkeiten jedoch gute Chancen in international tätigen Unternehmen.
Verdienstmöglichkeiten:	Im öffentlichen Dienst sind die Gehälter fest geregelt, in der Industrie dagegen frei verhandelbar (zwischen 45 000 Euro und bis etwa 75 000 Euro im Jahr).
Art der Tätigkeit:	Je nach Spezialisierung
Aufstiegsmöglichkeiten:	Aufstiegsmöglichkeiten in der Industrie z. B. Projekt- und Abteilungsleiter oder in der Baustellenleitung

Selbstständige Berufsmöglichkeiten:	Etwa als Gutachter in Umweltfragen für Firmen oder staatliche Behörden
Weitere Informationen:	Siehe unter *www.berufenet.arbeitsagentur.de*

Mathematiker / -in

Tätigkeiten:	Mathematiker / -innen sind überwiegend im Angestelltenverhältnis bei Unternehmen tätig, wo es um die Bewältigung von Zahlen, ihre Strukturierung oder um Entscheidungen geht, für die Pläne und Risikoabschätzungen notwendig sind. Der größte Arbeitsmarkt für Mathematiker ist die Versicherungswirtschaft, in der sie entweder in eigenen mathematischen Abteilungen oder in der Datenverarbeitung tätig sind.
Art der Ausbildung:	Studium an Universitäten und an sehr wenigen Fachhochschulen
Dauer:	In der Regel 3–4 Jahre (Bachelorstudium) bis 5–6 Jahre (mit anschließendem Master)
Abschluss:	Bachelor und (darauf aufbauend) Master of Science (B.Sc. / M.Sc.), für die Tätigkeit als Lehrer auch Staatsexamen oder Bachelor und Master of Education (B.Ed. / M.Ed.)
Formale Voraussetzungen:	Hochschulreife
Persönl. Voraussetzungen:	Sehr hohe Befähigung zum abstrakten Denken, Genauigkeit und die Fähigkeit zur Präzisionsarbeit, auch gutes technisches Verständnis
Ausbildungsvergütung:	Nein, ggf. BAföG
Berufsperspektiven:	Es gibt keine Berufsfelder ausschließlich für Mathematiker. Sie konkurrieren in allen Bereichen mit Informatikern, Wirtschaftswissenschaftlern und Ingenieuren. Forschungsabteilungen von großen Unternehmen und die Versicherungsbranche bieten jedoch auch weiterhin recht gute Einstiegsmöglichkeiten für Mathematiker.
Art der Tätigkeit:	Überwiegend sitzende Tätigkeit
Aufstiegsmöglichkeiten:	Wie üblich in der Industrie und der Versicherungswirtschaft zum Abteilungsleiter oder bis in die Betriebsführung
Selbstständige Berufsmöglichkeiten:	Eher nein, nach vielen Jahren Berufserfahrung evtl. Einrichtung eines technischen Gutachterbüros

Zusätzliche wichtige Informationen:	Überall dort, wo es um die Bewältigung großer Zahlenmengen oder allgemeine Berechnungen und Prognosen geht, sind auch Absolventen von eigenständigen Statistik-Studiengängen vertreten. In die medizinische und pharmazeutische Forschung führen Biostatistik- / Biometrie-Studiengänge.

Meteorologe / Meteorologin

Tätigkeiten:	Zeichnen von Wetterkarten, Konstruktion von Vorhersagekarten an Workstations, Erstellung von Wettervorhersagen, Diagnose des atmosphärischen Zustandes, Interpretation von Modellergebnissen der numerischen Meteorologie, Verifikation, Beratung gutachterlicher Tätigkeit, Entwicklung von Vorhersagemodellen, agrarmeteorologische und medizinmeteorologische Beratung und Forschung, Entwicklung von Messgeräten. Beschäftigungsmöglichkeiten bieten der Deutsche Wetterdienst, private Anbieter von wetterdienstlichen Leistungen, universitäre und außeruniversitäre Forschungsinstitute, Fluggesellschaften, Flughafenverwaltungen und Gutachterbüros.
Art der Ausbildung:	Studium an Universitäten
Dauer:	In der Regel 3–4 Jahre (Bachelorstudium) bis 5–6 Jahre (mit anschließendem Masterstudium)
Abschluss:	Bachelor und (darauf aufbauend) Master of Science (B.Sc. / M.Sc.)
Formale Voraussetzungen:	Abitur
Persönl. Voraussetzungen:	Beherrschung der englischen Sprache, vertiefte Kenntnisse in Mathematik und naturwissenschaftlichen Fächern
Ausbildungsvergütung:	Nein, evtl. BAföG
Berufsperspektiven:	In traditionellen Berufsbereichen ungünstig
Verdienstmöglichkeiten:	Hängen u. a. davon ob, ob im öffentlichen Dienst oder der Privatwirtschaft gearbeitet wird
Art der Tätigkeit:	Überwiegend sitzende Tätigkeit
Vor- und Nachteile:	Ein Teil der Bediensteten ist im Wechselschichtdienst eingesetzt.
Selbstständige Berufsmöglichkeiten:	Als privater Anbieter von wetterdienstlichen Leistungen
Weitere Informationen:	Siehe unter *www.berufenet.arbeitsagentur.de*

Physiker / -in

Tätigkeiten:	Physiker arbeiten entweder als Lehrer im Schuldienst oder in der Forschung. Dort sind sie in den Forschungs- und Entwicklungsabteilungen von Betrieben, an Universitäten und anderen staatlichen Forschungseinrichtungen beschäftigt, wo verbesserte oder neue technische Anwendungen umgesetzt werden. Die Mehrzahl der Physiker ist im Bereich IT / Softwareherstellung, Elektronik- / Elektroindustrie sowie der Laser- / Optik- und Halbleiterindustrie tätig.
Art der Ausbildung:	Studium, normalerweise an Universitäten; einige Fachhochschulen bieten Physik mit bestimmten Ausrichtungen – wie etwa Bauphysik – an.
Dauer:	5 bis 6 Jahre Studium bis zum Master, anschließend häufig 2 bis 4 weitere Jahre bis zur Promotion
Abschluss:	Bachelor und Master of Science (B.Sc. / M.Sc.), für das Lehramt auch Staatsexamen und Bachelor und Master of Education (B.Ed. / M.Ed.)
Formale Voraussetzungen:	Abitur
Persönl. Voraussetzungen:	Sehr gute mathematisch-naturwissenschaftliche Begabung, Teamorientierung, Ausdauer, gute Beobachtungsgabe, technisches Geschick, Interesse an Forschung und technologischer Entwicklung, gute Englischkenntnisse und in vielen Berufsbereichen betriebswirtschaftliches Wissen
Ausbildungsvergütung:	Nein, ggf. BAföG
Berufsperspektiven:	Für die nächsten Jahre werden günstige Beschäftigungsprognosen gestellt
Verdienstmöglichkeiten:	Im oberen Drittel
Art der Tätigkeit:	Unterschiedlich
Aufstiegsmöglichkeiten:	Leiter / -in eines Forschungsprojekts, einer Forschungsabteilung oder Aufstieg ins Management
Selbstständige Berufsmöglichkeiten:	Im Bereich Gutachter- und technisches Prüfungswesen
Weitere Informationen:	Max Rauner, Stefan Jorda, *Big Business und Big Bang. Berufs- und Studienführer Physik*, 2008

9. Medizin, Gesundheit, Pflege

Altenpfleger / -in

Tätigkeiten:	Pflegerische Versorgung schwer kranker und alter Menschen, Mitwirkung bei der Prävention und Rehabilitation bei drohender körperlicher, sozialer, geistiger und psychischer Beeinträchtigung, Ausführung ärztlicher Verordnungen, Einführung von pflegenden Familienangehörigen in Pflegetechniken und den Gebrauch von Hilfsmitteln, Begleitung Sterbender, Pflegeplanung im multiprofessionellen Team. Ab 2020 werden in den Berufsfachschulen die Auszubildenden in den Berufen Altenpfleger / -in, Gesundheits- und Krankenpfleger / -in und Gesundheits- und Kinderkrankenpfleger / -in zwei Jahre gemeinsam ausgebildet. Anschließend können sie entscheiden, ob sie im dritten Jahr den Abschluss in Altenpflege oder Kinderkrankenpflege ablegen oder einen generalistischen Abschluss erwerben. Wer sich für den generalistischen Abschluss entscheidet, kann einen Schwerpunkt wählen (Altenpflege, Kinderkrankenpflege, Krankenpflege), mit abgeschlossener Ausbildung können sich die Auszubildenden aber überall bewerben. Der neue Abschluss heißt dann »Pflegefachfrau / -mann«. Neu ab 2020 ist auch, dass das Schulgeld in Pflege-Berufsfachschulen entfällt und die Auszubildenden Anspruch auf eine Ausbildungsvergütung haben.
Art der Ausbildung:	Ausbildung an Fachschulen
Dauer:	3 Jahre
Ausbildungsvergütung:	Im 1. Jahr 1.041 Euro, im 2. Jahr 1.102 Euro, im 3. Jahr 1.203 Euro
Formale Voraussetzungen:	Hauptschulabschluss oder mittlere Reife
Persönl. Voraussetzungen:	Physische Gesundheit und Belastbarkeit, psychische Stabilität, Sensibilität für die Bedürfnisse anderer, Flexibilität, intaktes soziales Verständnis, Einsatzfreude, Toleranz, Bereitschaft, im Team zu arbeiten, Bereitschaft zum Lernen während des ganzen Berufslebens, moralische Integrität
Berufsperspektiven:	Gut – entsprechend der demografischen Entwicklung
Verdienstmöglichkeiten:	Sind abhängig davon, ob der Beruf im Angestelltenverhältnis oder selbstständig ausgeübt wird.

Art der Tätigkeit:	Stehende Tätigkeit, häufiges Bücken und das Zurücklegen weiter Strecken gehören zu den täglichen Anforderungen.
Aufstiegsmöglichkeiten:	Weiterbildung in der Gerontopsychiatrie und der geriatrischen Rehabilitation, Wohngruppenleitung, Pflegeleitung, Heimleitung, Lehrkraft für Altenpflege an Fachschulen. Möglichkeit des dualen Studiums Pflege an mehreren Fachhochschulen oder nach Beendigung der Ausbildung ein Studium Pflegeleitung oder Pflegepädagogik.
Vor- und Nachteile:	Nacht- und Schichtdienst
Selbstständige Berufsmöglichkeiten:	Ja, als Inhaber / -in eines ambulanten Pflegedienstes
Weitere Informationen:	Siehe unter *www.berufenet.arbeitsagentur.de*

→ **Apotheker / -in, Pharmakologe / Pharmakologin** siehe S. 143

Arzt / Ärztin

Tätigkeiten:	Ärzte arbeiten nicht nur in allgemeinmedizinischen oder fachärztlichen Praxen oder in Krankenhäusern, sondern sind auch in Forschungsabteilungen der chemisch-pharmazeutischen Industrie, im Hochschulbereich, in der Entwicklungshilfe, bei medizinischen Fachverlagen, im Krankenhausmanagement und Unternehmensberatungen tätig.
Art der Ausbildung:	Medizinstudium (Humanmedizin)
Dauer:	Insgesamt: etwa 7–8 Jahre bis zur Approbation (Zulassung als Arzt / Ärztin)
Abschluss:	Staatsexamen
Formale Voraussetzungen:	Abitur; Studienplatzvergabe über *hochschulstart.de*
Persönl. Voraussetzungen:	Naturwissenschaftlich-mathematische Begabung, manuelle Geschicklichkeit, körperliche und geistige Belastbarkeit, soziales Engagement, Verantwortungsbewusstsein
Ausbildungsvergütung:	Keine, ggf. BAföG
Berufsperspektiven:	Können bei einem bereits bestehenden Mangel, vor allem in ländlichen Gebieten, und einer Abwanderung vieler Ärzte ins Ausland als durchaus günstig bezeichnet werden.
Verdienstmöglichkeiten:	Sind in erster Linie davon abhängig, ob in eigener Praxis oder im Angestelltenverhältnis gearbeitet wird

Art der Tätigkeit:	Sowohl sitzende als auch stehende Tätigkeit
Aufstiegsmöglichkeiten:	Als Allgemeinmediziner / Facharzt: selbstständig mit eigener Praxis; in Krankenhäusern: vom Assistenzarzt über den Oberarzt und Leitenden Oberarzt bis hin zum Chefarzt; in Industrie und Forschung: Leiter von Projekten, Abteilungen und ganzen Forschungseinrichtungen
Selbstständige Berufsmöglichkeiten:	Wenn man über die Approbation (siehe oben) verfügt, besteht die Möglichkeit, sich als Arzt / Ärztin mit einer eigenen Praxis niederzulassen.
Weitere Informationen:	Christian Weier, Jens Plasger, Jan-Peter Wulf, *Abenteuer Medizinstudium*, 2013. Für die Hochschulauswahlverfahren zum Medizinstudium: Dieter Herrmann, Angela Verse-Herrmann, *Erfolgreich bewerben an Hochschulen. So bekommen Sie Ihren Wunschstudienplatz*, 2014.

Gesundheits- und Krankenpfleger / -in

Tätigkeiten:	Pflege von Kranken, Unterstützung der Ärzte zusammen mit dem übrigen medizinischen Personal
Art der Ausbildung:	Ausbildung an Fachschulen, die Krankenhäusern angeschlossen sind. Ab 2020 gemeinsame Ausbildung mit den Berufen » Altenpfleger/-in « und » Gesundheits- und Kinderkrankenpfleger / -in « über zwei Jahre. Anschließend Wahl des Abschlusses in Kinderkrankenpflege, Altenpflege oder eines generalistischen Abschlusses, der eine Schwerpunktsetzung in Kinderkranken-, Alten- oder Krankenpflege vorsieht. Siehe hierzu auch unter Altenpfleger / -in auf S. 154
Dauer:	3 Jahre, in Teilzeit max. 4 Jahre
Formale Voraussetzungen:	Vollendung des 17. Lebensjahres, Realschulabschluss, Hauptschulabschluss mit abgeschlossener 2-jähriger Berufsausbildung oder mit 2-jährigem Besuch einer Pflegevorschule (weitere Möglichkeiten mit Hauptschulabschluss vorhanden)
Persönl. Voraussetzungen:	Körperliche und psychische Belastbarkeit, soziales Engagement, Verantwortungsbewusstsein, Zuverlässigkeit, Teamfähigkeit, Kontaktfähigkeit, organisatorisches Geschick

Ausbildungsvergütung:	Im 1. Ausbildungsjahr etwa 1.041 Euro, im 2. Jahr 1.102 Euro, im 3. Jahr 1.203 Euro
Berufsperspektiven:	Weiterhin günstig
Verdienstmöglichkeiten:	Abhängig davon, ob im Angestelltenverhältnis oder selbstständig im eigenen Pflegedienst gearbeitet wird
Art der Tätigkeit:	Stehende Tätigkeit, hohe Anforderungen an die Physis
Aufstiegsmöglichkeiten:	Leitung einer Abteilung, Weiterbildung zur / zum Fachkrankenschwester / -pfleger, Studium eines Pflege-Studienganges wie Pflegemanagement, -leitung, -pädagogik für Lehr- und Leitungsaufgaben: auch duales Studium Pflege (Berufsfachschulausbildung Gesundheits- und Krankenpfleger / -in und FH-Studium parallel) an mehreren Fachhochschulen möglich.
Selbstständige Berufsmöglichkeiten:	Als Inhaber / -in eines ambulanten Pflegedienstes
Zusätzliche wichtige Informationen:	Nach der Ausbildung müssen kontinuierlich Fort- und Weiterbildungsmaßnahmen genutzt werden, um den individuellen Wissensstand den neuen Erkenntnissen aus Pflegeforschung und -praxis anzupassen.
Weitere Informationen:	Siehe unter *www.berufenet.arbeitsagentur.de*

→ **Gymnastiklehrer / -in** siehe S. 170

Hebamme

Tätigkeiten:	Die Ausbildung soll dazu befähigen, Frauen während der Schwangerschaft, der Geburt und dem Wochenbett zu begleiten, Schwangerschaftsvorsorge durchzuführen, normale Geburten zu leiten, Komplikationen frühzeitig zu erkennen und adäquat zu behandeln, Neugeborene zu versorgen, den Wochenbettverlauf zu überwachen und alle Tätigkeiten und Befunde zu dokumentieren.
Art der Ausbildung:	Ausbildung an einer Hebammenschule
Dauer:	3 Jahre, Verkürzung für ausgebildete Krankenschwestern bzw. Kinderkrankenschwestern auf 2 Jahre
Formale Voraussetzungen:	Vollendung des 17. Lebensjahres, gesundheitliche Eignung zur Berufsausbildung, Realschulabschluss
Ausbildungsvergütung:	Im 1. Jahr 1.041 Euro, im 2. Jahr 1.102 Euro, im 3. Jahr 1.203 Euro

Berufsperspektiven:	Derzeit im Angestelltenverhältnis günstiger wegen des hohen Anstiegs der Berufshaftpflichtversicherungen für freiberufliche Hebammen. Dies führte in den letzten Jahren dazu, dass eine Vielzahl der freiberuflich tätigen Hebammen keine Geburtshilfe mehr leistet (nur noch Vor- und Nachsorge).
Aufstiegsmöglichkeiten:	Etwa Tätigkeit als Lehrhebamme; seit 2008 Möglichkeit der akademischen Weiterqualifizierung von Hebammen in Studiengängen Hebammenkunde (etwa an der Hochschule Osnabrück und der Katholischen Fachhochschule Nordrhein-Westfalen, Köln); auch duales Studium (Hebammenausbildung und FH-Studium Hebammenwesen parallel) an den Hochschulen Berlin (Evangelische Hochschule), Bochum, Fulda, Jena und Ludwigshafen möglich.
Selbstständige Berufsmöglichkeiten:	Möglichkeit der Freiberuflichkeit als Alternative zur Angestelltentätigkeit
Weitere Informationen:	Deutscher Hebammenverband e. V., Gartenstr. 26, 76133 Karlsruhe, Tel. (07 21) 9 81 89-0, *www.hebammenverband.de* (siehe hier die Rubrik »Beruf Hebamme« und die Liste aller Hebammenschulen in Deutschland).

Kosmetiker / -in siehe S. 128

Logopäde / Logopädin siehe S. 175

Masseur / -in und medizinische / -r Bademeister / -in

Tätigkeiten:	Masseure und medizinische Bademeister führen Teil-, Halb- und Vollmassagen durch – sowohl mit den Händen (durch Reiben, Kneten oder Streichen) als auch mit speziellen Massagegeräten. Zusätzlich legen sie Heilpackungen auf, verabreichen verschiedene Inhalationen und bereiten heilende Bäder (z. B. Moorbäder, Unterwassermassagen) vor. Außerdem beherrschen sie Zusatzbehandlungen wie die Bewegungstherapie und Kälte- und Wärmebehandlungen. Ihre Einsatzgebiete finden Masseure und medizinische Bademeister in Krankenhäusern, Kurkliniken, Bade-, Fitness- oder Saunaeinrichtungen und in Rehabilitationszentren oder in der eigenen Praxis.

Art der Ausbildung:	Ausbildung an Berufsfachschulen
Dauer:	2,5 Jahre (einschließlich eines halbjährigen Praktikums)
Formale Voraussetzungen:	Mindestens Hauptschulabschluss, Mindestalter von 16 Jahren und Nachweis der körperlichen Eignung (ärztliches Attest)
Persönl. Voraussetzungen:	Körperliche Belastbarkeit, Kontaktfreude, Einfühlungsvermögen
Ausbildungsvergütung:	Keine, für das Praktikum wird eine monatliche Vergütung von 1.445 Euro gezahlt. Die Ausbildung an staatlichen Schulen ist kostenfrei. Bei privaten fallen Schulgebühren von mehreren Tausend Euro für die gesamte Ausbildung an.
Verdienstmöglichkeiten:	Hängen davon ab, ob im Angestelltenverhältnis oder in eigener Praxis gearbeitet wird und dort von der persönlichen Leistung und Zahl der Patienten.
Art der Tätigkeit:	Stehberuf
Aufstiegsmöglichkeiten:	Nur begrenzt. Viele Auszubildende sehen die Ausbildung als Sprungbrett für den Beruf des Physiotherapeuten an.
Selbstständige Berufsmöglichkeiten:	Eigene Praxis möglich
Weitere Informationen:	Siehe unter *www.berufenet.arbeitsagentur.de*

MTLA – Medizinisch-technische / -r Laboratoriumsassistent / -in

Tätigkeiten:	Arbeit in den Fachgebieten Histologie, Hämatologie, klinische Chemie oder Mikrobiologie. Mögliche Arbeitgeber sind neben den medizinischen Laboratorien Krankenhäuser, Arztpraxen, Gesundheitsämter, Blutspendedienste und pharmazeutische und medizinische Forschungseinrichtungen.
Art der Ausbildung:	Ausbildung in staatlichen oder privaten (staatlich anerkannten) Schulen
Dauer:	3 Jahre
Abschluss:	Staatliche Abschlussprüfung
Formale Voraussetzungen:	Mindestens mittlere Reife
Persönl. Voraussetzungen:	Technisches Verständnis, chemische und physikalische Kenntnisse Voraussetzung, manuelle Geschicklichkeit, physische und psychische Belastbarkeit

Aufstiegsmöglichkeiten:	Etwa durch Weiterbildung zum / zur Biomedizinischen Fachanalytiker / -in für klinische Chemie und Pathobiochemie oder für Histologie, Hämatologie und Molekulare Biologie und Diagnostik, zur MTA-Lehrkraft oder zum / -r Leitenden MTA.
Selbstständige Berufsmöglichkeiten:	Nein, überwiegend Tätigkeit im Angestelltenverhältnis
Zusätzliche wichtige Informationen:	An Fachschulen in Baden-Württemberg und Bayern wird auch eine 2-jährige Ausbildung zum Zytologie-Assistenten angeboten, der ausschließlich Zellen auf Veränderungen bzw. Krebsbefall untersucht.
Weitere Informationen:	Dachverband für Technologen / -innen und Analytiker / -innen in der Medizin Deutschland e. V., Spaldingstr. 110 b, 20097 Hamburg, Tel. (0 40) 23 51 17-0, *www.dvta.de*

MTRA – Medizinisch-technische / -r Radiologieassistent / -in

Tätigkeiten:	Arbeit auf den Gebieten der Röntgendiagnostik, der Strahlentherapie, der Nuklearmedizin sowie des Strahlenschutzes und der Dosimetrie
Art der Ausbildung:	Ausbildung an staatlichen oder privaten (staatlich anerkannten) Schulen
Dauer:	3 Jahre
Abschluss:	Staatliche Abschlussprüfung
Formale Voraussetzungen:	Mindestens mittlere Reife
Persönl. Voraussetzungen:	Technisches Verständnis, chemische und physikalische Kenntnisse Voraussetzung, manuelle Geschicklichkeit, physische und psychische Belastbarkeit
Berufsperspektiven:	Gut
Aufstiegsmöglichkeiten:	Etwa Weiterbildung zum / zur Fachradiotechnologe / -technologin für radiologische Diagnostik oder für Radioonkologie und Dosimetrie, zur MTA-Lehrkraft oder zum / -r Leitenden MTA.
Selbstständige Berufsmöglichkeiten:	Nein, es handelt sich um eine Tätigkeit im Angestelltenverhältnis.
Weitere Informationen:	Dachverband für Technologen / -innen und Analytiker / -innen in der Medizin Deutschland e. V., Spaldingstr. 110 b, 20097 Hamburg, Tel. (0 40) 23 51 17-0, *www.dvta.de*

Medizinische / -r Dokumentar / -in

Tätigkeiten:	Erfassung, Sammlung, Ordnung, Verschlüsselung, Speicherung und Auswertung von Daten, die in Einrichtungen des Gesundheitswesens und in der medizinischen Forschung gewonnen werden; Dokumentation medizinischer Literatur; Planung und statistische Auswertung medizinischer Studien; Lösung spezieller medizinischer Aufgaben unter Einsatz der Datenverarbeitung. Arbeitgeber sind Krankenhäuser, medizinische Forschungsinstitute, Gesundheitsämter, Krankenkassen und die pharmazeutische Industrie.
Art der Ausbildung:	Ausbildung an staatlichen oder privaten (staatlich anerkannten) Schulen oder Studium Data Science in der Medizin an der Hochschule Ulm oder Medizinisches Informationsmanagement an der Hochschule Hannover.
Dauer:	Ausbildung 2–3 Jahre; Studium 3,5 Jahre (mit Bachelorabschluss) oder 5 Jahre mit (mit Masterabschluss)
Formale Voraussetzungen:	In der Regel Abitur, für die Ausbildung in dem verwandten Beruf » Medizinische / -r Dokumentationsassistent / -in « auch mittlere Reife; für das Studium fachgebundene oder allgemeine Hochschulreife.
Persönl. Voraussetzungen:	Teamfähigkeit, Genauigkeit und Zuverlässigkeit, Abstraktionsfähigkeit, Kreativität, Flexibilität, Organisationsgeschick, Durchsetzungsvermögen, Fähigkeit zum selbstständigen Arbeiten.
Berufsperspektiven:	Gute Zukunftsperspektiven, da die Erfassung, Berechnung und statistische Aufbereitung von Daten für Krankenhäuser und Krankenkassen immer wichtiger werden.
Verdienstmöglichkeiten:	Sind davon abhängig, ob es sich um einen staatlichen oder einen privaten Arbeitgeber handelt.
Art der Tätigkeit:	Überwiegend sitzende Tätigkeit
Selbstständige Berufsmöglichkeiten:	Nur bedingt
Weitere Informationen:	Fachverband für Dokumentation und Informationsmanagement in der Medizin (DVMD) e. V., Lobdengaustraße 13, 69493 Hirschberg, Tel. (0 62 01) 489 18 84, *www.dvmd.de*

Medizinische / -r Fachangestellte / -r (früher » Arzthelfer / -in «)

Tätigkeiten:	Sie organisieren den täglichen Sprechstundenablauf in einer ärztlichen Praxis. Sie nehmen z. B. die Personalien der Patienten auf, vergeben Termine und betreuen die Patienten vor und nach der Behandlung. Während der Behandlung assistieren sie dem Arzt. Gelegentliche Laboruntersuchungen gehören genauso zur ihrem Aufgabenbereich wie Büroarbeiten (Führen der Patientenkartei, Abrechnung mit den Versicherungen).
Art der Ausbildung:	Betriebliche Ausbildung
Dauer:	3 Jahre
Formale Voraussetzungen:	Mindestens Hauptschulabschluss oder Realschulabschluss
Persönl. Voraussetzungen:	Belastbarkeit, Geduld, freundliches Auftreten, Organisationstalent, Kontaktfreudigkeit und soziales Engagement
Ausbildungsvergütung:	Im 1. Jahr 730 Euro, im 3. Jahr 820 Euro
Berufsperspektiven:	Beliebter Beruf für Mädchen mit Realschulabschluss. Es sind auch weiterhin gleichbleibende Beschäftigungszahlen zu erwarten.
Art der Tätigkeit:	Sowohl sitzende als auch stehende Tätigkeit
Aufstiegsmöglichkeiten:	Etwa Weiterbildung zum / zur Fachwirt / -in für ambulante medizinische Versorgung oder zum / -r Fachwirt / -in im Gesundheits- und Sozialwesen möglich
Selbstständige Berufsmöglichkeiten:	Nein
Weitere Informationen:	Siehe unter *www.berufenet.arbeitsagentur.de*

Motopäde / Motopädin

Tätigkeiten:	Aufgabe des Motopäden ist die Entwicklungsförderung von Kindern und Jugendlichen, die in ihren Wahrnehmungs- und Bewegungsleistungen und als Folge davon in ihrem sozial-emotionalen Verhalten altersbezogene Entwicklungsrückstände aufweisen oder aus anderen Gründen einer speziellen Förderung bedürfen.
Art der Ausbildung:	Weiterbildung mit staatlicher Abschlussprüfung an Fachschulen

Dauer:	1-jährige Vollzeitausbildung oder 2-jährige berufsbegleitende Ausbildung
Abschluss:	Staatlich geprüfte / -r Motopäde / Motopädin
Formale Voraussetzungen:	Entweder Abschluss als staatlich geprüfte / -r Gymnastiklehrer / -in oder Hochschulabschluss als Sportlehrer / -in oder eine abgeschlossene sozialpädagogische, heilpädagogische oder heilerziehungspflegerische, ergo- oder bewegungstherapeutische Berufsausbildung mit psychomotorischer, sportlicher, rhythmischer oder tänzerischer Qualifikation sowie eine mindestens einjährige einschlägige Berufspraxis
Persönl. Voraussetzungen:	Hohes Maß an Verantwortungsbewusstsein, psychische und physische Belastbarkeit, Freude an Bewegung
Ausbildungsvergütung:	Keine
Art der Tätigkeit:	Sowohl sitzende als auch stehende Tätigkeit
Selbstständige Berufsmöglichkeiten:	Als Inhaber / -in einer Praxis
Weitere Informationen:	Deutscher Berufsverband der MotopädInnen / MototherapeutInnen DBM e. V., Wittbräuckerstraße 957, 44265 Dortmund, Tel. (02 31) 82 93 24, *www.motopaedie-verband.de*

Orthoptist / -in

Tätigkeiten:	Aufgabe von Orthoptisten ist die Mitwirkung bei der Vorsorge, Untersuchung und Behandlung von Störungen des Einzelauges und von Störungen im Zusammenwirken beider Augen, hervorgerufen durch Schielerkrankungen, Sehschwäche und Augenzittern. Ein weiterer Tätigkeitsbereich ist die Arbeit mit Sehbehinderten aller Altersgruppen in der Rehabilitation.
Art der Ausbildung:	Ausbildung an staatlich anerkannten Lehranstalten oder Berufsfachschulen
Dauer:	3 Jahre
Abschluss:	Staatliche Prüfung
Formale Voraussetzungen:	Mindestens Realschulabschluss, gesundheitliche Eignung
Persönl. Voraussetzungen:	Erforderlich sind Geduld und hohes Einfühlungsvermögen

Ausbildungsvergütung:	Keine, ggf. Unterstützung durch BAföG
Berufsperspektiven:	Bei der derzeitigen Ausbildungskapazität sind ausreichend Stellen vorhanden; es werden Voll- und Teilzeitstellen angeboten. Flexibilität in der Ortswahl wird vorausgesetzt.
Art der Tätigkeit:	Überwiegend sitzende Tätigkeit
Aufstiegsmöglichkeiten:	Bieten sich in der Lehrtätigkeit sowie in Wissenschaft und Forschung
Selbstständige Berufsmöglichkeiten:	Keine
Zusätzliche wichtige Informationen:	Da die Zahl der Bewerber / -innen die Ausbildungskapazität übersteigt, werden an den Schulen interne Auswahlverfahren durchgeführt
Weitere Informationen:	Berufsverband Orthoptik Deutschland e. V., Gminderstr. 22, 72762 Reutlingen, Tel. (0 71 21) 9 72 56 55, *www.orthoptik.de.*

Pharmazeutisch-kaufmännische / -r Angestellte / -r

Tätigkeiten:	Das Tätigkeitsfeld der pharmazeutisch-kaufmännischen Angestellten liegt in öffentlichen Apotheken, im pharmazeutischen Großhandel und in der Industrie. Zu den täglichen Aufgaben in einer Apotheke gehören z. B. die Aufnahme und Aktualisierung des Warenbestandes, die Abrechnung mit Lieferanten und Krankenkassen und die Beratung des einzelnen Kunden. Dafür ist ein Spezialwissen über die verschiedenen Arzneimittel und deren Wirkung nötig. Der Verkauf von verschreibungspflichtigen Medikamenten ist jedoch nicht ihre Aufgabe. Frei verkäufliche Arzneimittel und bestimmte Kosmetika können dagegen von ihnen verkauft werden.
Art der Ausbildung:	Betriebliche Ausbildung
Dauer:	3 Jahre
Abschluss:	Gehilfenprüfung
Formale Voraussetzungen:	Mindestens Hauptschulabschluss, eher Realschulabschluss
Persönl. Voraussetzungen:	Naturwissenschaftliches Interesse (Chemie, Biologie), Genauigkeit, Verantwortungsbewusstsein, freundliches Auftreten, Kontaktfreudigkeit
Ausbildungsvergütung:	Im 1. Jahr 687 Euro, 2. Jahr 738 Euro, 3. Jahr 789 Euro

Berufsperspektiven:	Konstante bis leicht sinkende Beschäftigungszahlen sind zu erwarten
Art der Tätigkeit:	Überwiegend Stehberuf
Aufstiegsmöglichkeiten:	Etwa zum / zur geprüften Pharmareferenten / Pharmareferentin, Handelsfachwirt / -in, staatlich geprüften Betriebswirt / -in für Handel
Weitere Informationen:	Siehe unter *www.berufenet.arbeitsagentur.de*

Physiotherapeut / -in

Tätigkeiten:	Sie behandeln Störungen des Bewegungssystems und des Bewegungsverhaltens, etwa im orthopädischen Bereich Erkrankungen der Bandscheiben und der Wirbelsäule sowie Haltungsfehler oder im Bereich der Kinderheilkunde Koordinationsstörungen durch Hirnschädigungen bei der Geburt, Patienten mit rheumatischen Erkrankungen, verletzte Sportler, werdende Mütter und Mütter nach der Geburt u. a. Physiotherapeuten üben ihre Tätigkeit in Krankenhäusern, Altenheimen, Behinderteneinrichtungen, im Kurbereich, in Arztpraxen oder in eigener Praxis aus.
Art der Ausbildung:	Ausbildung an staatlichen und privaten Schulen
Dauer:	3 Jahre
Formale Voraussetzungen:	Mittlerer Bildungsabschluss, Fachhochschulreife oder Abitur, Mindestalter: 18 Jahre, Nachweis der körperlichen Eignung, Voraussetzung: ein mindestens 3-monatiges Pflegepraktikum in Krankenhäusern, Altenheimen oder Behinderteneinrichtungen
Persönl. Voraussetzungen:	Fähigkeit zur Kommunikation (Kooperationsfähigkeit, konstruktive Gesprächsführung, Konfliktbewältigung, Verhandlungsfähigkeit); charakterliche Grundeigenschaften wie Ausdauer, Aktivität, Initiative, Lernbereitschaft, Offenheit, Glaubwürdigkeit, Fähigkeit zur Entwicklung von Konzepten, Treffen von Entscheidungen, Führungs- und Rollenkompetenz
Ausbildungsvergütung:	Keine. Für die Ausbildung an privaten Schulen können Gebühren von mehreren Tausend Euro anfallen. Die staatlichen Schulen erheben keine Schulgebühren.

Berufsperspektiven:	Tätigkeiten in eigener Praxis bieten grundsätzlich die besten beruflichen Perspektiven, da die Beschäftigung im Angestelltenverhältnis in Krankenhäusern eher rückläufig sein wird und die Tendenz, Patienten schneller zu entlassen und die weitere Behandlung ambulant in Praxen vorzunehmen, noch zunehmen wird.
Selbstständige Berufsmöglichkeiten:	Ja, mit der Eröffnung einer eigenen Physiotherapeuten-Praxis
Weitere Informationen:	Siehe unter *www.berufenet.arbeitsagentur.de*

→ **Veterinärmedizinisch-technische / -r Assistent / -in** siehe S. 187

Zahnarzt / -ärztin

Tätigkeiten:	Zahnärzte sorgen für die Gesundheit unserer Zähne, indem sie Karies entfernen und Löcher füllen. Sie führen auch Wurzelbehandlungen durch, setzen Kronen oder Brücken ein, wenn Zähne fehlen, ziehen irreparable Zähne oder überkronen sie. Zahnärzte arbeiten selbstständig oder angestellt in Zahnarztpraxen, aber auch bei Gesundheitsämtern oder in der zahnmedizinischen Forschung.
Art der Ausbildung:	Studium der Zahnmedizin: vorklinisches Studium bis zum Physikum / Zwischenprüfung, Hauptstudium bis zur Staatsprüfung, anschließend Möglichkeit, zum Dr. med. dent. zu promovieren. Die Bewerbung für die Zahnmedizin-Studiengänge läuft über *hochschulstart.de.*
Dauer:	5–6 Jahre
Abschluss:	Staatsexamen
Formale Voraussetzungen:	Abitur
Persönl. Voraussetzungen:	Naturwissenschaftlich-mathematische Begabung, manuelle Geschicklichkeit, Einfühlungsvermögen, Verantwortungsbewusstsein
Ausbildungsvergütung:	Keine, ggf. BAföG
Berufsperspektiven:	Sind als günstig zu bezeichnen, allerdings für Berufsanfänger hohe Investitionskosten für die Einrichtung der Praxis bzw. für die Übernahme einer bestehenden.

Art der Tätigkeit:	Sowohl sitzende als auch stehende Tätigkeit
Aufstiegsmöglichkeiten:	Nach der Approbation (Zulassung als Zahnarzt nach dem Staatsexamen) mögliche Weiterbildung zum Fachzahnarzt (etwa in den Bereichen Kieferorthopädie, zahnärztliche Chirurgie oder Parodontologie)
Selbstständige Berufsmöglichkeiten:	Wer über die Approbation verfügt, kann sich mit einer eigenen Praxis niederlassen.
Weitere Informationen:	Christian Weier, Jens Plasger, Jan-Peter Wulf, *Abenteuer Medizinstudium*, 2013. Für die Hochschulauswahlverfahren zum Zahnmedizinstudium: Dieter Herrmann, Angela Verse-Herrmann, *Erfolgreich bewerben an Hochschulen. So bekommen Sie Ihren Wunschstudienplatz*, 2014.

Zahnmedizinische / -r Fachangestellte / -r (früher » Zahnarzthelfer / -in «)

Tätigkeiten:	Genau wie die medizinischen Fachangestellten bei den Ärzten assistieren sie den Zahnärzten in der Praxis, indem sie die Instrumente reinigen, Füllungen vorbereiten und bei Röntgenaufnahmen helfen. Schreibarbeiten, wie das Aufnehmen von Personalien, die Vergabe von Terminen und die Führung der Patientenkartei, gehören ebenfalls zu ihren Pflichten.
Art der Ausbildung:	Betriebliche Ausbildung
Dauer:	3 Jahre
Abschluss:	Gehilfenprüfung
Formale Voraussetzungen:	Mindestens Hauptschulabschluss oder besser Realschulabschluss
Persönl. Voraussetzungen:	Siehe unter Medizinische / -r Fachangestellte / -r
Ausbildungsvergütung:	1. Ausbildungsjahr 550–750 Euro, 2. Jahr 600–790 Euro, 3. Jahr 680–840 Euro
Berufsperspektiven:	Beliebter Beruf bei Schülerinnen mit Realschulabschluss. Auch weiterhin ist mit konstanten Beschäftigungszahlen zu rechnen.
Art der Tätigkeit:	Sowohl sitzende als auch stehende Tätigkeit
Selbstständige Berufsmöglichkeiten:	Keine
Weitere Informationen:	Siehe unter *www.berufenet.arbeitsagentur.de*

10. Soziale Berufe, Lehre und Erziehung

Arbeits- und Berufsberater / -in

Tätigkeiten:	Arbeits- und Berufsberater / -innen sind vor allem in den Arbeitsagenturen tätig. Ihre Hauptaufgabe liegt in der schriftlichen und mündlichen Beratung von Jugendlichen, die vor dem Schulabschluss stehen und Näheres über Ausbildungen und Berufe wissen möchten. Aber auch Berufstätige, die sich umorientieren möchten oder eine zusätzliche berufliche Qualifizierung anstreben, finden Unterstützung. An den Hochschulen gibt es zudem Studienberater, die den Studienbewerbern und Studierenden mit Informationen zur Studienwahl (Fächer, Dauer, Abschlüsse) und zu studienrelevanten Themen (etwa Studienfinanzierung) zur Seite stehen.
Art der Ausbildung:	Studium Arbeitsmanagement an der Hochschule der Bundesagentur für Arbeit (nach Aufnahmeprüfung, Abschluss: Bachelor of Arts) oder abgeschlossenes Hochschulstudium für die Arbeit als Studienberater / -in an Hochschulen
Dauer:	3 Jahre (Hochschule der Bundesagentur für Arbeit) oder 3–5 Jahre
Abschluss:	Je nach Studienfach
Formale Voraussetzungen:	Abitur
Persönl. Voraussetzungen:	Sprachgewandtheit, Kontaktfreudigkeit, soziales Engagement, ein offenes Ohr für die Nöte anderer
Ausbildungsvergütung:	Keine, ggf. BAföG im Studium
Berufsperspektiven:	Im öffentlichen Dienst ist die Zahl der Stellen eher rückläufig, im privatwirtschaftlichen Bereich steigt die Nachfrage.
Art der Tätigkeit:	Sitzberuf
Aufstiegsmöglichkeiten:	Allgemein gibt es in diesem Arbeitsbereich keine großen Karrieresprünge (nach einigen Jahren vielleicht Bereichsleiter / Abteilungsleiter)
Selbstständige Berufsmöglichkeiten:	Gründung eines eigenen Arbeitsvermittlungs- oder Berufsberatungsunternehmens

→ **Arzt / Ärztin** siehe S. 155

→ **Entwicklungshelfer / -helferin** siehe S. 181

Erzieher / -in

Tätigkeiten:	Erzieher / -innen haben es fast immer mit Gruppen zu tun, z. B. im Kindergarten, im Hort oder Heim. Ihre Arbeit im Kindergarten beschränkt sich nicht nur auf die Betreuung der Kinder, sondern beinhaltet auch die Schulvorbereitung. Sie fördern das soziale Verhalten und helfen dem einzelnen Kind bei seiner Entwicklung. In einem Heim ist noch mehr psychologisches Einfühlungsvermögen gefragt, da die Erzieher hier oft Familienersatz für die Kinder darstellen.
Art der Ausbildung:	Ausbildung an Berufsfachschule bzw. Berufskolleg
Dauer:	2–4 Jahre
Abschluss:	Staatlich anerkannte / -r Erzieher / -in
Formale Voraussetzungen:	Je nach Bundesland verschieden; meist jedoch Realschulabschluss und 1–2 Jahre praktische Tätigkeit in einer sozialpädagogischen Einrichtung; bei Fachhochschulreife entfällt der Nachweis einer praktischen Tätigkeit.
Persönl. Voraussetzungen:	Nervliche / psychische Belastbarkeit, Geduld, Interesse am Umgang mit Kindern, Kontaktfreudigkeit, soziales Empfinden, Spontaneität, Reaktionsvermögen, Verantwortungsbewusstsein
Ausbildungsvergütung:	Nein, ggf. BAföG
Art der Tätigkeit:	Sowohl sitzende als auch stehende Tätigkeit
Aufstiegsmöglichkeiten:	Leiter / -in eines Kindergartens; Studium Pädagogik der Kindheit an zahlreichen Fachhochschulen, pädagogischen Hochschulen und Universitäten möglich. Auch Studienangebote für Teilzeitstudium und duale Studienangebote (Erzieherausbildung und FH-Studium parallel) werden angeboten.
Selbstständige Berufsmöglichkeiten:	Gründung eines privaten Kindergartens oder Tätigkeit als Tagesmutter
Weitere Informationen:	Siehe unter *www.berufenet.arbeitsagentur.de*

Gymnastiklehrer / -in

Tätigkeiten:	Gymnastiklehrer arbeiten in Einrichtungen der Rehabilitation (etwa Sanatorien und Reha-Zentren), in sozialpädagogischen Einrichtungen (Einrichtungen für Behinderte, Kindertagesstätten) und Sportstätten (Fitnessstudios, Vereinsanlagen). Mit ihren Übungen wirken sie sowohl im therapeutischen Bereich, hier vor allem bei der Behandlung von Haltungsschäden und Koordinationsstörungen, als auch im Bereich der Gesundheitsvorsorge mit.
Art der Ausbildung:	Ausbildung an Berufsfachschulen
Dauer:	2,5 – 3 Jahre
Abschluss:	Staatlich geprüfte / -r Gymnastiklehrer / -in
Formale Voraussetzungen:	Mittlere Reife oder gleichwertiger Bildungsabschluss, gesundheitliche Eignung
Persönl. Voraussetzungen:	Offene und aufgeschlossene Persönlichkeit, Flexibilität, Bereitschaft, sich auf andere Menschen einzulassen, Spaß am Unterrichten, Vorkenntnisse in rhythmischer Bewegung und Sport, Musikalität
Berufsperspektiven:	Positive Entwicklung, da ein wachsendes Interesse an Gesundheit, Bewegung und Körperorientiertheit besteht. Freiberuflich sind die Perspektiven gut bis sehr gut.
Art der Tätigkeit:	Sehr bewegungsintensive Tätigkeit
Aufstiegsmöglichkeiten:	Im Angestelltenbereich eher selten, Leitung von entsprechenden Klinik- oder Sanatorienabteilungen
Selbstständige Berufsmöglichkeiten:	Ja, etwa durch Eröffnung eines Fitnessstudios
Weitere Informationen:	Siehe unter *www.berufenet.arbeitsagentur.de*

Hochschullehrer / -in

Tätigkeiten:	Dieser Beruf ist besser bekannt unter der Bezeichnung Professor / -in. Im Unterschied zu anderen Lehrer / -innen sind Professoren nur für ein Fach zuständig. Sie unterrichten Studierende an Universitäten, Fachhochschulen und anderen Hochschultypen wie Kunst- und Musikhochschulen, Universitäten der Bundeswehr und pädagogischen Hochschulen. An Universitäten umfasst die Lehre ca. acht Wochenstunden,

	an Fachhochschulen dagegen 18 Stunden. Hinzu kommt die Betreuung von Studierenden während des Studiums, des Examens und bei der Doktorarbeit. Neben diesen Tätigkeiten forschen Professoren zu Themen ihres Fachgebietes und veröffentlichen ihre Ergebnisse. Allgemeine Verwaltungsaufgaben und Mitarbeit in den Gremien der Hochschule ergänzen ein umfangreiches und vielfältiges Arbeitsfeld.
Art der Ausbildung:	Studium (je nach Fach 5–6 Jahre), anschließend Doktorarbeit (2–4 Jahre), für die Tätigkeit an Universitäten sind weitere wissenschaftliche Qualifikationen (etwa eine Juniorprofessur oder eine Habilitation) nötig. Wer Professor / -in an einer Fachhochschule werden will, muss neben Lehrerfahrung 5 Jahre Berufstätigkeit in seinem Fachgebiet nachweisen, davon mindestens 3 Jahre außerhalb der Hochschule.
Dauer:	Die längste Berufsausbildung überhaupt
Formale Voraussetzungen:	Hoch- bzw. Fachhochschulreife, erfolgreich abgeschlossenes Bachelor- und Master-Studium oder Staatsexamens-Studium, Doktorarbeit, weitere Qualifikationen im wissenschaftlichen Bereich
Persönl. Voraussetzungen:	Fundiertes Fachwissen, Kommunikationsfähigkeit, pädagogisches Geschick, Organisationstalent, Begabung zur Wissensvermittlung
Berufsperspektiven:	Sind abhängig vom jeweiligen Fachgebiet und den staatlichen Ausgaben für die Hochschulen in den nächsten Jahren
Verdienstmöglichkeiten:	Grundgehalt je nach Besoldungsstufe und nach Bundesland verschieden, ca. 4.100 Euro bis 6.800 Euro monatlich brutto, leistungsbezogene Zuschläge sind möglich; zusätzlich ggf. Einnahmen durch Gutachten, Bücherhonorare und Vorträge.
Art der Tätigkeit:	Außer bei Vorlesungen sitzende Tätigkeit
Aufstiegsmöglichkeiten:	Möglichkeiten zum Aufstieg innerhalb der Professorenbesoldung
Vor- und Nachteile:	Sehr lange Ausbildungszeit
Selbstständige Berufsmöglichkeiten:	Nein, Hochschullehrer / -innen sind Beamte oder Angestellte des Staates.
Zusätzliche wichtige Informationen:	Stellen als Professor / -in sind sehr gefragt, mit hohem gesellschaftlichem Ansehen, persönlichen Freiheiten (man bestimmt seine Arbeitszeiten selbst und kann auch zu Hause arbeiten) und den Annehmlichkeiten des öffentlichen Dienstes (Beamtenstatus, Pension) verbunden.

Lehrer / -in an allgemeinbildenden Schulen

Tätigkeiten:	Lehrer / -innen unterrichten entweder als Angestellte oder (je nach Bundesland) als Beamte an Schulen und Internaten. Außer Vorbereitung, Unterricht, Prüfung und Benotung nehmen sie Aufgaben innerhalb des Kollegiums oder der Verwaltung der Schule wahr und kümmern sich um besondere Belange ihrer Schüler / -innen. Grund- und Hauptschullehrer / -innen unterrichten Schüler / -innen bis zu ihrem Wechsel auf eine weiterführende Schule oder bis zum Hauptschulabschluss. Realschullehrer / -innen unterrichten an Real- oder Gesamtschulen Schüler / -innen der Jahrgangsstufen 5–10. Gymnasiallehrer / -innen sind an allen Schulen tätig, die zum Abitur führen.
Art der Ausbildung:	Studium für das Lehramt an Grundschulen oder Grund- u. Hauptschulen, Studium für das Lehramt an Realschulen und für das Lehramt an Gymnasien / Gesamtschulen
Dauer:	Je nach Lehramt 4–6 Jahre, anschließend 2-jähriges Referendariat
Abschluss:	In den meisten Bundesländern führen mittlerweile Studiengänge zum Bachelor und Master of Education (B.Ed. / M.Ed.) in diesen Berufsbereich, es gibt aber auch noch Staatsexamensstudiengänge (etwa in Bayern).
Formale Voraussetzungen:	Hochschulreife. Bei Fächern wie Kunst, Musik und Sport muss in der Regel eine Eignungsprüfung bestanden werden.
Persönl. Voraussetzungen:	Fundiertes Fachwissen, Geduld, Idealismus, Interesse an der Ausbildung von jungen Menschen, psychologisches Einfühlungsvermögen, soziales Engagement, pädagogisches Geschick
Ausbildungsvergütung:	Keine, ggf. BAföG während des Studiums
Berufsperspektiven:	Hängen vor allem von der jeweiligen Fächerwahl (gefragt sind etwa naturwissenschaftliche Schulfächer, wie Physik und Chemie, aber auch Latein und Griechisch) und vom Bundesland ab.
Verdienstmöglichkeiten:	Stark abhängig vom Status als Beamte / -r bzw. Angestellte / -r
Art der Tätigkeit:	Sowohl sitzende als auch stehende Tätigkeit

Aufstiegsmöglichkeiten:	Nur wenige Möglichkeiten, allenfalls zum / zur Prorektor / -in oder Rektor / -in der Schule oder Wechsel / Aufstieg in die Schulverwaltung
Selbstständige Berufsmöglichkeiten:	Keine, allenfalls durch Gründung eines privaten Nachhilfeinstituts
Weitere Informationen:	Siehe hierzu unter *www.lehrer-werden.de*

Lehrer / -in an berufsbildenden Schulen

Tätigkeiten:	Sie unterrichten Auszubildende in allgemeinbildenden Fächern und in Theorie und Praxis ihres späteren Berufes. Sie werden an unterschiedlichen Schulen eingesetzt, z. B. an Berufsschulen, Berufsfachschulen, Fachoberschulen bis hin zu beruflichen Gymnasien. Bei den beruflichen Fachrichtungen kann zwischen der kaufmännischen oder der gewerblich-technischen, in einigen Bundesländern auch noch zusätzlich zwischen der landwirtschaftlichen und der hauswirtschaftlich-pflegerischen gewählt werden.
Art der Ausbildung:	Studium an Universitäten oder pädagogischen Hochschulen für das Lehramt an berufsbildenden Schulen
Dauer:	5–6 Jahre
Abschluss:	Bachelor und Master of Education (B.Ed. / M.Ed.), Staatsexamen
Formale Voraussetzungen:	Abitur und ein mehrmonatiges Praktikum (Dauer je nach Hochschule verschieden)
Persönl. Voraussetzungen:	Pädagogisches Interesse, Einfühlungsvermögen, Durchsetzungsfähigkeit, technisches und wirtschaftliches Verständnis
Ausbildungsvergütung:	Nein, ggf. BAföG während des Studiums
Berufsperspektiven:	Gut
Verdienstmöglichkeiten:	Stark abhängig vom Status als Beamte / -r bzw. Angestellte / -r
Art der Tätigkeit:	Sowohl sitzende als auch stehende Tätigkeit
Aufstiegsmöglichkeiten:	Im Schuldienst gering, allenfalls zum / zur Prorektor / -in der Schule, Leiter / -in der Schule oder Wechsel / Aufstieg in die Schulverwaltung

Zusätzliche wichtige Informationen:	Lehrern für das Lehramt an beruflichen Schulen eröffnen sich auch Arbeitsmöglichkeiten in der freien Wirtschaft, etwa im Bereich innerbetriebliche Aus- und Weiterbildung oder bei freien Bildungsträgern.
Weitere Informationen:	Siehe unter *www.lehrer-werden.de*

Lehrer / -in an Sonderschulen

Tätigkeiten:	Sonderschullehrer unterrichten Schüler, die an anderen Schulen aufgrund körperlicher oder / und geistiger Behinderungen nur schwer ausgebildet werden können. Im Studium erfolgt eine Schwerpunktbildung. Mögliche sonderpädagogische Fachrichtungen sind: Blindenpädagogik, Sehbehindertenpädagogik, Gehörlosenpädagogik, Schwerhörigenpädagogik, Sprachbehindertenpädagogik, Körperbehindertenpädagogik, Geistigbehindertenpädagogik, Lernbehindertenpädagogik und Verhaltensgestörtenpädagogik.
Art der Ausbildung:	Studium an Universitäten und pädagogischen Hochschulen
Dauer:	4–5 Jahre Studium, anschließend Referendariat
Abschluss:	Bachelor und Master of Education (B.Ed. / M. Ed.) oder Staatsexamen
Formale Voraussetzungen:	Abitur
Persönl. Voraussetzungen:	Überdurchschnittliches pädagogisches Interesse, Durchsetzungsfähigkeit, starke psychische Belastbarkeit, Einfühlungsvermögen
Ausbildungsvergütung:	Keine, ggf. BAföG während des Studiums
Verdienstmöglichkeiten:	Stark abhängig vom Status als Beamte / -r bzw. Angestellte / -r
Art der Tätigkeit:	Sowohl sitzende als auch stehende Tätigkeit
Aufstiegsmöglichkeiten:	Nur gering, zum / zur Prorektor / -in bzw. Leiter / -in der Schule oder Wechsel / Aufstieg in die Schulverwaltung
Zusätzliche wichtige Informationen:	Sonderschullehrer haben von allen Lehrern am ehesten die Möglichkeit, außerhalb des Schuldienstes zu arbeiten, etwa in Einrichtungen für Behinderte oder der Rehabilitation.
Weitere Informationen:	Siehe unter *www.lehrer-werden.de*

Logopäde / Logopädin

Tätigkeiten:	Logopäden arbeiten eng mit dem behandelnden Arzt zusammen, wenn es um die Untersuchung, Behandlung und Beratung von hör-, stimm- und sprachgestörten Patienten geht. Meist handelt es sich hierbei um Kinder. Die häufigsten Störungen, mit denen sich ein Logopäde auseinandersetzt, sind Sprachstörungen aufgrund von Hörfehlern, Stimmstörungen aus organischen oder seelischen Gründen, Sprachstörungen als Unfallfolge oder bei Hirnschädigung, Mutismus (Schweigen), Sprachentwicklungsverzögerungen, Stottern, Stammeln und allgemeine Aussprachefehler. Neben gezielten Sprachübungen wendet der Logopäde auch rhythmisch-musikalische und spieltherapeutische Methoden an.
Art der Ausbildung:	Die Ausbildung erfolgt an einer der rd. 70 staatlichen oder privaten (staatlich anerkannten) Berufsfachschulen. Anschließend folgt evtl. ein Studium der Logopädie an Fachhochschulen oder Universitäten. Auch ein duales Studium (Logopädenausbildung und FH-Studium parallel) ist möglich (etwa Hochschule für Gesundheit Bochum).
Dauer:	3 Jahre
Abschluss:	Examen zum staatlich anerkannten Logopäden vor einer staatlichen Behörde, bei Studium (nach Beendigung der Ausbildung) Bachelor, Master
Formale Voraussetzungen:	Hauptschulabschluss und eine geeignete Berufsausbildung von mindestens 2-jähriger Dauer (etwa Gesundheits- und Krankenpfleger / -in, Erzieher / -in), ansonsten mittlere Reife oder Hochschulreife, Vollendung des 18. Lebensjahres; viele Ausbildungsstätten empfehlen ein mehrmonatiges Praktikum vor Ausbildungsbeginn oder verlangen es als Aufnahmevoraussetzung.
Persönl. Voraussetzungen:	Pädagogisches, psychologisches und medizinisches Interesse, Kontaktfreudigkeit, Musikalität, genaue Beobachtungsgabe, Einfühlungsvermögen, gutes Hörvermögen, Belastbarkeit der eigenen Stimme, dialektneutrale Aussprache
Ausbildungsvergütung:	Bezahlung während des Praktikums. Für die Ausbildung an privaten Schulen muss ein Schulgeld entrichtet werden.
Berufsperspektiven:	Großer Bedarf an Fachkräften. Die ausbildenden Schulen haben jedoch z. T. lange Wartezeiten.

Verdienstmöglichkeiten:	Hängen davon ab, ob im Angestelltenverhältnis oder in eigener Praxis gearbeitet wird
Art der Tätigkeit:	Überwiegend Sitzberuf
Aufstiegsmöglichkeiten:	Gering, im Angestelltenverhältnis vereinzelt Aufstieg zum Lehrlogopäden.
Selbstständige Berufsmöglichkeiten:	Ein Drittel aller Logopäden arbeitet selbstständig
Weitere Informationen:	Deutscher Bundesverband für Logopädie e. V., Augustinusstr. 11a, 50226 Frechen, Tel. (0 22 34) 3 79 53-0, *www.dbl-ev.de*

Psychologe / Psychologin

Tätigkeiten:	Zu den Aufgabenfeldern von Psychologen / Psychologinnen gehören: Therapie, Beratung und Training, psychologische Diagnostik und Begutachtung oder Forschung. Mögliche Arbeitgeber sind im Bereich der klinischen Psychologie Krankenhäuser und Kliniken, im Bereich der Arbeits-, Betriebs- und Organisationspsychologie Personal- und Weiterbildungsabteilungen von Unternehmen, Unternehmensberatungen und Marktforschungsinstitute.
Art der Ausbildung:	Universitätsstudium
Dauer:	5–6 Jahre
Abschluss:	Bachelor und Master of Science (B.Sc. / M.Sc.)
Formale Voraussetzungen:	Allgemeine Hochschulreife
Persönl. Voraussetzungen:	Interesse an der Arbeit mit Menschen, Kommunikationsfähigkeit, Sensibilität
Ausbildungsvergütung:	Keine, ggf. BAföG während des Studiums
Berufsperspektiven:	In etwa gleichbleibender Bedarf wird erwartet.
Aufstiegsmöglichkeiten:	In Kliniken kaum, in Unternehmen Leitung der Personalabteilung
Selbstständige Berufsmöglichkeiten:	In eigener (Psychotherapie-)Praxis (erst nach Zusatzausbildung); als Personal- / Unternehmensberater / -in
Zusätzliche wichtige Informationen:	Für das Studium: keine Mathematik-Aversion, Englischkenntnisse evtl. auffrischen. Im Bereich der Diagnose und Behandlung von psychischen Krankheiten sind neben den

	Psychologen auch Psychiater tätig. Diese sind ausgebildete Fachärzte, die in eigener Praxis, in einer Abteilung des Krankenhauses oder in einer psychiatrischen Klinik Patienten behandeln. Studiengänge im Bereich Wirtschaftspsychologie werden auch von Fachhochschulen angeboten. Sie führen – wie der universitäre Schwerpunkt Arbeits-, Betriebs- und Organisationspsychologie – ins Personalwesen von Unternehmen und in die Marktforschung.
Weitere Informationen:	Siehe unter *www.berufenet.arbeitsagentur.de*

Sozialarbeiter / -in, Sozialpädagoge / -pädagogin

Tätigkeiten:	Sozialarbeiter/-innen und Sozialpädagogen / -pädagoginnen helfen bei sozialen Problemen innerhalb der Familie, bei Jugendlichen, bei sozialen Randgruppen, bei behinderten, gefährdeten oder alten Menschen. Sie treten überall dort in Erscheinung, wo der Einzelne Konflikte nicht mehr allein bewältigen kann. Sie sind in den meisten Fällen bei staatlichen oder kirchlichen Einrichtungen angestellt. Sozialpädagogen arbeiten verstärkt im Bildungsbereich – etwa für Kinder und Jugendliche oder in der Erwachsenenbildung.
Art der Ausbildung:	Studium an Fachhochschulen und Universitäten, auch Ausbildung an der Dualen Hochschule Baden-Württemberg und den Berufsakademien möglich
Dauer:	Abhängig von den gewählten Studiengängen an Fachhochschulen und Universitäten: Bachelorstudiengänge 3–4 Jahre, weitere 1,5–2 Jahre Masterstudium; 3 Jahre an der Dualen Hochschule Baden-Württemberg und den Berufsakademien
Abschluss:	Bachelor und (darauf aufbauend) Master, an der Dualen Hochschule Baden-Württemberg Bachelor und an Berufsakademien Bachelor
Formale Voraussetzungen:	Abitur oder Fachhochschulreife
Persönl. Voraussetzungen:	Großes soziales Engagement, Idealismus, Durchsetzungsvermögen, Kommunikationsfähigkeit und Kontaktfreudigkeit, Geduld und Ausdauer, psychische Belastbarkeit
Ausbildungsvergütung:	Keine, ggf. BAföG während des Studiums; an der Dualen Hochschule Baden-Württemberg und bei Berufsakademie-Ausbildung Ausbildungsvergütung.

Berufsperspektiven:	In etwa gleichbleibender Bedarf wird erwartet.
Art der Tätigkeit:	Verschieden
Aufstiegsmöglichkeiten:	Kein Karriereberuf. Wer viel Geld verdienen und beruflich aufsteigen möchte, sollte rechtzeitig zu einem verwandten Beruf wechseln.
Vor- und Nachteile:	Oft keine geregelte Arbeitszeit zwischen 8 und 18 Uhr, sondern auch nachts und am Wochenende; dafür aber Sozialleistungen, ein sicherer Arbeitsplatz und ggf. Zuschläge
Selbstständige Berufsmöglichkeiten:	Keine
Weitere Informationen:	Siehe unter *www.berufenet.arbeitsagentur.de*

Sportlehrer / -in

Tätigkeiten:	Sportlehrer bilden Schüler / -innen, Sporttalente und Sportler / -innen aus. Sie können sowohl an staatlichen Schulen als auch in Sportvereinen tätig sein. Zusätzlich finden sie auch in Sportverbänden, im Behindertensport, in Rehabilitationseinrichtungen, in der öffentlichen Sportverwaltung oder in der Sportartikelindustrie Betätigungsfelder.
Art der Ausbildung:	Sportlehrer / -in an öffentlichen Schulen: Studium von mindestens 2 Lehramtsfächern (im Bachelor-Master-Studienmodell oder in Staatsexamensstudiengängen), ansonsten Bachelor- und (darauf aufbauende) Masterstudiengänge Sport
Dauer:	Abhängig vom gewählten Studiengang, für das Lehramtsstudium; 5 – 6 Jahre plus 2 Jahre Referendariat, ansonsten etwa 3,5 – 6 Jahre
Abschluss:	Bachelor, Master, Staatsexamen
Formale Voraussetzungen:	Hochschulreife und körperliche Eignung, Hochschulaufnahmeprüfung (in Individual- und Mannschaftssportarten)
Persönl. Voraussetzungen:	Körperliche und geistige Belastbarkeit, Geduld, Kontaktfreudigkeit, pädagogische Begabung, Spaß am Umgang mit anderen Menschen
Ausbildungsvergütung:	Keine, ggf. BAföG während des Studiums

Berufsperspektiven:	Entscheidend für einen guten Berufsstart ist sowohl das Examensergebnis als auch die Wahl des zweiten Studienfachs. Auch außerhalb der Schule haben Sportlehrer / -innen gute Chancen, da der Breitensport heute eine große Bedeutung in der Gesellschaft hat.
Verdienstmöglichkeiten:	Lehrer / -innen an öffentlichen Schulen werden nach der Besoldung bzw. dem Tarif des öffentlichen Dienstes bezahlt. Sportlehrer / -innen außerhalb der Schule verdienen recht unterschiedlich. Hier spielen die Größe des Vereins und die jeweilige Liga eine entscheidende Rolle.
Art der Tätigkeit:	Überwiegend körperlich beanspruchende Tätigkeit
Aufstiegsmöglichkeiten:	Sehr unterschiedlich (siehe Verdienstmöglichkeiten). Je nach Leistungsbereitschaft und Fachwissen ist der Sprung zum / zur Trainer / -in in Bundesligavereinen (oder bekannten ausländischen Vereinen) möglich. Sportlehrer / -innen können auch als Funktionäre zu Sportverbänden wechseln, als Repräsentanten von Sportartikelherstellern oder als Leiter / -innen von Sportschulen tätig werden. Sportlehrer / -innen an Schulen haben nur wenige Aufstiegschancen, allenfalls in die Schulleitung.
Weitere Informationen:	Siehe unter *www.lehrer-werden.de*

Theologe / Theologin

Tätigkeiten:	Theologen sind in der Seelsorge und in der kirchlichen Gemeindearbeit, in der Kirchenverwaltung, in der Erwachsenenbildung, im kirchlichen Verlagswesen, in Beratungsstellen und in karitativen Einrichtungen der Kirchen tätig. Auch als Religionslehrer / -innen an Schulen oder Hochschullehrer an Universitäten finden sie berufliche Einsatzmöglichkeiten.
Art der Ausbildung:	Studium der katholischen oder der evangelischen Theologie
Dauer:	Ca. 5–6 Jahre
Abschluss:	Priesterexamen, Bachelor- und (darauf aufbauender) Masterabschluss, Staatsexamen
Formale Voraussetzungen:	Hochschulreife
Persönl. Voraussetzungen:	Glaube an Gott, Zugehörigkeit zur jeweiligen Kirche, soziales Engagement, Kommunikationsfähigkeit, Geduld und Verständnis für die Nöte anderer Menschen, Organisationsfähigkeit

Ausbildungsvergütung:	Keine, ggf. BAföG während des Studiums
Berufsperspektiven:	Für Priesteramtskandidaten der katholischen Theologie sind wegen des großen Mangels an Priestern die Berufsaussichten hervorragend. Nicht ganz so groß ist das Stellenangebot für evangelische Theologen. Eher ungünstig ist die Situation für Theologen, die nicht Pfarrer werden wollen, da beide Kirchen sinkende Einnahmen haben und sparen müssen.
Verdienstmöglichkeiten:	Gehälter der Theologen, die bei einer Kirche beschäftigt sind (ca. 80 Prozent), sind nach einem festen System geregelt.
Art der Tätigkeit:	Sowohl sitzende als auch stehende Tätigkeit
Aufstiegsmöglichkeiten:	Theologe / Priester ist für die meisten kein Beruf, sondern eine Berufung. Trotzdem gibt es in der Kirche wie in jeder anderen Organisation Hierarchien und Zuständigkeiten und damit die Möglichkeit zum beruflichen Aufstieg.
Vor- und Nachteile:	Für das Studium müssen Latein, Griechisch und Hebräisch nachgewiesen werden, was für viele schon zum Stolperstein wurde. Bei Lehramtsstudiengängen ist der Nachweis von Hebräischkenntnissen nicht vorgesehen.
Weitere Informationen:	Siehe unter *www.religion-studieren.de* und *www.katholisch.de/aktuelles/dossiers/berufe-in-der-kirche*

11. Land- und Forstwirtschaft, Natur, Umwelt

Agrarwissenschaftler / -in

Tätigkeiten:	Agrarwissenschaftler / -innen beschäftigen sich mit der wirtschaftlichen Nutzung und Pflege des Bodens, einschließlich Wein-, Garten- und Forstwirtschaft und der Tierhaltung. Weitere Tätigkeitsfelder finden sie in der Nahrungsmittelindustrie, beim Verkauf von landwirtschaftlichen Produkten, in staatlichen Behörden und in landwirtschaftlichen Organisationen. Im Gegensatz zu den eher praktisch orientierten Landwirten sind sie mehr beratend, verwaltend oder ausbildend tätig (z. B. an Berufsschulen, Fachhochschulen, Universitäten).
Art der Ausbildung:	Studium der Agrarwissenschaft an Fachhochschulen und Universitäten

Dauer:	Abhängig vom gewählten Studiengang, etwa 3,5–6 Jahre
Abschluss:	Bachelor, Master, beim Lehramt für berufsbildende Schulen auch Staatsexamen
Formale Voraussetzungen:	Hoch- oder Fachhochschulreife
Persönl. Voraussetzungen:	Gute mathematisch-naturwissenschaftliche Kenntnisse, technische und organisatorische Begabung, EDV-Kenntnisse, Interesse an der Natur
Ausbildungsvergütung:	Nein, ggf. BAföG während des Studiums
Aufstiegsmöglichkeiten:	Etwa leitende Tätigkeiten bei landwirtschaftlichen Verbänden und Interessengruppen, im Schuldienst, in der Industrie Aufstiegsmöglichkeiten bis ins Management
Selbstständige Berufsmöglichkeiten:	Agrarwissenschaftler/-innen sind normalerweise als Angestellte tätig, selbstständig – abgesehen vom eigenen landwirtschaftlichen Betrieb – nur im Bereich Landschafts- und Umweltplanung.
Weitere Informationen:	Siehe unter *www.berufenet.arbeitsagentur.de*

→ **Biologe / Biologin** siehe S. 145

Entwicklungshelfer / -in

Tätigkeiten:	Entwicklungshelfer/-innen arbeiten mindestens 2 Jahre (ohne eigenwirtschaftlich tätig zu sein) über einen anerkannten Entwicklungsdienst in einem Entwicklungsland, um beim Fortschritt dieser Länder mitzuhelfen. Sie sind immer im Dienste einer guten Sache tätig und kommen meist aus technischen Berufen, der Landwirtschaft und Fischerei, der Wirtschaft, dem Gesundheitswesen oder dem sozialen Dienst. Für den Entwicklungsdienst werden Personen gesucht, die eine abgeschlossene Ausbildung, Berufserfahrung und ein auf die Anforderungen des jeweiligen Ortes ausgerichtetes Fachwissen haben. Gefragt sind hier Ingenieure, Landwirte, Ärzte, Krankenschwestern, Handwerksmeister, Facharbeiter, Kaufleute. Entwicklungshilfe bedeutet harte Arbeit unter manchmal schwierigsten Bedingungen zum praktischen Nutzen der Menschen vor Ort.

Art der Ausbildung:	Spezielle Programme, die auf die Tätigkeit im Ausland gezielt vorbereiten
Abschluss:	Kein formaler Abschluss
Formale Voraussetzungen:	Abgeschlossene Berufsausbildung oder Studium, Berufserfahrung (also keine Tätigkeit für Berufsanfänger)
Persönl. Voraussetzungen:	Fremdsprachen- und Fachkenntnisse, Anpassungsfähigkeit an fremde Kulturen und ein anderes Klima, Rücksichtnahme auf lokale politische und gesellschaftliche Gegebenheiten, Durchsetzungsvermögen bei der Wissensvermittlung, Einfühlsamkeit, Geduld, Lernbereitschaft, Flexibilität, Ausdauer
Ausbildungsvergütung:	Je nach Ausbildung
Berufsperspektiven:	Bedarf ist in vielen Ländern vorhanden, wenn man über die entsprechenden fachlichen und persönlichen Voraussetzungen verfügt.
Verdienstmöglichkeiten:	Unterhaltsgeld für die Dauer des Aufenthaltes, Reisekosten werden übernommen, Wiedereingliederungshilfe nach Beendigung des Projektes
Art der Tätigkeit:	Verschieden, z. T. schwere körperliche Arbeit
Aufstiegsmöglichkeiten:	Keine, da es sich in der Regel nicht um Dauerjobs handelt
Vor- und Nachteile:	Unsicherheit bei der Rückkehr ins Heimatland (Arbeitsplatz, Wohnung)
Selbstständige Berufsmöglichkeiten:	Keine
Zusätzliche wichtige Informationen:	Bei diesem Beruf ist sehr viel persönliches Engagement gefragt.
Weitere Informationen:	Siehe unter *www.berufenet.arbeitsagentur.de*

Florist / -in

Tätigkeiten:	Floristen arbeiten in Blumenfachgeschäften. Sie beraten die Kunden bei der Wahl von Schnittblumen oder auch von Topfpflanzen, Gestecken, Sträußen und Kränzen und geben auch Ratschläge für die Pflege.
Art der Ausbildung:	Betriebliche Ausbildung
Dauer:	3 Jahre
Abschluss:	Gehilfenprüfung
Formale Voraussetzungen:	Guter Hauptschulabschluss, Realschulabschluss

Persönl. Voraussetzungen:	Interesse am Umgang mit natürlichen Werkstoffen, Kommunikations- und Gestaltungsfähigkeit, Kreativität, Flexibilität
Ausbildungsvergütung:	1. Jahr zwischen 375–574 Euro, 3. Jahr zwischen 475–677 Euro
Berufsperspektiven:	Zukunftsaussichten positiv, da auch weiterhin Bedarf an kreativen Dekorationen zu erwarten ist.
Art der Tätigkeit:	In der Regel stehende Tätigkeit (Blumenbinden, Verkauf)
Aufstiegsmöglichkeiten:	Floristmeister / -in oder Staatlich geprüfte / r Wirtschafter / -in im Bereich Floristik
Selbstständige Berufsmöglichkeiten:	Gute Möglichkeiten, sich mit einem eigenen Laden und eigenen Geschäftsideen selbstständig zu machen. Auch eine Referententätigkeit im Rahmen der Aus- und Weiterbildung ist möglich.
Weitere Informationen:	Fachverband Deutscher Floristen, Bundesverband, Theodor-Otte-Straße 17a, 45897 Gelsenkirchen, Tel. (02 09) 9 58 77-0, *www.fdf.de*

Forstwirt / -in

Tätigkeiten:	Ihre Aufgabe besteht in der Erhaltung, Pflege und Nutzung des Waldes. Sie arbeiten in staatlichen und kommunalen Forstbehörden oder bei Privatbesitzern.
Art der Ausbildung:	Hochschulstudium an Universitäten und Fachhochschulen
Abschluss:	Bachelor und (darauf aufbauend) Master of Science (B.Sc. / M.Sc.)
Formale Voraussetzungen:	Fachhochschulreife, Abitur
Persönl. Voraussetzungen:	Naturwissenschaftliche Begabung, Liebe zur Natur, aber auch kaufmännisches Interesse
Ausbildungsvergütung:	Nein, ggf. BAföG während des Studiums
Art der Tätigkeit:	Überwiegend stehende, z. T. auch sitzende Arbeit (Verwaltungsaufgaben)
Vor- und Nachteile:	Interessante und abwechslungsreiche Tätigkeit, aber der Beruf ist sehr einseitig auf den Staatsdienst zugeschnitten. Deshalb sollten berufliche Einsatzmöglichkeiten in der Privatwirtschaft stets im Blick behalten werden.
Weitere Informationen:	Siehe unter *www.berufenet.arbeitsagentur.de*

Gärtner / -in

Tätigkeiten:	Gärtner können in verschiedenen Bereichen arbeiten – im Zierpflanzenbau, im Gemüsebau, in Baumschulen, im Garten- und Landschaftsbau, im Obstbau, in der Staudengärtnerei und in Friedhofsgärtnereien. Deshalb gibt es hier insgesamt sieben verschiedene Ausbildungsberufe.
Art der Ausbildung:	Betriebliche Ausbildung
Dauer:	3 Jahre
Abschluss:	Gesellenprüfung
Formale Voraussetzungen:	Meist Hauptschulabschluss, seltener Realschulabschluss
Persönl. Voraussetzungen:	Gute körperliche Kondition (Heben, Bücken usw.), Naturverbundenheit, gestalterische Begabung, Kreativität
Ausbildungsvergütung:	Im 1. Jahr 350 – 640 Euro, im 3. Jahr 500 – 740 Euro
Berufsperspektiven:	Es sind auch weiterhin gleichbleibende Beschäftigungszahlen zu erwarten.
Art der Tätigkeit:	Stehberuf
Aufstiegsmöglichkeiten:	Gärtnermeister / -in, Techniker / -in Gartenbau, Studium Landschaftsarchitektur, Landschaftspflege, Landschaftsbau (mit Fachhochschulreife oder Abitur)
Selbstständige Berufsmöglichkeiten:	Ja, mit dem eigenen Gartenbauunternehmen
Weitere Informationen:	Siehe unter *www.berufenet.arbeitsagentur.de*

→ **Geowissenschaftler / -in** siehe S. 150

Landwirt / -in

Tätigkeiten:	Aufgabe von Landwirten ist die Erzeugung von pflanzlichen und tierischen Produkten. Damit ist auch die Aufzucht und Pflege von Vieh (Schweine, Kühe, Hühner, Gänse usw.) verbunden. Im rein pflanzlichen Bereich sind Landwirte im Acker-, Obst-, Wein-, Hopfen-, Gemüse- oder Waldbau tätig. Entsprechend vielfältig sind die täglich anfallenden Arbeiten. Landwirte bedienen, überwachen und warten ihre Maschinen und Nutzfahrzeuge, bestellen das Land je nach Jahreszeit und

	lagern ihre Erzeugnisse nach der Ernte fachgerecht ein oder vermarkten sie direkt. Zu den ständigen Aufgaben gehören auch Arbeiten wie Buchführung, Kalkulation und Verkauf.
Art der Ausbildung:	Betriebliche Ausbildung
Dauer:	3 Jahre
Abschluss:	Abschlussprüfung vor den Landwirtschaftsministerien oder der Landwirtschaftskammer
Formale Voraussetzungen:	Haupt- oder Realschulabschluss
Persönl. Voraussetzungen:	Naturverbundenheit, gute körperliche Kondition und Belastbarkeit, Genauigkeit und Ordnungssinn
Ausbildungsvergütung:	1. Ausbildungsjahr 520–630 Euro, im 2. Jahr 570–675 Euro, im 3. Jahr 615–730 Euro
Berufsperspektiven:	Die Landwirtschaft ist ein schrumpfender Wirtschaftsbereich. Die Aussichten hängen von den jeweils erzeugten Produkten ab.
Verdienstmöglichkeiten:	Bei selbstständigen Landwirten abhängig von der Betriebsgröße und vom Umsatz
Art der Tätigkeit:	Beruf mit starker körperlicher Belastung
Aufstiegsmöglichkeiten:	Weiterbildung etwa zum / zur Landwirtschaftsmeister / -in oder Tierwirtschaftsmeister / -in, Fachagrarwirt / -in, staatlich geprüften Techniker / -in Fachrichtung Agrartechnik oder Fachrichtung Umwelt / Landschaft, Studium (mit Fachhochschulreife bzw. Abitur) Landwirtschaft
Vor- und Nachteile:	Keine geregelten Arbeitszeiten
Selbstständige Berufsmöglichkeiten:	Eigener landwirtschaftlicher Betrieb
Weitere Informationen:	Siehe unter *www.berufenet.arbeitsagentur.de*

→ **Stadt- und Regionalplaner / -in, Stadtplaner / -in, Raumplaner / -in** siehe S. 109

Tierarzt / -ärztin

Tätigkeiten:	Arbeit in der eigenen tierärztlichen Praxis, als Hochschullehrer / -in in Forschung und Lehre, in der Lebensmittel-, Arzneimittel- und Futtermittelindustrie sowie in der amtlichen Lebensmittelüberwachung
Art der Ausbildung:	Universitätsstudium Tiermedizin
Dauer:	Mindestens 5 Jahre
Abschluss:	Staatsprüfung
Formale Voraussetzungen:	Allgemeine Hochschulreife
Persönl. Voraussetzungen:	Begabung für naturwissenschaftliche Fächer
Ausbildungsvergütung:	Keine, ggf. BAföG während des Studiums
Berufsperspektiven:	Ungünstig; Abnehmen der Arbeitsbereiche in der Betreuung landwirtschaftlicher Tiere; Stagnation bei Betreuung von Heimtieren; sinkende Zahl freier Arbeitsplätze durch erhöhte Zahl von Studienabsolventen
Verdienstmöglichkeiten:	Sehr unterschiedlich, Tendenz insgesamt sinkend
Art der Tätigkeit:	Sowohl sitzende als auch stehende Tätigkeit
Vor- und Nachteile:	Vorteile: entsprechend der Motivation hohe berufliche Befriedigung; Nachteile: unsichere Einkommens- und Arbeitsplatzerwartungen.
Selbstständige Berufsmöglichkeiten:	Ca. 50 Prozent aller berufstätigen Tierärztinnen und Tierärzte sind selbstständig tätig.
Weitere Informationen:	Für die Hochschulauswahlverfahren zum Tiermedizinstudium: Dieter Herrmann, Angela Verse-Herrmann, *Erfolgreich bewerben an Hochschulen. So bekommen Sie Ihren Wunschstudienplatz*, 2014.

Tierpfleger / -in

Tätigkeiten:	Tierpfleger / -innen arbeiten in der Versuchstierzucht und -haltung, in zoologischen Gärten, in Forschungsinstituten, in Wildparks, in Tierheimen und Tierkliniken. Sie betreuen Tiere, die nicht mehr in freier Natur leben und menschlicher Pflege bedürfen. Die Ausbildung erfolgt wahlweise in den Fachrichtungen » Forschung und Klinik «, » Tierheim und Tierpension « sowie » Zoo «.

Art der Ausbildung:	Betriebliche Ausbildung
Dauer:	3 Jahre
Abschluss:	Prüfung vor einer staatlichen Behörde
Formale Voraussetzungen:	Hauptschulabschluss oder mittlere Reife
Persönl. Voraussetzungen:	Tierliebe, Verantwortungsbewusstsein, Sorgfalt, Geduld, organisatorische Begabung
Ausbildungsvergütung:	Im Bereich »Tierheim und Tierpension« im 1. Jahr 918 Euro, im 2. Jahr 968 Euro, im 3. Jahr 1.014 Euro
Art der Tätigkeit:	Stehberuf
Aufstiegsmöglichkeiten:	Nur begrenzt, etwa zum Leiter eines Tierheims
Vor- und Nachteile:	Häufig ungeregelte Arbeitszeiten, da sie sich auch am Wochenende um die ihnen anvertrauten Tiere kümmern müssen.
Weitere Informationen:	Siehe unter *www.berufenet.arbeitsagentur.de*

Veterinärmedizinisch-technische / -r Assistent / -in

Tätigkeiten:	Arbeit in den Fachgebieten Histologie, Hämatologie, klinische Chemie oder Mikrobiologie, außerdem Untersuchung von Lebensmitteln tierischer Herkunft
Art der Ausbildung:	Ausbildung an Berufsfachschulen
Dauer:	3 Jahre
Abschluss:	Staatliche Abschlussprüfung
Formale Voraussetzungen:	Mindestens mittlere Reife
Persönl. Voraussetzungen:	Technisches Verständnis, chemische und physikalische Kenntnisse, manuelle Geschicklichkeit, physische und psychische Belastbarkeit
Art der Tätigkeit:	Mehr sitzende Tätigkeit
Aufstiegsmöglichkeiten:	Durch Weiterbildung etwa zum / zur Biomedizinischen Fachanalytiker / -in Mikrobiologie / Virologie / Hygiene oder Histologie, Aufstieg zur VTA-Lehrkraft oder zum / -r Leitenden VTA
Selbstständige Berufsmöglichkeiten:	Nein

Weitere Informationen:	Dachverband für Technologen/-innen und Analytiker/-innen in der Medizin Deutschland e. V., Spaldingstr. 110b, 20097 Hamburg, Tel. (040) 23 51 17-0, *www.dvta.de*

12. Sprachen, Literatur, Medien, Dokumentation

Archäologe/Archäologin

Tätigkeiten:	Klassische Archäologen beschäftigen sich mit einem Zeitraum, der vom 2. Jh. v. Chr. bis zur Spätantike (6. Jh. n. Chr.) reicht. Im Mittelpunkt des Interesses stehen die Hauptstädte und Kulturzentren des griechischen und römischen Kulturkreises, aber auch anderer Kulturen und Religionen. Dem Archäologen obliegt die Sammlung, Erforschung und Interpretation aller kulturellen Aspekte wie z. B. Tempel, Grabanlagen, Sarkophage, Bronzeskulpturen, Marmorplastiken, Keramik etc. Aber auch die Erforschung der Topografie antiker Städte bis hin zur Rekonstruktion von versunkenen Hafenanlagen gehört zu den Aufgaben eines Archäologen. Beschäftigungsmöglichkeiten finden sie an Hochschulen (Forschung, Lehre) und in Museen und Sammlungen. Auch der Kunsthandel, der Tourismus und (seltener) Fachbuchverlage bieten weitere Arbeitsfelder.
Art der Ausbildung:	Studium der klassischen Archäologie
Dauer:	In der Regel etwa 5–6 Jahre Studium
Abschluss:	Bachelor und (darauf aufbauend) Master of Arts (B.A./M.A.), anschließend häufig Promotion zum Dr. phil.
Formale Voraussetzungen:	Hochschulreife
Persönl. Voraussetzungen:	Interesse an antiken Kulturen und deren Auswirkungen auf unsere heutige Zeit, Sprachbegabung, Ausdauer bei Routinearbeiten
Ausbildungsvergütung:	Keine, ggf. BAföG während des Studiums
Berufsperspektiven:	Hängen stark davon ab, ob frühzeitig Kontakte zu Museen (durch Praktika und Grabungen) geknüpft und Zusatzqualifikationen erworben werden (spezielle EDV-Kenntnisse, BWL)
Art der Tätigkeit:	Schreibtischtätigkeit (Universität, Museum), Grabungstätigkeit (Museum)

Aufstiegsmöglichkeiten:	An der Universität zur Professorin / zum Professor. In Museen sind die Aufstiegsmöglichkeiten vielfältig: Vom Volontär zum festangestellten Archäologen / Grabungsleiter bis hin zum Vizedirektor oder Direktor eines Museums.
Selbstständige Berufsmöglichkeiten:	Gering, allenfalls im Kunsthandel

Archivar / -in, Dokumentar / -in

Tätigkeiten:	Archivare beschäftigen sich mit der Lagerung von verschiedenartigen Dokumenten, die für wichtig erachtet werden und der Nachwelt erhalten werden sollen. Das können sowohl alte Schriftwechsel, Zeitungen und Nachlässe von Personen, aber auch Filme und Tonaufnahmen sein. Interessierte können sie in Archiven einsehen. Archivare entscheiden, was vernichtet und was aufbewahrt werden soll, katalogisieren die Archivbestände und machen die Dokumente zur Benutzung zugänglich. Bei Archiven unterscheidet man Stadt-, Kreis- und Landesarchive, Staats- und Hauptstaatsarchive und das Bundesarchiv. Auf dem privaten Sektor gibt es Archive bei vermögenden Privatpersonen, Unternehmen und Verbänden. Dokumentare entwickeln Verfahren, um Dokumente zu beschaffen, zu erschließen, aufzubereiten, zu lagern und entsprechende Techniken zur Nutzung der Informationen einzuführen. Die Einrichtung und Benutzung von Datenbanken und die Digitalisierung von Archivgut spielen in beiden Berufen eine wichtige Rolle.
Art der Ausbildung:	Meist Geschichtsstudium, ggf. zwei Jahre Zusatzausbildung an der Archivschule Marburg – Hochschule für Archivwissenschaft; Studium Archiv / Dokumentation an Fachhochschulen (etwa Studiengänge »Archiv« und »Informations- und Datenmanagement« an der Fachhochschule Potsdam). Eine Ausbildung im Archivwesen ist auch im gehobenen nichttechnischen Dienst möglich.
Dauer:	Archivare: 5–6 Jahre bis zum Master oder dem Staatsexamen, anschließend Promotion (3–4 Jahre) Dokumentare: 3,5–4 Jahre bis zum Bachelor
Abschluss:	Bachelor, Master, Staatsexamen, Dr. phil.
Formale Voraussetzungen:	Hoch- oder Fachhochschulreife

Persönl. Voraussetzungen:	Sehr gründliches und genaues Arbeiten, Ordnungssinn, gute Allgemeinbildung, historisches Interesse
Ausbildungsvergütung:	Keine, ggf. BAföG während des Studiums
Berufsperspektiven:	Die Stellen für Archivare sind begrenzt und werden in den nächsten Jahren nicht wesentlich aufgestockt. Die Berufsaussichten hängen von der Qualifikation des Bewerbers ab (quellenorientierte Promotion, gute EDV-Kenntnisse). Dokumentare sind überwiegend bei Unternehmen angestellt. Da in diesem Bereich in Zukunft noch mehr Informationen gesammelt, gebündelt und aufbereitet werden müssen, sind die Berufsaussichten für qualifizierte Dokumentare gut.
Art der Tätigkeit:	Schreibtischtätigkeit
Aufstiegsmöglichkeiten:	Vom Archivrat (für ein Sachgebiet zuständig) über den Oberarchivrat (mehrere Sachgebiete) zum Archivdirektor (seltener). Die letzte Stufe stellt die Position des Leitenden Archivdirektors dar.
Selbstständige Berufsmöglichkeiten:	Keine
Weitere Informationen:	Zur Marburger Archivschule siehe im Internet unter *www.archivschule.de*

Bibliothekar / -in (mit Abschluss Bachelor / Master u. Ausbildung zum wissenschaftlichen Bibliothekar)

Tätigkeiten:	Die Aufgabe von Bibliothekaren besteht darin, neue Bücher und auch weitere Medien nach bestimmten Überlegungen anzuschaffen, sie nach einem genau festgelegten Regelwerk zu katalogisieren, sie den Bibliotheksbenutzern zu präsentieren und auszuleihen. Zu den Aufgaben der wissenschaftlichen Bibliothekare gehören vor allem die wissenschaftliche Erschließung des Bestandes und die Erteilung von Fachauskünften.
Art der Ausbildung:	Studium Bibliotheks- und Informationswissenschaft an Fachhochschulen; wissenschaftliche Bibliothekare: Studium eines beliebigen Faches an einer Universität und anschließend bibliothekarische Fachausbildung (Referendariat)
Dauer:	Fachhochschule 3,5–4 Jahre (mit Bachelor-Abschluss) oder 5 Jahre (mit zusätzlichem Master-Abschluss); Universität 5–6 Jahre (plus evtl. 2–4 Jahre Promotion), anschließend Fachausbildung in der Bibliothek

Formale Voraussetzungen:	Abitur (Universitätsstudium), ansonsten Fachhochschulreife
Persönl. Voraussetzungen:	Liebe zum Buch, sehr gründliches und genaues Arbeiten, Interesse an Bürotätigkeit, fundierte EDV-Kenntnisse, wissenschaftliche Bibliothekare vor allem: Fähigkeit zur Führung und Anleitung von Mitarbeitern, Fähigkeit zur Kooperation und Kommunikation, Fähigkeit zur Einarbeitung in fremde Fachgebiete, breite fächerübergreifende Interessen, Fremdsprachenkenntnisse
Ausbildungsvergütung:	Nein, ggf. BAföG während des Studiums
Berufsperspektiven:	Durch die Umstrukturierungen in diesem Beruf (Online-Services, massive Zunahme der elektronischen Publikationen) gibt es im Berufsbild des Bibliothekars starke Veränderungen. Interessenten sollten die Bedeutung der EDV-Kompetenz für diesen Beruf berücksichtigen.
Art der Tätigkeit:	Überwiegend sitzende Tätigkeit
Aufstiegsmöglichkeiten:	Zum / zur Leiter / -in einer Bibliothek
Vor- und Nachteile:	Sicherheit des öffentlichen Dienstes, dafür keine große Karriere möglich
Selbstständige Berufsmöglichkeiten:	Keine
Zusätzliche wichtige Informationen:	Fundierte EDV-Kenntnisse werden immer wichtiger.
Weitere Informationen:	Siehe unter *www.berufenet.arbeitsagentur.de*

→ **Buchhändler / -in** siehe S. 122

Denkmalpfleger / -in

Tätigkeiten:	Aufgabe von Denkmalpflegern ist es, historisch wertvolle Gebäude unter Denkmalschutz zu stellen und vor allem zu überprüfen, ob Gebäude, die bereits unter Denkmalschutz stehen, von ihren Besitzern nicht umgebaut, abgerissen oder unerlaubt verändert werden. Denkmalpfleger sind in der Regel bei einer staatlichen Denkmalpflegebehörde beschäftigt. Sie verfügen über ein Inventar aller denkmalgeschützten Objekte und beraten Besitzer im Falle von nötigen oder gewünschten Veränderungen. In diesem Falle bereiten sie dann Entscheidungen vor und arbeiten mit

	Bauingenieuren, Architekten, Handwerkern oder Städteplanern eng zusammen.
Art der Ausbildung:	Meist Studium der Kunstgeschichte, der Architektur oder des Städtebaus
Dauer:	5–6 Jahre, Promotion 2–3 Jahre zusätzlich
Abschluss:	Bachelor und (darauf aufbauend) Master
Formale Voraussetzungen:	Abitur oder Fachhochschulreife (etwa bei FH-Studium Architektur)
Persönl. Voraussetzungen:	Historisches und kunsthistorisches Interesse, gute Allgemeinbildung, gründliches Arbeiten, Kommunikationsfähigkeit, ästhetisches Gefühl
Ausbildungsvergütung:	Keine, ggf. BAföG während des Studiums
Art der Tätigkeit:	Hauptsächlich Schreibtischtätigkeit (je nach Projekt auch Arbeit vor Ort)
Aufstiegsmöglichkeiten:	Eingeschränkte Möglichkeiten; der erste Schritt ist die Leitung einer Abteilung innerhalb einer großen Denkmalpflegebehörde. Die höchste Karriereposition kann die Leitung einer Behörde sein.
Weitere Informationen:	Siehe unter *www.berufenet.arbeitsagentur.de*

Dolmetscher / -in

Tätigkeiten:	Dolmetscher / -innen übersetzen das gesprochene Wort von einer Sprache in die andere. Sie werden überall dort gebraucht, wo Menschen nicht dieselbe Sprache sprechen und sich auch nicht über eine dritte (z. B. Englisch) verständigen können. Das kann sowohl bei wirtschaftlichen Verhandlungen, in der Politik (z. B. Gipfeltreffen), bei internationalen Veranstaltungen, bei Vernehmungen der Polizei von ausländischen Zeugen als auch bei Messen sein. Es gibt zwei Möglichkeiten zu dolmetschen: konsekutiv (jemand spricht ein paar Sätze, der Dolmetscher macht sich einige Notizen und übersetzt dann anschließend) und simultan (Dolmetscher sitzt in einer Kabine und übersetzt praktisch zeitgleich über Kopfhörer). Dolmetscher arbeiten entweder selbstständig, für Dolmetscherbüros oder im Angestelltenverhältnis für Sprachendienste der Regierung oder der EU.

Art der Ausbildung:	Keine einheitliche Ausbildung: private Sprachschule, Studium von Dolmetscherstudiengängen an Universitäten und Fachhochschulen zusammen mit einem Sachfach (z. B. Wirtschaft, Politik, Technik, Kultur) oder Philologiestudium (z. B. Japanologie, Sinologie, Slawistik, Islamwissenschaft)
Dauer:	In der Regel 3,5–6 Jahre
Abschluss:	Spezielle Dolmetscherprüfung mit dem Schwerpunkt Wirtschaftssprache bei der Industrie- und Handelskammer; an Fachhochschulen und Universitäten Bachelor und (darauf aufbauend) Master
Formale Voraussetzungen:	Hoch- oder Fachhochschulreife
Persönl. Voraussetzungen:	Sprachbegabung, schnell denken und sprechen können, gute Allgemeinbildung, Sinn für gründliches Arbeiten, Interesse an dem Fachgebiet, in dem man später dolmetschen will
Ausbildungsvergütung:	Keine, ggf. BAföG während des Studiums
Berufsperspektiven:	Auch in Zukunft Bedarf an gut ausgebildeten Fachdolmetschern, da die meisten Menschen eine Fremdsprache nur mit einem umgangssprachlichen Wortschatz sprechen.
Verdienstmöglichkeiten:	Sehr unterschiedlich und leistungsbedingt. In Dolmetscherbüros werden die Mitarbeiter meist auf Stunden- oder Tagesbasis bezahlt. Fest angestellte Dolmetscher in den entsprechenden Büros verdienen ca. 3.500–4.000 Euro im Monat (je nach Alter, Berufserfahrung und Fachwissen). Im europäischen Sprachendienst werden sehr hohe Gehälter gezahlt.
Art der Tätigkeit:	Sitzberuf
Aufstiegsmöglichkeiten:	Begrenzt, meist wird ein eigenes Büro oder eine feste Stelle bei einem Sprachendienst angestrebt
Vor- und Nachteile:	Interessanter Beruf, in dem man viele Leute und Kulturen kennenlernt; ggf. häufige Abwesenheit vom Wohnort und unregelmäßige Arbeitszeiten
Selbstständige Berufsmöglichkeiten:	Eigenes Dolmetscherbüro oder eigene Sprachschule
Zusätzliche wichtige Informationen:	Eng verbunden mit diesem Beruf ist der des Übersetzers, der den geschriebenen Text übersetzt. Übersetzer/-innen sind meist als Fachübersetzer tätig, etwa in den Bereichen Wirtschaft, Technik oder Literatur. Je nach Tätigkeit arbeiten sie freiberuflich (gegen Zeilen- oder Seitenhonorar) oder angestellt.

Weitere Informationen:	Klaus Kaindl, Mira Kadrić (Hrsg.), *Berufsziel Übersetzen und Dolmetschen: Grundlagen, Ausbildung, Arbeitsfelder,* 2016.

Historiker / -in

Tätigkeiten:	Die Beschäftigung mit der Vergangenheit ist ihre Aufgabe, wobei das Fach Geschichte mit den verschiedensten Schwerpunkten, die chronologisch (etwa Zeitgeschichte), regional (etwa osteuropäische Geschichte) oder systematisch (etwa Wirtschafts- und Sozialgeschichte) geordnet sind, studiert werden kann. Historiker sind in Archiven, Museen, Bibliotheken, Einrichtungen der politischen Bildung und der Erwachsenenbildung und im Schuldienst tätig.
Art der Ausbildung:	Studium an Universitäten
Dauer:	Etwa 5 – 6 Jahre
Abschluss:	Bachelor und Master of Arts (B.A. / M.A.); beim Lehramtsstudium Bachelor und Master of Education (B.Ed. / M.Ed.) und Staatsexamen; für eine Tätigkeit im Museums-, Archiv- oder Bibliotheksdienst wird in der Regel eine Promotion vorausgesetzt.
Formale Voraussetzungen:	Abitur
Persönl. Voraussetzungen:	Ausgeprägtes historisches Interesse, analytisches Denkvermögen, sprachliche Ausdrucksfähigkeit, interdisziplinäres Arbeiten, gute Fremdsprachenkenntnisse, je nach angestrebtem Tätigkeitsbereich auch pädagogisches Interesse
Ausbildungsvergütung:	Keine, ggf. BAföG während des Studiums
Art der Tätigkeit:	Überwiegend sitzende Tätigkeit
Aufstiegsmöglichkeiten:	In Museum, Archiv und Bibliothek Leitung der Abteilung oder der Einrichtung, im Schuldienst übliche Laufbahn der gewählten Schulform
Selbstständige Berufsmöglichkeiten:	Kaum gegeben, etwa als Inhaber / -in eines Antiquariats
Weitere Informationen:	*www.studium.org/geschichte*

Journalist / -in

Tätigkeiten:	Sammlung, Auswertung und Prüfung von Informationen, Aufbereitung von Nachrichten, Übermittlung durch Wort, Bild und / oder Ton an die Öffentlichkeit; Tätigkeiten bei Zeitungen, Zeitschriften, beim Rundfunk, in der Öffentlichkeitsarbeit, als freie Journalisten, in Agenturen oder bei Anzeigenblättern
Art der Ausbildung:	Keine geregelte Ausbildung, möglich ist a) ein Volontariat nach dem Abitur oder einem Studium, b) die Ausbildung an einer Journalistenschule, c) das Studium Journalistik, d) das Studium eines Sachfaches, etwa BWL, Politikwissenschaft oder Kunstgeschichte, und Sammeln von Berufserfahrungen neben dem Studium, e) ein Aufbaustudium oder f) eine Weiterbildung.
Dauer:	Unterschiedlich: Volontariat 2 Jahre, Ausbildung an einer Journalistenschule zwischen 18 und 24 Monaten, Studium 3,5 – 6 Jahre, Aufbaustudium 2 Jahre
Abschluss:	Abhängig vom gewählten Studiengang, alle Abschlüsse möglich
Formale Voraussetzungen:	Allgemeine Hochschulreife
Persönl. Voraussetzungen:	Fähigkeit, allgemein verständlich schreiben zu können, gründliche Arbeitsweise (Recherche), eine gewisse Durchsetzungsfähigkeit
Ausbildungsvergütung:	Nein, evtl. BAföG während des Studiums
Berufsperspektiven:	Weiterhin günstig
Art der Tätigkeit:	Sitzende Tätigkeit
Aufstiegsmöglichkeiten:	Ressortleiter / -in, Chefredakteur / -in
Vor- und Nachteile:	Die relativ niedrige Arbeitslosenquote erklärt sich aus der Möglichkeit, als freier Journalist zu arbeiten. Freie Journalisten müssen sich darüber im Klaren sein, dass die Honorarsätze bei Tageszeitungen meist ausgesprochen niedrig sind.
Selbstständige Berufsmöglichkeiten:	Als freie / -r Journalist / -in
Zusätzliche wichtige Informationen:	Viele Journalisten, vor allem die sehr bekannten, sind auch als Publizisten tätig und verfassen Artikel und Bücher zu aktuellen (meist politischen und gesellschaftlichen) Themen,

	die über das Tagesgeschehen hinausgehen und von längerem öffentlichem Interesse sind.
Weitere Informationen:	Website des Deutschen Journalisten-Verbands *www.djv.de* und hier unter »Info« die Informationen unter »Aus- und Weiterbildung«.

Lektor / -in im Verlagswesen

Tätigkeiten:	Lektoren arbeiten in unterschiedlichen Verlagen, z. B. literarischen Verlagen, Sachbuchverlagen, Ratgeberverlagen, wissenschaftlichen Verlagen, Fachverlagen. Sie haben die Aufgabe, Manuskripte auf ihre Eignung für das Verlagsprogramm zu prüfen, die ausgewählten Manuskripte inhaltlich und sprachlich kritisch zu bearbeiten, den Kontakt zu den Autoren zu pflegen und neue Autoren zu gewinnen. Sie suchen nach für ihren Verlag interessanten Themen, stellen Bücher bei Messen vor, kümmern sich um die Werbung und übernehmen auch Verwaltungsaufgaben.
Art der Ausbildung:	Verschieden. Häufig Studium der Germanistik, der vergleichenden Literaturwissenschaft oder verwandter Fächer. Wer bei einem juristischen, medizinischen, pharmazeutischen usw. Fachverlag arbeitet, hat in der Regel dieses Fach auch studiert.
Dauer:	Abhängig vom gewählten Studiengang 3–3,5 Jahre bis 5–6 Jahre, mit Promotion plus 2–4 Jahre
Abschluss:	Alle Abschlüsse möglich
Formale Voraussetzungen:	Hochschulreife, meist ein abgeschlossenes Studium, bei wissenschaftlichen Fachverlagen oft Promotion, Praktika während des Studiums oder Volontariat in einem Verlag
Persönl. Voraussetzungen:	Interesse am Lesen und an Büchern, gute Ideen, Kontaktfreudigkeit, teamorientiertes Arbeiten, Sprachgefühl, Verhandlungsgeschick, kaufmännisches Gespür, Fingerspitzengefühl, Ausdauer und großes Engagement, meist Spezialkenntnisse in einem Themenbereich
Ausbildungsvergütung:	Keine, ggf. BAföG während des Studiums
Berufsperspektiven:	Viele kleinere Verlage werden derzeit von größeren aufgekauft oder kämpfen wirtschaftlich ums Überleben. Aus diesem Grund wird vielerorts am Personal gespart.

	Wer jedoch genügend Ausdauer und Stehvermögen mitbringt, hat auch in diesem Bereich Arbeitschancen.
Verdienstmöglichkeiten:	Sehr unterschiedlich. Eine Reihe von Verlagen bezahlen ihre Mitarbeiter leistungsabhängig.
Art der Tätigkeit:	Schreibtischtätigkeit
Aufstiegsmöglichkeiten:	Nur wenig Aufstiegsmöglichkeiten, in großen Verlagen vielleicht zum Cheflektor, Abteilungsleiter oder Geschäftsführer
Vor- und Nachteile:	Nicht immer geregelte Arbeitszeiten, z. B. auch am Abend oder am Wochenende, wenn ein Buch in Druck gehen soll.
Selbstständige Berufsmöglichkeiten:	Theoretisch besteht die Möglichkeit, sich als Verleger selbstständig zu machen, was angesichts der großen Konkurrenz zwischen den Verlagen nicht einfach ist. Möglichkeit der freiberuflichen Arbeit als Lektor besteht.

➡ **Medizinische / -r Dokumentar / -in** siehe S. 161

13. Rechtsberufe

Amtsanwalt / -anwältin

Tätigkeiten:	Amtsanwälte und Oberamtsanwälte bearbeiten bei den Staatsanwaltschaften Ermittlungs- und Strafverfahren im amtsgerichtlichen Zuständigkeitsbereich. Sie nehmen dabei wie Staatsanwälte auch den Sitzungsdienst der Staatsanwaltschaft beim Amtsgericht wahr. In den meisten Bundesländern bearbeiten Amtsanwälte mehr als die Hälfte aller bei den Staatsanwaltschaften anhängigen Verfahren. Zurzeit gibt es in der Bundesrepublik ca. 1 000 aktive Amtsanwälte.
Art der Ausbildung:	Ausbildung zum Rechtspfleger: Studium der Rechtspflege an einer Fachhochschule für öffentliche Verwaltung und berufspraktische Studienzeiten, anschließend – nach mehrjähriger erfolgreicher Rechtspflegertätigkeit – Zulassung zur Amtsanwaltslaufbahn; nach einer fachwissenschaftlichen und praktischen Ausbildung von 15 Monaten Ablegung eines Examens.

Dauer:	Dauer der Ausbildung zum Rechtspfleger: 3 Jahre, Ausbildung zum Amtsanwalt: 15 Monate, dazwischen mehrjährige erfolgreiche berufliche Tätigkeit als Rechtspfleger
Abschluss:	Diplom-Rechtspfleger / -in, Ablegung eines weiteren Examens nach 15-monatiger Ausbildung zum / zur Amtsanwalt / -anwältin
Formale Voraussetzungen:	Abitur, Fachhochschulreife
Art der Tätigkeit:	Überwiegend sitzende Tätigkeit
Aufstiegsmöglichkeiten:	Vom Amtsanwalt zum Oberamtsanwalt
Selbstständige Berufsmöglichkeiten:	Ist eine Tätigkeit im Staatsdienst, deshalb nein
Weitere Informationen:	Informationsunterlagen sind bei den Justizministerien der Länder oder örtlichen Gerichten erhältlich bzw. auf den Websites dieser Institutionen einsehbar.

Notar / -in

Tätigkeiten:	Beurkundungen, vor allem im Bereich des Immobilienrechts, Erbrechts, Familienrechts, jeweils in Verbindung mit rechtlicher Beratung und Betreuung der Beteiligten
Art der Ausbildung:	1. Studium der Rechtswissenschaft; 2. juristische Referendarausbildung; 3. Entweder Notarassessoriat (in den Gebieten des hauptberuflichen Notariats, verbreitet in ca. zwei Dritteln des Gebiets der Bundesrepublik) oder Tätigkeit als Rechtsanwalt mit Fortbildung zum Notar (in den Gebieten des Anwaltnotariats, verbreitet in ca. einem Drittel des Gebietes der Bundesrepublik)
Dauer:	1. Studium der Rechtswissenschaft ca. 5–6 Jahre; 2. juristische Referendarausbildung ca. 2 Jahre; 3. Notarassessoriat mindestens 3 Jahre, in der Regel ca. 5 Jahre oder Tätigkeit als Rechtsanwalt mindestens 5 Jahre
Abschluss:	Bestellung zum Notar durch den Justizminister des Landes
Formale Voraussetzungen:	Allgemeine Hochschulreife
Ausbildungsvergütung:	1. Studium der Rechtswissenschaften keine, ggf. BAföG; 2. juristische Referendarausbildung ca. 1.000–1.200 Euro brutto; 3. Assessoriat ca. 4.000 Euro brutto, Rechtsanwaltstätigkeit abhängig von Art und Umfang der Tätigkeit

Verdienstmöglichkeiten:	Abhängig von Art und Umfang der Tätigkeit
Art der Tätigkeit:	Überwiegend sitzende Tätigkeit
Vor- und Nachteile:	Möglichkeit, juristisch gestaltend tätig zu werden; angesehener Beruf; selbstständige Tätigkeit; häufig sehr hohe Arbeitsbelastung; unbeschränkbare persönliche Haftung für etwaige Fehler bei der Berufsausübung
Selbstständige Berufsmöglichkeiten:	Der Beruf des Notars wird selbstständig ausgeübt.
Zusätzliche wichtige Informationen:	Der Notar übt ein öffentliches Amt aus. Der Zugang zu diesem öffentlichen Amt ist staatlich reglementiert: Es findet eine Bedürfnisprüfung mit Bestenauslese statt. Im Hinblick auf die hohe persönliche und wirtschaftliche Verantwortung, die der Notar bei seiner Amtsausübung zu tragen hat, unterliegt er einem strengen Berufsrecht, dessen Einhaltung von Aufsichtsbehörden überwacht wird.
Weitere Informationen:	Bundesnotarkammer, Mohrenstraße 34, 10117 Berlin, Tel. (0 30) 3 83 86 60, *www.bnotk.de*

Patentanwalt / -anwältin

Tätigkeiten:	Patentanwälte sind in der Unternehmensberatung tätig und arbeiten freiberuflich auf dem Gebiet des gewerblichen Rechtsschutzes. Unternehmen leben davon, neue Produkte zu erfinden. Die Aufgabe des Patentanwaltes ist es dann, zuerst zu recherchieren, ob es sich um eine Neuerung handelt, die als Patent angemeldet werden kann, und ob es bereits ein solches Patent gibt. Falls nein, fertigt er eine Patentschrift an, die gedanklich und sprachlich überzeugend die Neuerungen des einzelnen Produktes herausstellt. Anschließend wird diese Patentschrift dem zuständigen Patentamt zur Prüfung und Genehmigung vorgelegt.
Art der Ausbildung:	Studium, Zusatzausbildung
Dauer:	Abgeschlossenes natur- oder ingenieurwissenschaftliches Studium (z. B. Chemie, Informatik, Elektrotechnik, Maschinenbau, Verfahrenstechnik) von etwa 5- bis 6-jähriger Dauer. Im Anschluss an das Studium ein Jahr praktische Tätigkeit im technischen Bereich und ergänzendes Studium im allgemeinen Recht an der Fernuniversität Hagen (Studiengang

	für Patentanwaltsbewerber). Anschließend folgt eine 34-monatige praktische Ausbildung, von der 26 Monate bei einem Patentanwalt oder in der Patentabteilung eines Unternehmens absolviert werden und anschließend 2 Monate beim Deutschen Patent- und Markenamt sowie 6 Monate beim Bundespatentgericht. Auch bietet die Ostbayerische Technische Hochschule Amberg-Weiden einen grundständigen Studiengang Patentingenieurwesen an.
Abschluss:	Bachelor, Master
Formale Voraussetzungen:	Abitur oder Fachhochschulreife
Persönl. Voraussetzungen:	Breites Wissen in den verschiedenen naturwissenschaftlichen oder technischen Fachgebieten, Beherrschung der deutschen Sprache, gute Formulierungsgabe, gute Englisch- und Französischkenntnisse
Ausbildungsvergütung:	Nein, ggf. BAföG während des Studiums
Berufsperspektiven:	Gute Zukunftsaussichten für hoch qualifizierte Fachleute
Verdienstmöglichkeiten:	Nach jahrelanger Erfahrung und Aufbau eines festen Kundenstamms gehören die Patentanwälte innerhalb der freien Berufe zu den bestverdienenden. Die Gehälter liegen dann bei ca. 80 000 bis 125 000 Euro im Jahr.
Art der Tätigkeit:	Sitzberuf im Büro
Selbstständige Berufsmöglichkeiten:	Patentanwälte sind überwiegend freiberuflich tätig.
Weitere Informationen:	Siehe die Informationen auf der Website des Deutschen Patent- und Markenamtes, *www.dpma.de;* Informationen zum Studiengang Patentingenieurwesen an der Ostbayerischen Technischen Hochschule Amberg-Weiden unter *www.oth-aw.de*

Rechtsanwalt / -anwältin

Tätigkeiten:	Rechtsanwälte beraten Klienten in Rechtsfragen und vertreten Kläger oder Beklagte vor Gericht. Die Spannbreite ihrer Tätigkeiten ist breit gefächert (Zivilprozessrecht, Strafrecht, Verwaltungsrecht, Familienrecht usw.). Deshalb spezialisieren sich die meisten Anwälte früher oder später auf ein bestimmtes Fachgebiet.

Art der Ausbildung:	Studium der Rechtswissenschaft an Universitäten. Möglichkeit der Universitäten, eigene Schwerpunkte (wie etwa Unternehmensrecht, Medienrecht, Bilanzrecht) einzurichten. Dieser Schwerpunktbereich wird allein von der Universität geprüft und macht 30 Prozent der Examensnote aus.
Dauer:	5 bis 6 Jahre (einschließlich der 1. juristischen Staatsprüfung), anschließend 2 Jahre Referendariat, das mit der 2. Juristischen Staatsprüfung abschließt
Abschluss:	Staatsexamen
Formale Voraussetzungen:	Abitur
Persönl. Voraussetzungen:	Ausgeprägtes Rechtsempfinden, gedankliche und sprachliche Sicherheit in Wort und Schrift, Verständnis für die Probleme anderer Menschen, Überzeugungskraft, Durchsetzungsvermögen
Ausbildungsvergütung:	Keine, ggf. BAföG während des Studiums; im Referendariat ca. 1.000–1.200 Euro
Berufsperspektiven:	Ungünstig. Jedes Jahr kommen zu den bereits über 164.000 Rechtsanwälten weitere hinzu. Bei Berufsanfängern z. T. sehr niedrige Einkommen.
Verdienstmöglichkeiten:	Sehr unterschiedlich. Berufsanfänger haben es besonders schwer, wenn sie nicht in eine gut gehende Anwaltskanzlei einsteigen können. Beim Weg in die Selbstständigkeit dauert es Jahre, bis ein fester Klientenkreis aufgebaut ist.
Art der Tätigkeit:	Schreibtischtätigkeit
Aufstiegsmöglichkeiten:	Als Freiberufler hat der Anwalt das Ziel, eine gut gehende eigene Kanzlei zu etablieren.
Vor- und Nachteile:	Angespannte Situation auf dem Arbeitsmarkt
Selbstständige Berufsmöglichkeiten:	Eigene Anwaltskanzlei
Weitere Informationen:	Christof Gramm, Heinrich Amadeus Wolff, *Jura – erfolgreich studieren. Für Schüler und Studenten*, 2015.

Rechtsanwalts- und Notarfachangestellte / -r

Tätigkeiten:	Rechtsanwalts- und Notarfachangestellte sind in Kanzleien von Anwälten, Notaren, Patentanwälten und anderen Rechtsbeiständen beschäftigt. Sie erledigen vor allem allgemeine Büro- und Verwaltungsarbeiten, indem sie z. B. den anfallenden Schriftverkehr erledigen, Schriftstücke nach stichwortartigen Angaben aufsetzen, Terminübersichten erstellen und Akten und Register führen. Sie sprechen mit den Mandanten Termine ab und berechnen Gebühren. Das Erstellen von Rechnungen gehört ebenso zu den Aufgaben dieser Fachangestellten. Notargehilfen bereiten zudem Verträge und Urkunden vor, führen Urkundenrollen und erstellen Verzeichnisse über hinterlegte Gelder.
Art der Ausbildung:	Betriebliche Ausbildung
Dauer:	3 Jahre
Abschluss:	Gehilfenprüfung
Formale Voraussetzungen:	Mindestens Hauptschulabschluss, über 60 Prozent der Ausbildungsverträge werden mit Realschulabgängern abgeschlossen.
Persönl. Voraussetzungen:	Organisationstalent, gute Beherrschung der deutschen Sprache, Interesse an rechtlichen Zusammenhängen, gründliches Arbeiten, freundliches Auftreten
Ausbildungsvergütung:	Im 1. Jahr 400–850 Euro, im 2. Jahr 490–950 Euro, im 3. Ausbildungsjahr 555–1.050 Euro
Berufsperspektiven:	Mit konstanten Beschäftigungszahlen kann gerechnet werden.
Art der Tätigkeit:	Schreibtischtätigkeit
Aufstiegsmöglichkeiten:	Weiterbildung zum / zur geprüften Rechtsfachwirt / -in oder Notarfachwirt / -in
Selbstständige Berufsmöglichkeiten:	Nein
Weitere Informationen:	Siehe unter *www.berufenet.arbeitsagentur.de*

Rechtspfleger / -in

Tätigkeiten:	Rechtsprechungsaufgaben im Bereich der freiwilligen Gerichtsbarkeit und Zwangsvollstreckung sowie Aufgaben im Gerichtsmanagement
Art der Ausbildung:	Studium an einer Fachhochschule für öffentliche Verwaltung
Dauer:	3 Jahre
Abschluss:	Diplom-Rechtspfleger / -in
Formale Voraussetzungen:	Allgemeine Hochschulreife, Fachhochschulreife
Persönl. Voraussetzungen:	Juristisches und abstraktes Denken
Ausbildungsvergütung:	1.223 Euro brutto
Berufsperspektiven:	Die Übernahme in den Staatsdienst ist größtenteils garantiert.
Verdienstmöglichkeiten:	2.700 Euro bis 5.300 Euro brutto
Art der Tätigkeit:	Überwiegend sitzende Tätigkeit (Schreibtischtätigkeit)
Aufstiegsmöglichkeiten:	Aufstieg in den höheren Verwaltungsdienst
Vor- und Nachteile:	Abwechslungsreicher juristischer Beruf, der vielen gar nicht bekannt ist
Selbstständige Berufsmöglichkeiten:	Keine
Zusätzliche wichtige Informationen:	Die Bewerbung ist an die Landesjustizministerien zu richten.
Weitere Informationen:	Siehe hierzu die Informationen auf der Website des Bundes Deutscher Rechtspfleger e. V., *www.bdr-online.de*

Richter / -In

Tätigkeiten:	Richter sind im Staatsdienst an Amtsgerichten, Landesgerichten, Verwaltungsgerichten oder Sozialgerichten einschließlich der jeweiligen Obergerichte tätig. Im Zusammenwirken mit den Staatsanwälten (als Vertretern der Anklage), den Rechtsanwälten (als Vertretern der Beklagten), den Zeugen, Gutachtern und ggf. Schöffen sollen Richter möglichst objektiv die Wahrheit in einem Fall herausfinden und das Urteil sprechen.
Art der Ausbildung:	Studium der Rechtswissenschaft, anschließend Referendariat, evtl. Promotion

Dauer:	5–6 Jahre Studium einschließlich der 1. Juristischen Staatsprüfung, anschließend 2 Jahre Referendariat mit abschließender 2. Juristischer Staatsprüfung
Abschluss:	Staatsexamen
Formale Voraussetzungen:	Hochschulreife
Persönl. Voraussetzungen:	Gerechtigkeitssinn, Einfühlungsvermögen, Verantwortungsbewusstsein, Menschenkenntnis, gründliches und objektives Arbeiten, sprachliche Gewandtheit, Überzeugungskraft, sicheres Auftreten
Ausbildungsvergütung:	Keine, ggf. BAföG während des Studiums; im Referendariat ca. 1.000–1.200 Euro
Berufsperspektiven:	Um eine Richterstelle zu bekommen, ist die Examensnote von entscheidender Bedeutung.
Art der Tätigkeit:	Schreibtischtätigkeit
Aufstiegsmöglichkeiten:	Möglicher Aufstieg zum Vorsitzenden Richter einer Kammer, zum Gerichtspräsidenten oder einem ähnlich hohen Posten an einem Landes- oder Bundesgericht
Weitere Informationen:	Christof Gramm, Heinrich Amadeus Wolff, *Jura – erfolgreich studieren. Für Schüler und Studenten*, 2015.

Staatsanwalt / -anwältin

Tätigkeiten:	Der Staatsanwalt vertritt innerhalb unseres Rechtssystems die Interessen des Staates. Nachdem ein Fall bei der Polizei aktenkundig geworden ist und sie den Fall bearbeitet hat, wird er dem Staatsanwalt zur weiteren Prüfung vorgelegt. Dieser spricht im Vorfeld mit den Zeugen, ggf. auch mit dem Beschuldigten oder seinem Anwalt, und entscheidet dann, ob es zur Anklage kommt oder ob die Angelegenheit durch einen Rechtspfleger gütlich beigelegt werden kann. Wenn es zur Anklage kommt, tritt der Staatsanwalt als Vertreter der Anklage auf. Während ein Rechtsanwalt die Interessen seines Mandanten vertritt und so dessen Unschuld oder mildernde Umstände betonen muss, ist es Aufgabe des Staatsanwaltes, objektiv Argumente für die mögliche Schuld des Angeklagten vorzubringen und ein angemessenes Strafmaß zu fordern. Das letzte Wort hat schließlich der Richter.

Art der Ausbildung:	Studium der Rechtswissenschaft
Dauer:	5–6 Jahre (einschließlich des 1. Juristischen Staatsexamens), danach 2 Jahre Referendariat, das mit dem 2. Staatsexamen abschließt.
Abschluss:	1. und 2. Staatsexamen und anschließende Richterbefähigung
Formale Voraussetzungen:	Hochschulreife
Persönl. Voraussetzungen:	Objektivität, Sinn für Gerechtigkeit, gedankliche und sprachliche Sicherheit, Überzeugungskraft, hohe psychische Belastbarkeit
Ausbildungsvergütung:	Keine, ggf. BAföG während des Studiums; im Referendariat ca. 1.000–1.200 Euro
Berufsperspektiven:	Aufgrund der jährlichen Zahl der Straftaten besteht auch in Zukunft Bedarf an Staatsanwälten.
Verdienstmöglichkeiten:	Die Bezahlung erfolgt nach einem speziellen Tarif des öffentlichen Dienstes, da Staatsanwälte Beamte auf Lebenszeit sind.
Art der Tätigkeit:	Überwiegend Schreibtischtätigkeit
Aufstiegsmöglichkeiten:	Vom Staatsanwalt zum Leitenden Staatsanwalt oder (seltener) zum Leitenden Oberstaatsanwalt
Zusätzliche wichtige Informationen:	Im Justizdienst spielt die Examensnote eine wichtige Rolle, nur wer mit »sehr gut«, »gut« oder »voll befriedigend« abschließt, hat die Möglichkeit, sich auf eine freie Staatsanwaltsstelle zu bewerben.
Weitere Informationen:	Christof Gramm, Heinrich Amadeus Wolff, *Jura – erfolgreich studieren. Für Schüler und Studenten*, 2015.

Steuerberater / -in siehe S. 140

Steuerfachangestellte / -r siehe S. 137

14. Sicherheitsberufe

Berufskraftfahrer / -in

Tätigkeiten:	Lenken von Lkws im In- und Ausland (evtl. Laden, Abladen) im Güter- und Personenverkehr; Arbeitgeber sind Betriebe des Güterkraftverkehrs, der Logistik, der Entsorgung, des Reiseverkehrs oder des öffentlichen Personennahverkehrs.
Art der Ausbildung:	Betriebliche Ausbildung
Dauer:	3 Jahre
Abschluss:	Prüfung vor der Industrie- und Handelskammer
Formale Voraussetzungen:	Mindestens Hauptschulabschluss
Persönl. Voraussetzungen:	Interesse am Lkw-Fahren und an der im Führerhaus evtl. vorhandenen EDV, körperliche Belastbarkeit
Ausbildungsvergütung:	1. Jahr 450–895 Euro, 2. Jahr 510–945 Euro, 3. Jahr 600–985 Euro
Berufsperspektiven:	Werden u. a. davon abhängig sein, ob mehr Transporte auf die Bahn verlegt werden, und von der ausländischen Konkurrenz im Transportgewerbe.
Art der Tätigkeit:	Sitzend im Führerhaus
Aufstiegsmöglichkeiten:	Möglichkeit der Selbstständigkeit
Vor- und Nachteile:	Mehr oder weniger freie Gestaltung der Arbeitszeit; häufige Abwesenheit vom Wohnort (evtl. für Tage)
Selbstständige Berufsmöglichkeiten:	Selbstständige Tätigkeit als Unternehmer möglich
Weitere Informationen:	Siehe unter *www.berufenet.arbeitsagentur.de.* Weitere Informationen auch beim Bund Deutscher Berufs-Kraftfahrer e. V. (BDBK), In der Fleute 126, 42389 Wuppertal, Tel. (0202) 28 14 44 66, *www.bdbk-online.de*

Detektiv / -in

Tätigkeiten:	Um den Detektivberuf ranken sich manch falsche Vorstellungen, die vor allem durch spannende Fernsehsendungen bedingt sind. Es gibt keine geregelte Ausbildung zum Detektiv. Die Berufsbezeichnung ist gesetzlich nicht geschützt. Jede / -r, die oder der bestimmte Standards erfüllt, kann diesen Beruf ausüben. Ermittlungsaufträge kommen zu 60 Prozent von der Wirtschaft (Aufdeckung von Betrug, Unterschlagung, Diebstahl, Produktpiraterie, Wirtschaftsspionage) und zu je 2 Prozent von Anwälten und Privatleuten, wobei es um die Suche nach Schuldnern, unbekannt verzogenen oder vermissten Personen, um rechtliche Probleme bei der Scheidung und die Ermittlung von Zeugen geht. Detektive sind häufig auch im Objektschutz tätig, sie sichern private Unternehmen und öffentliche Einrichtungen gegen Einbruch, bewachen Kaufhäuser oder Museen. Bei Straftaten dürfen sie zwar im Auftrag von Dritten ermitteln, sie dürfen aber nicht die Arbeit der Polizeibeamten behindern. Es ist ihnen auch nicht erlaubt, Personen zu verhören oder festzunehmen. Dies ist hoheitsrechtliche Aufgabe von Polizei und Justiz. Sie dürfen eine Waffe nur dann mit sich führen, wenn sie durch ihre Tätigkeit selbst in Gefahr sind und über einen Waffenschein verfügen.
Art der Ausbildung:	Es wird keine bestimmte Ausbildung vorgeschrieben. Sinnvoll ist entweder eine kaufmännische oder eine handwerkliche Berufsausbildung und auf alle Fälle vorherige Berufserfahrung.
Dauer:	Abhängig von der gewählten Ausbildung
Abschluss:	Siehe bei den jeweiligen Ausbildungen
Formale Voraussetzungen:	Mindestens Hauptschulabschluss, mittlere Reife
Persönl. Voraussetzungen:	Seriosität (ist in diesem Geschäft besonders wichtig), Verschwiegenheit, Rechtsbewusstsein, keine Vorstrafen
Ausbildungsvergütung:	Siehe bei den jeweiligen Ausbildungen
Berufsperspektiven:	Der Wunsch nach Schutz des Eigentums dürfte auch künftig gute berufliche Perspektiven eröffnen, sofern man mit Realitätssinn an die Aufgaben herangeht.
Verdienstmöglichkeiten:	Sehr unterschiedlich

Art der Tätigkeit:	Überwiegend stehend
Aufstiegsmöglichkeiten:	Eigenes Büro
Selbstständige Berufsmöglichkeiten:	Als Inhaber einer Detektei oder einer Überwachungsfirma
Zusätzliche wichtige Informationen:	Interessenten sollten sich gründlich überlegen, ob ihre Vorstellungen von diesem Beruf mit der beruflichen Realität übereinstimmen. Der Job ist nicht für Abenteurer geeignet.
Weitere Informationen:	Bundesverband Deutscher Detektive (BDD), *www.bdd.de*

Fachkraft für Schutz und Sicherheit

Tätigkeiten:	Objekt- und Anlagenschutz, Verkehrsdienste sowie Personen- und Werteschutz. Mögliche Arbeitgeber sind Sicherheitsfirmen und Betriebe, die Mitarbeiter für die Sicherheits- und Werkschutzabteilungen benötigen. Auch Betriebe des Geld- und Sicherheitstransports oder des Personenschutzes bieten Anstellungsmöglichkeiten.
Art der Ausbildung:	Betriebliche Ausbildung
Dauer:	3 Jahre
Formale Voraussetzungen:	Keine
Persönl. Voraussetzungen:	Kenntnis neuerer Sicherheitseinrichtungen und Kommunikationsmittel und einschlägiger gesetzlicher Bestimmungen, Zuverlässigkeit, Rechtsbewusstsein
Ausbildungsvergütung:	1. Jahr 500–750 Euro, 2. Jahr 550–800 Euro, im 3. Jahr 580–868 Euro
Verdienstmöglichkeiten:	Sind abhängig davon, ob der Beruf als Angestellter oder im eigenen Betrieb ausgeübt wird
Art der Tätigkeit:	Gute körperliche Konstitution erforderlich; auch wenn der Beruf kaufmännische Anteile hat, handelt es sich um keine Schreibtischtätigkeit.
Aufstiegsmöglichkeiten:	Weiterbildung in einzelnen spezialisierten Tätigkeiten möglich, auch Meisterprüfung als »Meister/-in für Schutz und Sicherheit«; Möglichkeit der Selbstständigkeit
Vor- und Nachteile:	Ungeregelte Arbeitszeit, Nachtarbeit
Selbstständige Berufsmöglichkeiten:	Sind gegeben
Weitere Informationen:	Siehe unter *www.berufenet.arbeitsagentur.de*

Hausmeister / -in, Hausverwalter / -in

Tätigkeiten:	Sie kümmern sich um Häuser, Wohnanlagen und öffentliche Gebäude, verrichten dort handwerkliche und Verwaltungsaufgaben und halten auch die Außenanlagen in Ordnung. Sie sind angestellt tätig.
Art der Ausbildung:	Erwartet wird eine fundierte handwerkliche Ausbildung
Dauer:	3 – 3,5 Jahre
Abschluss:	Gesellenbrief
Formale Voraussetzungen:	Mindestens Hauptschulabschluss
Persönl. Voraussetzungen:	Handwerkliches und technisches Geschick, freundliches Wesen, Ordnungssinn und Organisationsfähigkeit
Ausbildungsvergütung:	Siehe bei den jeweiligen handwerklichen Berufen
Berufsperspektiven:	In etwa gleichbleibender Bedarf
Art der Tätigkeit:	Bei den handwerklichen Arbeiten stehend, bei den Verwaltungstätigkeiten eher sitzend
Aufstiegsmöglichkeiten:	Nein
Selbstständige Berufsmöglichkeiten:	Kaum, allenfalls bei fundierten kaufmännischen Kenntnissen Existenzgründung als Hausverwalter möglich

Justizvollzugsbeamter / -beamtin

Tätigkeiten:	Beamte des mittleren Justizvollzugsdienstes finden ihre Beschäftigung im Vollzugs-, Werk-, Verwaltungs- und im Krankenpflegedienst. Sie beaufsichtigen Gefangene in Straf- und Untersuchungshaft und leiten z. T. Betriebe zur Aus- und Weiterbildung (Resozialisierung). In größeren Anstalten werden sie auch sachbearbeitend in der Arbeitsorganisation, in der Wirtschaftsverwaltung und in der Zahlstelle eingesetzt. Beamte des gehobenen Justizvollzugsdienstes sind oft Leiter von mittleren und kleineren Gefängnissen oder Abteilungsleiter und Sachbearbeiter in größeren Anstalten. Sie arbeiten vorwiegend eigenständig in verschiedenen Sachgebieten. Aber auch in Sonderdiensten, wie z. B. im Sozialdienst und in der Bauverwaltung, sind sie tätig.
Art der Ausbildung:	Nichttechnische Ausbildung im öffentlichen Dienst

Dauer:	2 Jahre in der Behörde und ggf. an speziellen Fachhochschulen (gehobener Justizdienst)
Abschluss:	Staatliche Verwaltungsprüfung
Formale Voraussetzungen:	Für den allgemeinen Vollzugsdienst werden Hauptschüler/-innen (meist) mit abgeschlossener Berufsausbildung aufgenommen. Für den Werkdienst müssen Bewerber/-innen zumindest die Gesellenprüfung (oder Facharbeiterprüfung) nachweisen, meist wird jedoch die Meisterprüfung vorausgesetzt. Für den Verwaltungsdienst wird in der Regel ein Haupt- oder Realschulabschluss gefordert, je nach Bundesland für Hauptschüler auch noch eine abgeschlossene Berufsausbildung. In manchen Fällen genügt auch eine mehrjährige Berufspraxis.
Persönl. Voraussetzungen:	Je nach Einsatzgebiet verschieden; generell Durchsetzungsfähigkeit, sicheres Auftreten, Rechtsbewusstsein, Organisationsfähigkeit
Ausbildungsvergütung:	Ca. 1.000–1.200 Euro Anwärtergrundbetrag
Berufsperspektiven:	Personen, die Gesetze nicht einhalten, wird es leider immer geben
Art der Tätigkeit:	Je nach Einsatzgebiet verschieden, eher Schreibtischarbeit
Aufstiegsmöglichkeiten:	Jeweils innerhalb des Dienstes möglich, lange Wartezeiten bis zur nächsthöheren Beförderung
Selbstständige Berufsmöglichkeiten:	Keine
Weitere Informationen:	Siehe unter *www.berufenet.arbeitsagentur.de* unter »Beamter/Beamtin im mittleren Justizvollzugsdienst«

Offizier der Bundeswehr

Tätigkeiten:	Man muss unterscheiden zwischen Berufsoffizieren, Offizieren auf Zeit (bis zu 13 Jahre) und Offizieren der Reserve. Sie haben die unterschiedlichsten Aufgaben zu erfüllen, dennoch lässt sich verallgemeinernd sagen, dass ihre Tätigkeitsfelder Führungs-, Lehr-, Spezialisten- und Beratungstätigkeiten umfassen.
Art der Ausbildung:	Für Berufsoffiziere und Offiziere auf Zeit (mit Abitur): militärische Grundausbildung, Studium (Dauer: 10 Trimester,

	also 3 1/4 Jahre) an einer der beiden Hochschulen der Bundeswehr in Hamburg oder München, fachbezogene Fortbildung zur Vorbereitung auf den Truppendienst
Abschluss:	Bachelor- und Master-Abschluss
Formale Voraussetzungen:	Berufsoffizier: Abitur, fachgebundene Hochschulreife (muss in Bayern bzw. Hamburg anerkannt sein), Alter 17–25 Jahre; Offiziere auf Zeit (bis zu 13 Jahre Verpflichtung): mindestens Realschulabschluss und abgeschlossene Berufsausbildung. Für alle gilt ein spezielles Aufnahmeverfahren (3 Tage), das aus einer ärztlichen Untersuchung, Gesprächen, einem Kurzvortrag, einer Sportprüfung, mehreren schriftlichen Arbeiten und psychologischen Tests besteht.
Persönl. Voraussetzungen:	Eine starke Identifizierung mit der Bundeswehr und dem Militärdienst wird vorausgesetzt. Gehorsam gegenüber Vorgesetzten, Entscheidungsfähigkeit und Führungsqualitäten sind wichtig; Versetzungsbereitschaft ist Voraussetzung.
Ausbildungsvergütung:	Der Offiziersanwärter / Offizier erhält Dienstbezüge nach seinem jeweiligen Dienstgrad.
Berufsperspektiven:	Hängen von der internationalen Lage und der des Bundeshaushaltes ab
Art der Tätigkeit:	Je nach Einsatzgebiet unterschiedlich, allerdings hohe körperliche Belastung
Selbstständige Berufsmöglichkeiten:	Als Berufsoffizier keine, nach Ausscheiden als Offizier auf Zeit und für Reserveoffiziere möglich
Weitere Informationen:	Siehe unter *www.bundeswehr-karriere.de*

Polizeibeamter / -beamtin

Tätigkeiten:	Die Tätigkeiten im Polizeidienst sind vielfältig. Die Kriminalpolizei, Bereitschaftspolizei, Wasserschutzpolizei, Landespolizei und die Bundespolizei haben die Aufgabe, die öffentliche Sicherheit zu gewährleisten. Sie verfolgen Straftäter und wehren Gefahren ab, die die Sicherheit unseres Staates und seiner Bürger bedrohen. Die meisten Beamten arbeiten im Bereich der Bereitschaftspolizei oder im Verkehrsüberwachungsdienst. Sie sind zur Vorbeugung bei politischen,

	sportlichen und kulturellen Großveranstaltungen vor Ort, organisieren Suchaktionen bei Vermisstenanzeigen und helfen auch bei schweren Unglücks- und Katastrophenfällen. Außerdem leisten sie Hilfe in Notsituationen, befragen Zeugen, bearbeiten Verkehrsdelikte, führen Verkehrskontrollen durch, verfassen Berichte und bearbeiten Anzeigen. Das Aufspüren und die Festnahme von Straftätern gehört ebenfalls zu ihrem Aufgabenbereich.
Art der Ausbildung:	Praktische und theoretische Ausbildung im Polizeidienst
Dauer:	Im gehobenen Dienst dauert der Vorbereitungsdienst 3 Jahre einschließlich Besuch der Polizeifachhochschule
Abschluss:	Staatliche Verwaltungsprüfung
Formale Voraussetzungen:	Für den gehobenen Dienst: Fachhochschulreife oder Abitur
Persönl. Voraussetzungen:	Hohe körperliche Anforderungen; wichtig sind neben einer guten körperlichen Verfassung auch ein gutes Gedächtnis, Durchsetzungsvermögen und eine hohe emotionale Belastbarkeit in Stresssituationen
Berufsperspektiven:	Sind u. a. von der Finanzsituation öffentlicher Haushalte abhängig.
Art der Tätigkeit:	Je nach Einsatzgebiet, sowohl Außendienst (Streifendienst) als auch Innendienst, dort überwiegend Schreibtischtätigkeit.
Aufstiegsmöglichkeiten:	Der Aufstieg richtet sich nach Leistungen und laufbahnrechtlichen Bestimmungen. Der Übergang in den höheren Dienst ist unter bestimmten Voraussetzungen möglich.
Zusätzliche wichtige Informationen:	Polizeibeamte mit spezieller Ausbildung für Personenschutz sind als Leibwächter tätig. Diese Tätigkeit wird allerdings nicht ein ganzes Berufsleben lang ausgeübt. Sie ist interessant, aber mit ungeregelter Arbeitszeit, Schichtdienst und häufigen Reisen verbunden.
Weitere Informationen:	Siehe unter *www.polizei.de*, *www.bka.de* und *www.bundespolizei.de*

15. Sonstige Berufe

Bäcker / -in

Tätigkeiten:	Herstellen von Brot und Feingebäck nach Rezepten, Zusammenstellen und Abwiegen der Zutaten, Beobachten und Überwachen von Gärungsprozessen (Teigbildung), Bedienung von technischen Geräten, z. B. Knetmaschinen und z. T. elektronisch gesteuerten Backöfen, abschließendes Herrichten und dekoratives Garnieren der Backwaren zum Verkauf
Art der Ausbildung:	Betriebliche Ausbildung
Dauer:	3 Jahre
Abschluss:	Gesellenbrief
Formale Voraussetzungen:	Mindestens Hauptschulabschluss oder Realschulabschluss
Persönl. Voraussetzungen:	Gute Geruchs- und Geschmacksnerven, mittlere körperliche Belastbarkeit (Stehberuf, Staubbelästigung), Interesse an Kreativität (Garnieren und Dekorieren), handwerkliches Geschick und Fingerfertigkeit, Verständnis für kaufmännische und wirtschaftliche Belange, exakte Arbeitsweise, Leistungsbereitschaft und ausgeprägtes Qualitätsbewusstsein
Ausbildungsvergütung:	Im 1. Ausbildungsjahr 500 Euro, im 2. Jahr 640 Euro, im 3. Jahr 770 Euro
Berufsperspektiven:	Es sind weiterhin gleichbleibende Beschäftigungszahlen zu erwarten.
Art der Tätigkeit:	Stehberuf in der Backstube
Aufstiegsmöglichkeiten:	Weiterbildung zum / -r Bäcker- oder Konditormeister / -in, Techniker / -in Lebensmitteltechnik mit Schwerpunkt Bäckereitechnik
Vor- und Nachteile:	Mögliche körperliche Schäden wie z. B. Wirbelsäulenbeschwerden durch das viele Stehen und Heben, Erkrankungen der Atemwege durch permanente Staubbelästigung, sehr früher Arbeitsbeginn am Morgen (nichts für Langschläfer!)
Selbstständige Berufsmöglichkeiten:	Als Bäcker- oder Konditormeister / -in mit eigenem Geschäft
Weitere Informationen:	Siehe unter *www.berufenet.arbeitsagentur.de*

Fleischer / -in

Tätigkeiten:	Je nach Spezialisierung (siehe unten) gehört das Aussuchen und Beurteilen, Enthaaren und Enthäuten, Ausnehmen und Zerlegen von Schlachtvieh oder im Feinkostbereich neben dem Herstellen von Fleisch- und Wurstwaren auch die Zubereitung von Salaten zum Tätigkeitsprofil. Im Verkauf ist der / die Fleischer / -in z. B. für das Vorbereiten des Fleisches bis zum ladenfertigen Produkt (Fleischspieße, Rollbraten etc.) zuständig. In diesem Bereich ist er / sie auch in der fachkompetenten Beratung seiner Kunden tätig.
Art der Ausbildung:	Betriebliche Ausbildung; über 90 Prozent der Auszubildenden werden in Handwerksbetrieben ausgebildet, die restlichen in der Industrie.
Dauer:	3 Jahre
Abschluss:	Gesellenprüfung
Formale Voraussetzungen:	Mindestens Hauptschulabschluss, besser Realschulabschluss
Persönl. Voraussetzungen:	Körperliche Belastbarkeit im Schlachthaus; freundliches, gepflegtes Auftreten im Verkaufsbereich
Ausbildungsvergütung:	Im 1. Jahr 500–720 Euro, im 2. Jahr 610–835 Euro, im 3. Jahr 710–1.025 Euro (die höheren Vergütungen in der Industrie); oft Verpflegung am Arbeitsplatz
Berufsperspektiven:	Es ist auch weiterhin mit konstanten Beschäftigungszahlen zu rechnen.
Art der Tätigkeit:	Viel Stehen im Schlachthaus und im Verkauf
Aufstiegsmöglichkeiten:	Weiterbildungsmöglichkeiten zum / -r Fleischermeister / -in oder Techniker / -in Lebensmitteltechnik mit Schwerpunkt Fleischtechnik
Vor- und Nachteile:	Teilweise starke Schmutzbelästigung im Schlachthaus, jedoch eher geringe Geruchsbelästigung (Kühlung)
Selbstständige Berufsmöglichkeiten:	Fleischer / -in mit eigenem Betrieb
Weitere Informationen:	Siehe unter *www.berufenet.arbeitsagentur.de*

Friseur / -in

Tätigkeiten:	Gestalten von Frisuren, Anwendung von pflegenden und dekorativen kosmetischen Behandlungen der Haut einschließlich Maniküre, typgerechte Beratung von Kunden
Art der Ausbildung:	Betriebliche Ausbildung
Dauer:	3 Jahre
Abschluss:	Gesellenbrief
Formale Voraussetzungen:	Guter Hauptschulabschluss, mittlere Reife
Persönl. Voraussetzungen:	Interesse an Mode, handwerkliches Geschick, Kontaktfreudigkeit, gute Umgangsformen, Sprachgewandtheit
Ausbildungsvergütung:	Im 1. Jahr 308–450 Euro, im 3. Ausbildungsjahr 518–675 Euro
Berufsperspektiven:	Mode, Schönheit und Gepflegtsein sind immer gefragt. Die Tätigkeit des Friseurs lässt sich nicht durch Maschinen oder Computer ersetzen.
Art der Tätigkeit:	Überwiegend stehende Tätigkeit, gesundheitliche Eignung erforderlich
Aufstiegsmöglichkeiten:	Weiterbildungsprogramme im friseurhandwerklichen Bereich durch Handwerkskammern, die Innung und die haarkosmetische Industrie, Fortbildungsprüfungen zur Kosmetikerin im Friseurhandwerk, Zusatzausbildung zum Maskenbildner / zur Maskenbildnerin, Tätigkeit als Geschäftsführer eines Friseursalons, Fachlehrer, Fachberater der haarkosmetischen Industrie
Selbstständige Berufsmöglichkeiten:	Eigener Friseursalon
Weitere Informationen:	Siehe unter *www.berufenet.arbeitsagentur.de*

Koch / Köchin

Tätigkeiten:	Alle Arbeiten zur Herstellung von Speisen – vom Einkauf bis zur Vor- und Zubereitung
Art der Ausbildung:	Betriebliche Ausbildung
Dauer:	3 Jahre, mit Abitur Verkürzung möglich

Abschluss:	Gehilfenbrief Koch / Köchin
Formale Voraussetzungen:	Hauptschulabschluss
Persönl. Voraussetzungen:	Kreativität, handwerkliches Geschick und Fingerfertigkeit, Leistungsbereitschaft und ausgeprägtes Qualitätsbewusstsein, Verständnis für kaufmännische und wirtschaftliche Belange, exakte Arbeitsweise
Ausbildungsvergütung:	1. Ausbildungsjahr 459–755 Euro, 2. Jahr 574–850 Euro, 3. Jahr 680–950 Euro
Berufsperspektiven:	Fachliche Spezialisierung für die Tätigkeit in größeren Hotel- und Restaurantküchen, etwa als Saucier (Schmorgerichte und Saucen), Rotisseur (Braten- und Pfannengerichte), Entremetier (Beilagen), Gardemanger (kalte Küche) oder Patissier (Torten, Kuchen, Süßspeisen); Weiterbildung an Hotelfachschulen zum staatlich geprüften Gastronomen und zum staatlich geprüften Betriebswirt – Fachrichtung Hotel- und Gaststättengewerbe oder Fachrichtung Catering / Systemverpflegung; mit Fachabitur Studium der Ökotrophologie oder Lebensmitteltechnik; Fachlehrer
Art der Tätigkeit:	Überwiegend stehende Tätigkeit, körperliche Belastbarkeit
Aufstiegsmöglichkeiten:	Küchenchef, Küchendirektor, über berufliche Weiterqualifizierung Küchenmeister, diätetisch geschulter Koch, Koch in der Großverpflegung
Vor- und Nachteile:	Vorteile: berufliche Tätigkeit im Ausland gut möglich; Nachteile: Schichtdienst, Teildienste, Wochenenddienste
Selbstständige Berufsmöglichkeiten:	Restaurantbesitzer, Hotelbesitzer
Weitere Informationen:	Verband der Köche Deutschlands e. V., Steinlestraße 32, 60596 Frankfurt am Main, Tel. (0 69) 63 00 06-0, *www.vkd.com*

Konditor / -in

Tätigkeiten:	Herstellung und Dekoration von Torten, Kuchen, Kleingebäck, Pralinen, Pasteten etc. Im Einzelnen bedeutet das: Teig herstellen, ausrollen, ausschneiden, formen und mit Füllungen bestreichen. Gebäck wird z. B. auf Backbleche gespritzt und dann gebacken. Anschließend werden alle Produkte garniert und für den Verkauf fertig gemacht. Das

	Bedienen von Küchenmaschinen (etwa Rühr- und Ausrollmaschinen, computergesteuerte Backöfen, Frosteranlagen) ist genauso zu erlernen wie die herkömmliche Herstellung von Hand.
Art der Ausbildung:	Betriebliche Ausbildung
Dauer:	3 Jahre
Abschluss:	Gesellenprüfung
Formale Voraussetzungen:	Mindestens Hauptschulabschluss, Realschulabschluss
Persönl. Voraussetzungen:	Gute Geschmacks- und Geruchsnerven (siehe Bäcker/-in), keine besonderen körperlichen Anforderungen, Kreativität und Sinn für Gestaltung, gewandtes und gepflegtes Auftreten im Verkaufsbereich
Ausbildungsvergütung:	Im 1. Ausbildungsjahr 350–500 Euro, im 2. Jahr 400–640 Euro, im 3. Jahr 450–770 Euro
Berufsperspektiven:	Es sind auch weiterhin gleichbleibende Beschäftigungszahlen zu erwarten.
Art der Tätigkeit:	Eher Stehberuf (Backstube)
Aufstiegsmöglichkeiten:	Konditormeister/-in, Techniker/-in Lebensmitteltechnik und Techniker/-in Lebensmitteltechnik, Fachrichtung Bäckereitechnik oder Verarbeitungstechnik
Vor- und Nachteile:	Stehberuf, geringe Schmutzbelästigung, z. T. sehr frühzeitiger Arbeitsbeginn (siehe Bäcker/-in), mögliche Haut- und Atemwegserkrankungen
Selbstständige Berufsmöglichkeiten:	Eigenes Konditorgeschäft, Café oder Restaurant möglich
Zusätzliche wichtige Informationen:	Sonstige Beschäftigungsfelder bietet die Nahrungsmittelindustrie oder z. B. die Tätigkeit als Schiffskonditor auf großen Überseeschiffen.
Weitere Informationen:	Siehe unter *www.berufenet.arbeitsagentur.de*

Register der Berufe

G

H

I

J

K

L

M

N

O

P

R

S

T

U

V

W

Z

Verwendete Materialien

Für die Erstauflage des Buches hatten viele Berufsverbände Unterlagen zur Verfügung gestellt, die in aktualisierter Form Eingang in die weiteren Auflagen des Berufswahltests fanden. Die beteiligten Berufsverbände sind unter dem jeweiligen Beruf als Ansprechpartner genannt.

Dieter Herrmann, Angela Verse-Herrmann, *Studieren, aber was? Die richtige Studienwahl für optimale Berufsperspektiven*, 2014.

Studien- und Berufswahl 2017 / 2018, hrsg. von den Ländern der Bundesrepublik Deutschland und der Bundesagentur für Arbeit, 2017.

Beruf aktuell, Ausgabe 2017 / 2018, hrsg. von der Bundesagentur für Arbeit, 2017. Die Onlineausgabe ist einsehbar unter: *https://www.arbeitsagentur.de/beruf-aktuell*

Datenbank Ausbildungsvergütungen des Bundesinstitutes für Berufsbildung (BIBB). Siehe hierzu unter *https://www.bibb.de/de/12209.php*